分享我喜爱de图书

主编　安庆红

天津科技翻译出版公司

图书在版编目(CIP)数据

分享我喜爱的图书/安庆红主编.—天津:天津科技翻译出版公司,2009.1
ISBN 978-7-5433-2422-0

Ⅰ.分…　Ⅱ.安…　Ⅲ.读书活动—中学—文集　Ⅳ.G632.46-53

中国版本图书馆CIP数据核字(2008)第188283号

出　　版:天津科技翻译出版公司
出 版 人:蔡 颢
地　　址:天津市南开区白堤路244号
邮政编码:300192
电　　话:(022)87894896
传　　真:(022)87895650
网　　址:www.tsttpc.com
印　　刷:山东新华印刷厂临沂厂
发　　行:全国新华书店
版本记录:787×1092　16开本　17.25印张　260千字
2009年1月第1版　2009年1月第1次印刷
定价:35.00元

编委会名单

序

——我们怎样爱书

首先，书是一种装点，书放在箱笥，于是有了书匣、书柜，于是有了书房、书斋。这是一个场、一个氛围，一个让人静心的环境。书，承载知识，书房承载书籍，但真正让“过去时”的书焕发“现在时”生命，是把书装在心房。不爱书的人，永远不能把书装进心房。

爱书，像桥，能把知识引渡；爱书，像渠，能把学问浇灌入心。

讲一位学者。周汝昌先生，天津市咸水沽人，是一位国内外知名的红学家。他在燕京大学求学期间，与大学者胡适有过一段“书”的交往，成为中国红学研究一段佳话。

1927 年，胡适在上海买得一部古钞本《石头记》(即《红楼梦》)，这个钞本就是人们称道的甲戌本，是研究红学极珍贵的一个孤本，1948 年，正在研究《红楼梦》的周汝昌冒昧写信请借甲戌本。胡适见信毫不犹豫借给他，并由名教授孙楷第转交。如此连城之壁无价之珍的书连个借条都没打，简直是到了君子国。

周汝昌在近六十年以后写诗慨叹：“肯将秘笈付他人，不问行踪意至真。谁似先生能信我，书生道义更堪珍。”周汝昌借到甲戌本，怎一个“爱”字了得，他暑假迅速回家，与哥哥周祜昌用了两个月时间，生生将甲戌本包括眉批恭楷抄录了一遍。这仅仅是一个爱书么？是在爱前加上至，加上痴的爱，这样近乎痴狂的爱书能不成就一位知名学者么？

爱书并非将书束之高阁置之架柜，第一要义是读。天津还有一位在文坛上极负盛名的作家孙犁，他的《荷花淀》一直选录在中学语文课本里。这是和巴金齐名的作家，一生著述，一生读书爱书。曾见过孙犁读过的书，干净整洁连折痕都少，而许多书被整整齐齐包上书皮。读书，晚年的孙犁把读书当做生活不可一日或缺的事，不仅读还思考，还做读书笔记，十几年中竟出版了10本书：《晚华集》、《秀露集》、《澹定集》、《尺泽集》、《远道集》、《陋巷集》、《如云集》、《曲终集》、《无为集》和《老荒集》。这里集中着一位作家一位学者对历史的思考，对书籍的理译，更看到对书的护持。

我们为什么爱书，书凭什么值得我们去爱？讲完两位乡贤的事迹，似乎可以做下一步的探讨了。

进入新世纪，电脑闯入书房，阅读遭遇“革命”，书本受到“颠覆”。有人预言，不久的将来，书房可以浓缩成一部电脑，《四库全书》可以变成几张光盘。书没有了，自然“书香”也没有了，那么书香门第、书香人家还能有吗？由此产生了一系列的连锁反应：书籍的出版总量在增长，书页的厚度在增长，但知识含量在降低，阅读率也在降低。几千年来，华夏文明可以浓缩为“耕读”两个字，耕，是饱腹之必须，不耕何来仓廪足；读，是获取知识之必须，不读怎能知礼仪。

提倡阅读，提倡有益的阅读，在书籍与电脑的十字路口上，尤其需要振臂一呼。

书，自从纸张和印刷术相加后，书的模式被固定，阅读成为人获取知识的最重要的途径，“十年寒窗无人问”是形容读书的寂寞，“板凳要坐十年冷”是讲与书为伴的长度。从竹简的“韦编”到刻制字版的“线装”，直到现在的印刷，都是有形的“纸”阅读，一旦进入电脑的“无纸”阅读，将是一种什么状态呢？

其实，从竹简到线装乃至“洋装”，书也在逐步普及逐步向便捷上发展，电脑无疑是一种发展，给阅读提供了别样方便。然而，凡事有一利必有一弊，电脑的便捷无须赘言，然而电脑网络的“歧途”多多。因为网络像是光怪陆离的花花世界，绝不像一本书，一套书那么单纯，那里不仅有书，还有各色的电子游戏，有商场，有休闲，更有不堪入目的“黄色地带”。美国的一项调查表明，美国大学生阅读书籍的时间比中国大学生多，而中国大学生网上玩游戏的时间却高于他们。在这种情况下，可以说这样

的话了,我们必须回到书桌前,捧起书本,读书,而且要读好书。

何谓好书?凡扩大见闻、丰富知识、引发思考、立志奋进的书都是好书,文学名著、文化经典、科普科幻、名人传记都有着经典性、知识性。明代的于谦曾有《观书》诗:"书卷多情似故人,晨昏忧乐每相亲。眼前直下三千字,胸次全无一点尘。"这四句道出阅读的四个境界,一是视书如密友,二是晨昏相随不弃,三是稳坐一气读三千字,四是涤荡胸襟让人清明。读书有此境界,能不爱书么?

读书首先要爱书,凡学业有成之人一是手不释卷苦读,再者必惜书爱书。如清代藏书家、校勘家黄丕烈,他藏有宋版书百种,每得珍本必阅读校勘作题跋,才有了传世的《士礼居藏书题跋记》,被后人一再辑印。他对书就是"一见钟情,朝暮思之,百般抚爱,如醉如痴"。我们后人固然达不到这样的爱书,但多读书还是必要的,正像鲁迅先生所言:"爱看书的青年,大可以看看本书以外的书,即课外的书,不要只将课内的书抱住。"这是经验之谈,也是促膝的忠告。鲁迅先生一生爱书,不仅看的书多,他花钱买的书也很多,而且都保藏完好。

读书吧,爱书吧!读了《分享我喜爱的图书》中的征文,看到有那么多的学子在精读经典名著,在思考哲法理趣,并写出有真知灼见的读书感悟。其实,这不仅是一次简单的征文,而是一次引导。多读书,多思考,就像积水般,"水色本正白,积深自成绿"。绿色已成为时代的健康色,积学为深,深而成绿,让知识使我们的心灵如绿蓝的清水愈发"环保"。

我们怎样爱书,您想知道吗?请您悉心一读《分享我喜爱的图书》。谢谢了。

姜维群

2008 年 12 月

前　言

在我国，提高全民科学素质，促进科学传播活动的开展，是一项长期而又紧迫的系统工程。调查表明，中国人读书的兴趣和习惯呈逐年下降趋势，很多人一年读不到一本书。这与我国日益提高的经济大国地位很不相称。针对这一现实问题，党的十七大报告中明确提出，要提高我国文化软实力，扩大文化传播能力。读书，读好书，是实践这一要求、加强文化传播和科学传播活动的重要形式之一。通过阅读获得广博知识和提高科学素养是相辅相成的。为此，天津科技传播发展基金委员会决定从提高中学生的阅读兴趣入手，与天津市教委、天津市教研室、天津科技馆联手，举办了这次全市性的“分享我喜爱的图书”推荐征文活动，并把活动成果编辑成书，达到进一步推动读书活动、提高阅读效果的目的。

此项活动从2008年3月份开始启动，各区县教研室积极布置征文工作，认真落实各项要求，在本市高中学校广泛组织学生认真阅读，积极撰写读书心得文章；同时组织教师为学生提供必要的写作指导，并针对文章撰写评语。据不完全统计，全市19个区县局、上百所中学、数万名高中学生参与了这项有益的读书活动，写出了上万篇读书心得。经过学校和区县两级遴选，推荐出1106篇优秀的文章报送到市级组委会。囿于篇幅所限，我们组织专家评审，从中精选出100篇文章入选本书。

从推荐的图书看，涉及文学名著、文化经典、名人传记、科普读物、科幻小说、历史故事等多种类别，反映出高中同学的阅读兴趣还是很广泛的。略感遗憾的是，其中科普类图书较少。为此，编委会决定，邀请京、津、沪科技界著名专家学者选出部分自然科学类科普图书，向青少年朋友推荐。中国科学院老科学家科普宣讲团团长钟祺同志亲自发动，在百忙中发来推荐稿。天津科普作家协会和《天津日报》“读者”专栏也给予了鼎力襄助。于是，就有了本书的上篇。同学们的读书心得类文章列为下篇。

中国技术市场报社长、天津今晚报社委员会委员、天津科技传播发展基金委员会委员姜维群同志特为本书出版撰写了题为“我们怎样爱书”的序言，成为点睛之笔；在本书编辑出版过程中，得到天津市科委领导的重视，专门立项给予资金支持；天津市教研室语文组赵福楼主任、刘克强老师，天津南开区教研室刘漫湘老师，天津和平区教研室于静贤老师，天津科技翻译出版公司的编审同志都提供了极大帮助，仅此表示衷心感谢。

高尔基说过：“热爱书吧，它会使你的生活变得愉快。”愿青少年朋友通过阅读这本荐书之书，互相分享好书，更好地感受读书之乐。

编　者

2008年12月

目 录

CONTENTS

上篇 专家学者荐书

下篇 中学生荐书

科普类

文学小说类

上篇

专家学者荐书

◉ 推荐图书

荐书专家：**王补宣**

清华大学教授 中科院院士

工程热物理学家，热工教学者。1922年2月5日出生于无锡，1943年在西南联合大学获工学士学位后留校任教。1949年获美国普渡大学机械工程科学硕士，1980年当选中国科学院院士（学部委员），现为清华大学热能工程系教授，清华大学热物理专业的创办者。编译出版了热力学、传热学和热工学等8种普校教材和参考书。现为中国工程热物理学会荣誉理事长。

专家寄语

业精于勤，行成于思。

学无止境，温故知新。

专家评介：

成才之路三步曲

书名本身就是与青少年谈爱国成才之“路”。书中收编了47位工作在各地并在各自不同领域中有所建树的无锡籍专家、企业家、学者、教授，包括9位中国科学院院士（其中王选、史绍熙、钱钟韩、裘维蕃先生已先后谢世，在世的如钱伟长、张煦、钱令希先生也都已9旬高龄）指引人生正路的经验之谈。新华日报社社长、江苏新闻工作者协会主席刘向东同志专门撰写了“成才之路三步曲”的代序，“无志不立，不勤则庸，不坚则折”的点睛笔触极富人生哲学的深意。

童年天真无邪，渴望自由飞翔，期求得到宠爱。但“无志不立”，在现实接触中跌跌撞撞、懵懵懂懂，频生成长的烦恼。人各有志，要立志，应立大志，要志存高远，淡泊明志：要胸怀祖国，放眼世界，憧憬未来，坚定信心，决心做一个有益于人民、为中华民族的伟大复兴、为中国特色社会主义建设建功立业的人。

立大志、远志，是为人生正道确立方向，需要一步一个足痕，持之以恒地迈向成熟的专才。业精于勤，要靠勤学苦练，敢于奋进超越的决心、信心和恒心。我国以“人才强国”为国策，谋求和平崛起，以发展中国家赶超发达的国家，走又快又好、持续创新发展的道路。在这种大环境下，总会遭到许多挑战，这同时也是机遇。只有务实奋进者，才能及时抓住机遇，在实践中腾飞。

“人间正道是沧桑”。人生无坦途的科学发展观指明，在立业进取中总会遇到艰难、挫折、甚至失败。“不坚则折”，要有百折不回的决心和恒心，经得起风浪、波折，要善于总结，坚持不懈地转化矛盾，艰苦奋战，才能在成才的道路上不断攀登更高一层楼。

江苏教育出版社

◉ 推荐图书

《氢与氢能——21世纪的动力》

南开大学出版社

荐书专家：申泮文

南开大学化学学院教授　中国科学院院士

申泮文先生从教六十余年，是我国的老一辈教育家、老化学家、老翻译家、老科普作家和科普宣传工作者。

坚持化学教育改革，获得2001年和2005年国家优秀教学成果一等奖和二等奖，所主持课程评选为2002年国家级名牌课程，2004年国家级精品课程。2006年获得全国教育界十大精英奖励。

专家寄语

1、爱祖国，爱人民，爱事业，应该成为中国公民生活和工作的动力。

2、勤奋是人们事业有成的最积极、最活跃、最主动的因素。

专家评介：

氢与氢能——21世纪的动力

当前全世界关注的与社会可持续发展有关的重大社会问题与科技问题，一是能源问题，二是环境问题。这两个问题又互相紧密关联，所以当代青年人都应该对这个问题有清楚地了解，关心这两个方面的问题的生产、节约、保护等事项，尽一名公民应尽的义务。本书全面介绍关于清洁能源与环境保护的关系，新能源的科技探索等。

推荐图书

《彩图科技百科全书》

荐书专家：**郑度**

中国科学院地理科学与资源研究所研究员 院士

1958年毕业于中山大学地理系，就职于中国科学院地理研究所。1999年当选为中国科学院院士，现为中国科学院地理科学与资源研究所学术委员会主任，中国青藏高原研究会理事长。主要研究领域为综合自然地理，侧重山地与高原自然地理的综合研究。在青藏高原自然环境及其地域分异研究领域取得重要进展。

专家寄语

掌握科学、融入实践，德智体美、文明理念，
热爱生活、服务国家，尊重自然、护育家园。

专家评介：

彩图科技百科全书

该套百科全书，打破了传统的科学体系，从实际对象入手，展开深入浅出的描述，有利于广大青少年读者的阅读和理解。全书共分五卷：第一卷、宇宙；第二卷、地球；第三卷、生命；第四卷、人与智能；第五卷、器与技术。前四卷分别阐述

当代科学对物质世界、地球系统、生命系统以及人体系统的已有认识和相关的技术成果。第五卷则侧重展示人类科学技术发明的主要产物与历程。

该百科全书条目的选取以人类探知的客观(自然或人造)对象为标准，释文和示图彼此呼应，图文并茂。既有跨学科综合性与探索性的阐述，又对重要理论概念有必要的介绍与解释。

相信该书将有助于青少年了解客观物质世界、地球、生命以及人体系统的许多基本科学知识，也能激发他们对科学技术发明的兴趣与追求。

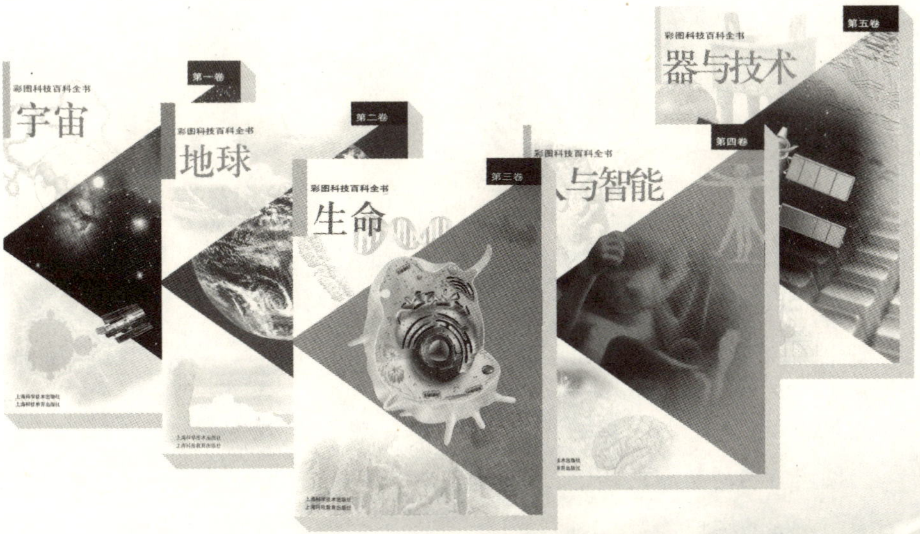

上海科技出版社　上海科教出版社

◉ 推荐图书

《华罗庚》

荐书专家：王元

中国科学院数学研究所　中国科学院院士

1952年毕业于浙江大学数学系，师从华罗庚，研究数论。对歌德巴赫问题的研究首先在中国达到世界领先地位，获得国家自然科学一等奖等奖项，《华罗庚》一书获台湾吴大猷首届优秀图书金奖。

专家寄语

做一个诚实的人，愿意奉献的人。

专家评介：

华罗庚

阅读著名科学家的传记，了解他们的成才之路，无疑对于青少年的成长有着很深远的影响。

华罗庚是众所周知的数学家。他的成才之路对广大青少年更富于启发性。华罗庚家庭贫穷，未受过初中以上的正规学校教育。由于他自学数学，写过一篇数学文章而得到清华大学数学系主任熊庆来的赏识，将他调到清华，任数学系管理员。在清华期间，他边工作边旁听数学课，终于成为世界著名数学家。

已是美国伊利诺大学终身教授的华罗庚，当得知中华人民共和国成立的消息后，立即率全家回国，参加祖国的建设。他的爱国情操是十分感人的。

《华罗庚》一书从华罗庚的出身、经历、学术成就、治学经验、培养学生等方面，全景式地介绍了华罗庚丰富多彩的一生。同时，对他当时所处的社会大环境，及中国数学界，特别是他的师友也进行了描述。另一方面，这本书也写出了以他为中心的中国近现代数学史的某些侧面，且有史料价值。

《华罗庚》一书的作者王元是华罗庚的学生，他在华罗庚身边工作了三十多年。他对华罗庚有很深的了解。在撰写《华罗庚》一书的过程中，访问了很多当事人，参阅了多方面的材料，反复核实，做到内容翔实可靠。

江西教育出版社

《回望人类发明之路》

荐书专家：刘忠

中国青少年科技辅导员协会理事长、中国科协原副主席、书记处书记

专家评介：

一本培植创造智慧的好书

这本书的原稿，曾经在报纸上以连载的形式发表过，当时我们就议论，一是报纸连载丢失了某些系统性和完整性，二是报纸上的插图有时不清晰。《回望人类发明之路》的正式出版，不论是编辑装帧还是印刷，都和丰富的内容和简练的语言相媲美，是一本值得向大家推荐的好书。尤其是科技辅导员老师们，会从“回望”中获取教导青少年的许多启示和与孩子们对话的知识。

回望，是一个大课题；纵览回望人类发明的历史全貌，就是通读了一部创造发明的百科全书；回望的过程，揭示的是历史信息，会聚的是人类文明遗产，那是一种大学问。恩格斯认为，“历史不是‘神’的启示，而是人的启示”。人类正是通过正确认识自己的过去，来认识自己的作用以及这种作用对于未来的意义，从而对自己的前途充满信心。晚清思想家龚自珍说过：“欲知大道，必先为史。”科学史，发明史，是人类的奋斗历程，是知识和经验的积累，沉淀着无价的智慧，把思维的精华集锦荟萃。《回望人类发明之路》是一本培植创造智慧的教科书。

在《回望人类发明之路》中，恰如其分地介绍了中华民族是一个有创意的民族。公元前6世纪到公元13世纪的1800年间，中国的发明家一直走在世界的前列，以自己的众多的开创性、基础性发明，贡献于人类。中国的古代发明，包括冶炼技术、复合材料技术、指南针、造纸技术、瓷器制作工艺、火药和印刷术，这些对全世界文明进程产生着重大和深远影响的创新。阅读她，使我们在回望人类发明之路的思考中，获得民族尊严和自信心，增强创新和创造发明意识。

科学的本质和灵魂在于创新。中国的出路在创新。技术的发明，规律的发现，只有符合科学规律和规则，坚持追求真理，弘扬科学精神，才能达成。《回望人类发明之路》，用震撼人心的记述告诉我们，创新不是一件容易办到的事，需要长期的积累，专致的思考，试验实践的检验，坚韧不拔的毅力和敢于失败的探险精神，专心致志，不畏艰辛，有时将会付出生命代价。古希腊科学家的探索精神，欧洲文艺复兴为近代科学的诞生付出的努力，都遭受过炼狱的折磨和处决的镇压。正像贾赖说的那样，“世界荣誉的桂冠，都是用荆棘编织而成”。屈从权威、尊崇师长、因循守旧、墨守成规、怕丢面子、稍富即安、谨言慎行、四平八稳和《回望人类发明之路》中淡泊名利的法拉第，勇于冒险的富兰克林，惨遭终身监禁的伽利略，历经8年审讯被焚烧处死的布鲁诺等科学家，大相径庭。《回望人类发明之路》中的动人故事，是教育青少年的难能可贵的教材。构筑学术平等、学术言论自由的社会氛围，创造青少年求知欲、好奇心、德智体全面健康成长的环境，才能培育一代有创新意识和能力的新人，在发明之路上，突破常规，开辟出人意料的新天地。

技术的交流和交融，知识的传承和借鉴，古今中外，都是仁人志士获取进步的方法手段。正像马克思说的那样：“一切科学工作，一切发现，一切发明，这种劳动部分地以今人的协作为条件，部分地又以对前人劳动的利用为条件。”在《回望人类发明之路》中，作者通过许多事例，把这种发现和发明的“开放性”与“继承性”规律，表述得生动、活泼、具体，增加了可读性和启迪性。《回望人类发明之路》中，将近代科学的诞生，蒸汽机的发明，电磁、电子、核能的人工驾驭等这些产生于西方社会的科学和技术，从初创到发展完善的过程，介绍得既概略又突出了关键环节。中国人，东方人，正是通过对欧洲文艺复兴以后，摆脱了传统文化中那些忠君尊古、排斥异域、讲经论道、不务实际的旧观念，“西学中用”，借鉴和消化吸收西方的科学思想和科学精神，在人类发明创新的道路上，亦步亦趋跟随进步。

《回望人类发明之路》叙说的是严肃的主题，作者十分关注它的可读性。几乎书中的每一个页面上，都有经过仔细挑选后才收入的珍贵的精美图片，那是一些充满了传奇的历史的见证物，不仅有力地验证文字的准确，而且增加了视觉的感受，大大提升了可读性。作者搜罗的照片插图，为各个层级的读者群提供了佐证。在粗略浏览或仔细观摩画面的过程，不论是好奇的少年，创意旺盛的青年，还是正在探索道路上思考的学者，他们都会惊讶于人类发明之路上，为了窥测大自然的奥秘，破解生命活动的神奇，古人的想象力和洞察力曾经有过多么灿烂的展现！作者的努力，把如此众多的图像资料集中汇聚，是读者们很难从另外的著作中找到的。

北京出版社

◉ 推荐图书

《做最好的自己》

人民出版社

荐书专家：**钟祺**

中国科学院

1960年上海同济大学毕业，1964年到中国科学院研究所、院机关工作，长期从事成果管理、推广和咨询工作，直到退休。1997年退休后，做了10年科普工作，组织“中国科学院老科学家科普宣讲团”做了3 000多场科普报告，听众达120多万人次。

专家寄语

钱穆老先生送给作者李开复的父亲一个条幅，后来父亲传给了他。“有容德乃大，无求品自高”。在作者心中，正气凛然的父亲给了他两样珍贵东西——无私的品格和对中国的热爱。

专家评介：

做最好的自己

李开复博士是计算机专家，颇有成就，先后在苹果公司、SGI公司担任要职，1998年加盟微软，2000年升任微软公司全球副总裁，2005年被Google公司任命为全球副总裁兼中国区总裁。他的《给中国学生的信》和50多场演讲，在年轻人中影响很大，后应邀写了这本书。

他看到了学生面对高期望的父母、习惯于应试教育的学校、老师及浮躁的社会心态而产生的困惑，想帮助那些渴望成功的年轻人远离困惑，走向卓越。他说唯有更多的青年找到了自信和快乐，找到了真正属于自己的成功之路，中华民族才有更加辉煌的未来。本书共分15章，从人生哲学和修养来说很全面，事实充分，有说服力。内容有：

——做最好的自己
——追寻理想，指引成功的罗盘
——成功源于诚信
——发现兴趣，用激情拥抱成功
——成功的选择在于自己
——有效执行，迈向成功的阶梯
——同理心，人际交往的基础
——努力学习，终生受益的过程
——用信心放飞自我
——人际交流，现代人的必修课
——在反思中走向成功
——合作沟通，信息时代的成功之道
——勇往直前的精神
——完整与均衡，用智慧选择成功
——海纳百川的境界

不论是学生、家长还是教师，都可以从中学到如何做人、做事、做学问。有的观点很具体很实际，如怎样选志愿报考大学？应看重学校还是看重专业？毕业后如何选择工作单位？什么情况下可以“跳槽”？如何处理人际关系？诚信为什么对人对企业那么重要？为什么兴趣那么重要？如何发现兴趣、培养兴趣？如何抓住机遇？什么是成功？怎样做到成功的一生、快乐的一生。

只要你静下心来好好地读，定能有所收益。

推荐图书

《追星——关于天文、历史、艺术与宗教的传奇》

荐书专家：张开逊

国家有突出贡献的科学技术专家 中国科协常委

中国发明协会第二、三届副理事长，第四、五、六届北京市科协副主席，中国仪器仪表学会副理事长，现任北京机械工业自动化所研究员，北京大学客座教授、博士生导师。致力于传感技术研究，为半导体结型温度传感器在我国的应用和工业化生产奠定了重要的技术基础，多次获得国际发明奖。曾担任公众理解科学国际会议学术委员会主席和国际发明家协会联合会执委。热忱传播科学知识和科学思想，推进公众理解科学的事业。

专家评介：

天文学家的天文科普杰作

——读卞毓麟教授新著《追星》

仰望星空，使人产生无尽的联想。人类最早的自然科学探索活动，是从天文学开始的。展望新世纪，人们期待的目光仍然时时投向遥远的太空，因为人类在时间坐标上的“未来”，总是与无垠的宇宙紧紧相连。过去的天文事件造就了今天人类的家园，明天人类的生存空间，正在越来越紧密地与天文学联系在一起。天文学的知识，能够帮人类更加理性地思考自己在地球上的所作所为，向人类提供在自己的星球“长治久安”的启迪与借鉴。

天文学家是人类知识的开拓者，这些知识必须由他们传播普及到人间。

天文学家往往又是杰出的传播者,因为他们最理解这些珍贵知识对人类的意义。这些来自天上的知识,引发许多领域的人们沉思,这种沉思在时间的长河中,可以成为影响人们行为方式的显性力量。

不久前,有幸拜读卞毓麟教授的新著《追星——关于天文、历史、艺术与宗教的传奇》一书,由衷敬佩作者发掘人类科学活动人文价值的努力,惊叹作者渊博的知识,又一次感受到卞毓麟教授孜孜不倦传播科学的执著真情。卞毓麟教授是一位专业天文学家,他视撰写大众天文科学读物为天职,将其视为另一种学术探究活动。在他清新、流畅的著作中,总是以极自然的方式表现出科学的真谛与学术的严谨。在他的作品里,人们既能与探索者投向宇宙深处的目光相遇,又能受到强烈的人文精神感染,阅读他的作品是一种精神享受,是一种启迪智慧的快乐体验。

这部书以三条线索讲述人类探索太阳系的艰难历程。一条是历史的线索,一条是近代科学的线索,还有一条是现代人类活动的线索,它们在宏大的时空尺度上展开人类探索星空的画卷。阅读它,有如观看一部自然、历史、人文交相辉映的大片,获得多种体验,获得多种领域的知识。

这本书以浓重的笔墨,描绘了蕴含在探索宇宙的科学活动之中的伟大人类精神。天文学是一门最不具有功利色彩的学科,只有渴望理解宇宙,热心为人类增加知识的人,才能面对浩瀚的星空,摒弃人间的诱惑,探究宇宙的奥秘。从最早测出月球到地球距离的古希腊天文学家希帕库斯(公元前190–125),到发现河外星系光谱红移的美国科学家埃德温·哈勃(1889–1953),他们都有崇高的情怀,无与伦比的执著,一丝不苟的严谨。他们不是叱咤风云的英雄,他们是人类的脊梁,他们在精神世界里开辟了通向现代的道路。在这部天文史诗中,卞毓麟教授深情地记叙了他们的人生故事,为他们的科学智慧铺垫了深厚的人文基础。

作者成功地把天上的事和普通人联系在一起。卞毓麟教授没有把天文学发展的历程写成枯燥的大事记和科学家光荣册,在他的书中,读者能感觉到天文学是人类自己的事情,和每个人都有关系,而且是可以参与的事情。书中饶有兴味地讲述了人们早年对彗星的恐惧,告诉人们,现代科学已经弄清楚这些神秘的天外过客不过是一些“脏雪球”和“冰泥球”。作者深情地讲述普通的天文爱好者如何发现一个又一个新天体的真实故事,意在告诉人们,天文学早就是一门共同探索的科学，神秘宇宙的大门一直向每一位探索者敞开。阅读这本书，读者能够回溯人类探究星空的历程，在不言中感悟蕴涵在天文学中理性精神。

卞毓麟教授是一位对人类科学探索活动充满感情的学者，他在《追星》一书中评述历史，常常流露出毫不掩饰的真情。在讲述天文学家开普勒(1571-1630)的探索活动时，作者表达了对这位先驱科学成就的景仰，人生际遇的同情，并且使这种感情升华为一段动情的文字："告诫刚从中世纪跨入新时代的人们：人类的理性思维不仅应该、而且也能够与宇宙的客观规律和谐地统一。这，便是现代科学的精神，也是真与美在科学中的体现。"谈及法国君主路易14因宗教偏见逐走杰出的荷兰天文学家惠更斯(1629-1695)的时候，作者直接斥之为"愚蠢"。

15世纪之后中国科学技术的衰落，深深刺痛作者的心。读者能够从他对宋应星(1587-1661)《天工开物》一书所发的感慨，察觉他内心的隐痛。作者伤感地说："……然而，很明显，这些乃是旧时代的余晖，而非新时代的曙光。"

《追星》思想深邃，是一部情理交融的书。

上海文化出版社

推荐图书

《中国当代著名科学家丛书——赵九章》

贵州人民出版社

荐书专家：潘厚任

中国科学院空间科学与应用研究中心研究员、教授。

从事太空科技工作近五十年。包括我国首批箭载、星载太空探测仪的设计研制、卫星轨道计算；曾参加我国第一、第二颗人造卫星的总体设计和卫星系列规划制订，先后为“东方红一号”卫星总体设计组成员、副组长。退休前为中国科学院空间科学与应用总体部副主任兼载人航天工程应用系统副总指挥，现为中国空间科学学会常务理事和科普委员会主任。

专家寄语

宁静致远　淡泊明志

专家评介：

中国当代著名科学家丛书——赵九章

赵九章院士是当代杰出的科学家、教育家，卓越的科技工作组织者，我国人造卫星事业的主要倡议者和科技方案的主持人，我国空间科学的开拓者和空间探测技术的先驱，我国现代大气科学的奠基人之一。赵先生热爱祖国，热爱人民，为人正直，不谋仕途，把毕生精力贡献于我国的科技和教育事业。赵先生的一生是光荣而伟大的。

在抗战最艰苦的岁月里，赵先生从德国冲破险阻回到祖国，投入抗战第一线，为我国空军创建气象台站培训了大批空军气象人员，为抗日救国做出了贡献。

赵先生在我国率先把数学物理方法引入气象学领域，是我国动力气象学的创始人；组建联合大气分析预报中心和资料中心，提出很多研究方向，培养了一批有名望的科技人才，为我国天气和气候预报的现代化和业务化奠定了基础。

赵先生高瞻远瞩，在筹备国际地球物理年时，就注意到卫星在科学研究和应用上的前景对中国发展的深远意义，竭力开创空间科学和空间探测技术的研究，积极培养这一领域的人才；后又及时向中央建议研制我国自己的人造卫星；获批准后，迅速组建人造卫星设计院，制定卫星研制规划和我国第一颗人造卫星的总体方案，1968年2月前，“东方红一号”的“模样星、电装星、结构星、温控星”等原型星研制全部完成，为我国人造卫星按时发射和一次升空成功奠定了很好的基础。

赵先生一贯提倡科研与教学相结合。在清华和西南联大任教时，兼任清华航空研究所研究员；任中央研究院气象所所长时，兼任中央大学教授。新中国成立后，在主持大气、地球、地震、海浪、空间学科与应用等多领域的研究工作时，倡导并促成实行研究生制度。中国科技大学创办后，提出所系结合并创建地球物理系，亲自兼任系主任。赵先生授课自编教材，把他优良的数理基础、渊博的知识贯入当代新的学科领域并传授给学生。

为纪念赵先生非凡的业绩和爱国主义精神，教育后人学习他治学严谨、不断开拓、无私奉献的崇高品德，激励后人，我国44位院士联合倡议为赵九章先生树铜像。

本书以翔实的史料，编写者的亲身经历，反映了赵先生的一生，读来十分感人。很值得推荐给年轻人一读。

◉ 推荐图书

《格兰特船长的儿女们》、《神秘岛》

中国青年出版社

荐书专家：孙万儒

中国科学院微生物研究所研究员，博士生导师，中国科学院研究生院教授。

主要从事酶学、酶工程、基因工程和生化工程研究。重点是利用基因工程、蛋白质工程、酶工程解决手性药物与手性化合物的生物合成问题，取得多项重要成果。获国家发明奖、科技进步奖、中国科学院奖。

专家寄语

坚强的意志、不懈的努力和科学的方法是获得成功的保障。

专家评介：

《格兰特船长的儿女们》

邓肯号游船船主格雷那万爵士将从海上漂流瓶里获得的三张被海水侵蚀得

残缺不全的法、英、德文纸片进行汇集，发现这是一封求救信，得知两年前为反对英格兰对苏格兰的奴役，到太平洋为苏格兰侨民寻找移民的岛屿而遇难失踪的苏格兰航海家格兰特船长在南纬37.11度的一个地方被印第安人拘捕。在英国政府拒绝了格雷那万爵士请求援救之后，他毅然带着格兰特船长的女儿格兰特小姐和儿子小罗伯尔，沉稳的麦克那布斯少校，粗心大意的地理学家巴加内尔，以及精通航海的孟格尔船长和可信赖的老水手奥斯丁等，乘坐邓肯号，走向寻救格兰特船长的冒险之路。他们沿着南纬37.11度穿越了南美洲的高山和草原，最后发现船长的遇难地点是在澳大利亚海岸。他们乘船到达澳大利亚后，遇见了当上海盗头子的原船长水手艾尔顿，受了骗，又横穿澳洲大陆，被土著人俘获陷入绝境。他们逃脱后决定把艾尔顿丢弃在太平洋里荒凉的塔博尔岛上，不料在岛上巧遇格兰特船长，于是一起胜利地回到了苏格兰，完成了环绕地球一周的艰难旅程。

格雷那万爵士一行人为了营救格兰特船长，他们遭遇到种种意想不到的困难，惊涛骇浪，暴风骤雨，地震，飓风，狼群，洪水，雷鸣电击，潜伏的鳄鱼，人为的陷阱。他们勇敢无畏、坚韧不拔，利用智慧战胜了重重困难；又为一时的粗心大意付出了更多的艰辛。他们与自然抗争，与生命搏击，与毅力较量，他们那无比坚强的毅力和克服困难的勇气震撼着读者的心灵，会体验到勇敢、毅力、踏实、奋进、战胜自我才是实现心目中的目标和使命的保障。

《神秘岛》

本书是描述美国南北战争时，主人公霍尔丁上尉同工程师史密斯、记者史佩莱等五个北方军人一起被围困在南军城中，因偶然的机会乘坐热气球逃出虎口，在暴风雨中被吹得漂洋过海，最终落难在南太平洋的一个荒岛上。在无衣无食，艰难困苦的环境中，他们并没有灰心失望，而是团结互助，以集体的智慧和劳动，克服了重重困难，与大自然抗争，与野兽搏斗，与海盗作战。他们赤手空拳，白手起家，制造出各种工具和器皿，有了陶器、玻璃、风磨、电报机，还打造车、船，播种麦子，开凿安身的石洞。经过多年的努力，终于将一个原始荒岛改变成具有人类文明的社会，建立起幸福的家园。他们挽救了被流放在附近另一孤岛上的格兰特船长，使独居了十二年而失去理智的罪犯——艾尔通恢复了人性，成为他们忠实的伙伴。这几个遇难者在荒岛上度过的岁月里，每当他们在危急的时候，似乎总有一个神秘的人在援助他们，这个人就是在他们到达之前就已住在岛上一个岩洞里的尼摩船长。这些荒岛上的遇难者虽然什么也不缺,但是他们并没有放弃返回祖国的努力。最后,在火山爆发中的危急时刻,格兰特船长的儿子罗伯特指挥的“邓肯号”经过那里,把他们救出。回到美国之后,这几个“岛民”又重新开始他们在岛上建立的事业。

在这部作品里,故事情节曲折,跌宕起伏,引人入胜。在荒岛上,人与大自然的搏斗,不怕艰难险阻,充分发挥人的聪明才智,进行从无到有的创造性劳动,深深吸引着读者,催人奋进。这部作品洋溢着乐观主义精神,深信人类无穷的创造力和科学的巨大力量将使人类建立一个理想的世界。

推荐图书

《百年航空系列科普丛书》

荐书专家：**徐邦年**

空军指挥学院科研部教授、研究员、博士生导师

从事教学科研工作40余年，授课5 000余学时。北京航空航天学会空气动力学专业委员会委员。多次荣立三等功并受到嘉奖。在飞行安全、失速螺旋等领域有较深造诣，在国内首次建立飞行安全预测理论和飞行安全评估理论，并为空军建立了飞行安全评估体系。撰写专著和教材多部，十余次获空军和学院军事学术奖。

专家寄语

在人生的道路上，没有坦途可走，只有那些不畏艰险、勇于攀登的人，才能达到理想的高峰。

专家评介：

百年航空系列科普丛书

百年航空系列科普丛书是为了纪念人类首架飞机问世100周年而编写，由北京航空航天大学出版社出版发行。

这套丛书从不同角度和侧面展现了百年来人类挑战自我、征服天空的光辉历程。丛书选材新颖、视角独特、内容丰富、史料翔实，使读者既能了解航空航天历程的精彩与辉煌，也能注意到其间的坎坷和艰难。读者们在作者的引导下，可以与作者一起去共同思索航空航天的深刻含义和重要启示。这套丛书为广大航空航天爱好者精心策划了一份厚礼，也为青少年提供了一套精美的航空航天科普读物，对航空航天科技工作者也具有一定的参考价值。

这套丛书有以下特点：

突出了思想性：既记述了航空航天发展的艰苦历程，更注重对航空航天

的科学思想、科学方法的探究，深刻发掘出杰出人物的内心世界，把人文精神融合到航空航天科技知识之中。

突出了行业性和专业性：这套丛书从不同角度和侧面展现了百年来人类挑战自我、征服天空的光辉历程，充分展示了航空航天的魅力。

精心打造、精心选材，突出了精华。这套丛书选材新颖、精中选精、内容丰富、史料翔实，将百年航空航天的纷繁复杂的发展过程和英雄史实压缩到十册的规模，不能不说是精品。

这十册的题目和内容分别是：

- 千年圆梦——征服天空之旅，全景式地展示了人类飞向天空和征服太空的历史画卷；
- 神鹰凌空——中国航空史话，以新世纪的视角与高度回望和审视中国航空百年，鲜活地描述了中国航空百年的历史轨迹；
- 灿烂群星——外国航空人物，全面地介绍了国外对航空发展有突出贡献的人物；
- 擎天英杰——世界航天人物，通过生动具体的事例把航天科学家和航天员的独特贡献展现在读者面前；
- 蓝天飞翼——世界名机集粹，介绍了100多种飞机的发明过程，从而使读者从中得到力量；
- 天宫明珠——航天器面面观，在国内首次向读者展示了形形色色的著名航天器；
- 碧空硝烟——百年空战纵横，详细介绍了历来大大小小的空战，展现了空战历史和空战与航空技术的相互促进关系；
- 血的洗礼——环球空难探秘，通过对重大空难的介绍，说明航空技术的螺旋式的发展和进步；
- 长空之吻——百年飞行大观，介绍了自莱特兄弟首次飞行以来各种飞行记录、特技表演、飞行表演队和群机荟萃；
- 翼海撷英——航空趣闻轶事，介绍了百年来有关航空航天的各种各样有趣故事，让读者轻松地了解航空航天发展史上有意义的知识。

北京航空航天出版社

《新科学读本》

北京大学出版社

荐书专家：**刘兵**

清华大学人文社会科学学院与社会研究所教授、科学哲学专业博士生导师；中国科学技术史协会常务理事、综合研究专业委员会主任、物理学史专业委员会副主任、科普工作委员会副主任、北京科普创作协会常务理事。

专家评介：

孩子：用科学精神培养心智

教育问题是一个为全民所关心的问题。家长关心孩子的成长，孩子作为受教育者自然对当今教育存在的问题有着更深切的直接感受。教育的问题又是多方面的、极为复杂的，很难通过一两项具体的措施得以解决。但当我们面对现实时，又无法一时同步地解决所有相关的问题，因而一些具体改革性工作在某种程度上也还是必要的。这套面向青少年的《新科学读本》，就可以说是这样的努力之一。

说到“新科学”的概念，其实早就有人用过。其中最有名者，莫过于哲学家维柯的经典名著《新科学》，但维柯是在将历史、语言学、哲学都包括在内的非常广义的意义上使用“科学”的概念的。我们还可以注意到，20世纪上半叶，美国著名科学史家、当代科学史学科的奠基者萨顿，曾大力地倡导一种将科学与人文结合起来的人文主义，或者用他的说法，即科学的人文主义，他也将之称为“新人文主义”。与此类似，这套读本用“新科学”来命名，也是努力将长期以来处于严重分裂状态中的科学与人文相结合，力图在介绍传统的具体科学知识的同时，将更多的与科学知识相关的人文背景、社会环境、思想文化等“外部”因素结合进来，以一种人文立场来观察和了解科学，旨在弥合科学与人文之间的鸿沟。

本套丛书共分为八卷，针对我国当前中小学科学教育专注于具体知识细节的传授而缺乏科学素养熏染的误区，《新科学读本》着意选取科学发展历程中那些鲜活的镜头，以名家名作阶梯式地向中小学生呈现科学精神、科学思想、科学方法、科学伦理等许多与科学密切相关的主题，把科学教育从“题海战术”中解放出来，从而拓宽科学教育的视野。

在《聆听大自然的呼吸》、《生命的颜色》、《地球还会转多久》、《科学家不能做什么》这几卷中，除了有关科学知识、科学的方法、科学家的责任、科学与非科学方面的内容外，也经常从一种相对广义的层面来理解科学，甚至包含了一部分民俗、风物、游记、科学文艺等内容。在这几卷中，博物学是一个非常突出的主题，这既是对长期以来正在逐渐丧失中的与数理实验传统不同的博物传统的一种恢复和强调，也是更适合孩子们拓展眼界、关注自然的需要。

在《世上没有傻问题》、《智慧的种子》、《绝妙的错误》、《科学是美丽的》这几卷中，编者强调的是，选择那些有利于让学生理解知识的创造过程，强调充满好奇心的思维，传达科学家们是如何在从事科学研究中动态地思考的文章，以避免学生在学习中产生把书本上静态的知识当作唯一的科学知识的误区，让学生能够理解何为“智慧”、何为“成功”、何为“成就”、何为“有意义的生活”。在选文上更为注重理性思考，关注科学与其他领域，特别是科学与社会的复杂关系，力图让孩子们更为整体、更为全面地理解科学。

当然，这里所注重的，并不是要求学生读懂每一句话、每一个字，并不要求学生在阅读之后“记住”多少具体知识。许多问题也不存在唯一“正确”的答案。最重要的是，让学生通过阅读去独立地思考，在独立思考的基础上形成自己对于科学的理解。

编者的意图在于强调读者在其中看到一个和谐、可爱的大自然，得到一种科学精神的熏陶，萌发一种新的生活理念，也就是封面所书的“与自然对话、与科学对话、与心灵对话”。这种教育方式其实也深得中国传统教育的精髓——最终目的不在于学习各种为人处世的具体礼仪，而在于立一个真正的、完整的“人”。

推荐图书

《数学文化》

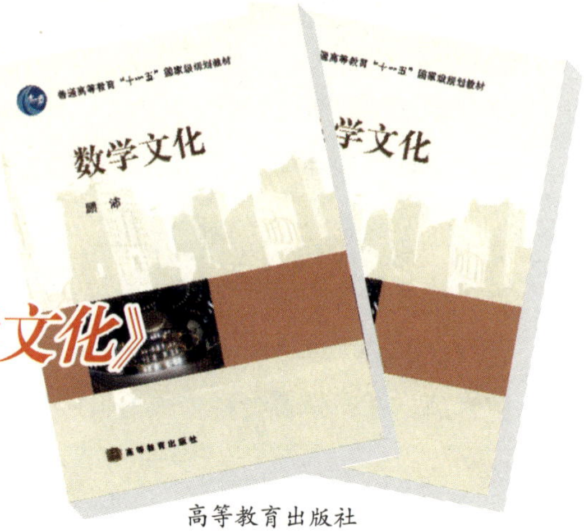

高等教育出版社

荐书专家：**王兆军**

天津市数学学会秘书长 南开大学教授

专家评介：

《数学文化》展示了数学之美

在不少人心目中，数学家是十分聪明、智力超群的人；而数学却是一门抽象枯燥、费力难学的科目。读过顾沛教授的《数学文化》以后，你就会有不同的感受：数学的抽象提炼了客观世界的本质，数学的推理有令人折服的巨大威力，数学的理性思维揭示了自然界众多的规律，数学的语言简洁、严谨、明晰地表达了客观规律；数学并不枯燥，数学并不难学，数学无处不在，数学非常有用，数学魅力无穷。

"数学文化"一词近些年使用频率大大增加，表明了她的生命力。顾沛教授在南开大学开设了一门公共选修课"数学文化"，以中学数学知识为基础，讲授数学的思想、精神、方法，受到学生的广泛欢迎。顾教授是首届"国家级教学名师奖"获得者，有丰富的教学经验；《数学文化》一书，就是他从多年的教学实践中提炼出来的。

该书引用了两句话："一个人不识字可以生活，但是若不识数，就很难生活了；""一个国家科学的进步，可以用它消耗的数学来度量。"这两句话一俗一雅，让人对数学刮目相看。

该书的着力点不仅仅放在传授数学知识方面，而是更加注重提高读者的数学素养。顾教授认为，人们毕业后如果不是在与数学相关的领域工作，多年学到的数学定理、公式大都会渐渐忘掉；但总还剩下一些东西，那就是数学素养；如从数学角度看问题的出发点，如合理的简化和量化，如严密的思维、周到的运筹帷幄。该书以许多浅显的知识和典故为载体，阐述数学思想，提高读者的数学素养；如有限与无限，一一对应，黄金分割，如对称，演绎，类比，公理化方法。该书还以一些游戏为载体，加强了趣味性，激发读者的好奇心，如“抓三堆”、“找次品”、“填骨牌”等游戏。

数学大师陈省身先生2002年题字“数学好玩”；2004年出版《数学之美》挂历，并由天津科技馆设计完成。陈先生就是要让数学从数学家的书斋中走出来。顾沛教授的《数学文化》很像是《数学之美》挂历的扩展篇，向大众展示数学之美。

《数学文化》是一本内容丰富、开卷有益的好书。

推荐图书

《非凡的智慧人生——著名科学家采访记》

荐书专家：**方鸿辉**

上海教育出版社编审

专家评介：

科学家们的“智慧人生”

1973 年 4 月 25 日凌晨三时许，新华社记者顾迈男陪同当时任国务院科技组组长的武衡等夜访陈景润。

“陈景润，有人找你！”数学所随行人员敲门说。

半晌无人答应。“陈景润，快开门呀！”

来访者从门缝里看到陈景润穿着一件蓝布棉袄，也从门缝往外看。他觉得门外站着许多人，不禁战栗起来，前几年在“专政队”的遭遇顷刻又浮现在脑际。

无奈，陈景润还是壮着胆儿打开了门。令来访者震惊的是：这是底层一间约6平方米的朝北小屋，靠墙放着一张单人床，床前放着一张三屉桌，桌上、床上到处堆满了书和稿纸，窗台上、地上随意放着破饭碗、药瓶子。天快亮了，陈景润依然在工作，床上的铺盖还没有摊开呢！

武衡没想到，在所谓“知识越多越反动”的年月，竟然还有人这样“热衷”于搞研究。

这次突访有异乎寻常的背景：顾迈男写的两篇关于陈景润的报道受到毛主席和周总理的重视，毛主席批示要关心陈景润。武衡正是奉命前来带陈景润去检查身体并治病的。

顾迈男记得，那天送陈景润去医院，他满脸不高兴，并倔强地表示不想住院。他的理由是："再来运动，你们是走资本主义道路的当权派，我是修正主义的苗子；住医院得花国家好多钱，是要受到批判的！"其实陈景润的顾虑还不止这点。因为住医院会耽搁他对歌德巴赫猜想的研究。他还顾虑这几年辛苦的积攒又会被拿走，因为"文革"抄家已把他的存款全抄光了！

那天，护士要陈景润换上病号服，他竟死活不肯脱掉自己的棉袄棉裤。因为他把存款单均装在一个塑料袋里，缝进了棉袄里……

上述故事出自新华社资深记者顾迈男的新书《非凡的智慧人生——著名科学家采访记》。该书30多万字，收录24篇文章，主要是顾迈男20世纪60至90年代对一些著名科学家的采访记，以及亲历的全国科学大会、北京正负电子对撞机诞生前后的系列报道。文稿涉及"两弹元勋"邓稼先、数学家陈景润等不少科学家们鲜为人知的故事，涵盖地质、建筑史、数学、物理、生态学、高能物理、大气物理、控制理论、航天以及"两弹一星"等题材，内容丰富多彩，资料翔实可靠，文笔生动通俗。这本由国内外著名科学家们亲口讲述的科学知识和作者深入采访的实录，真实、生动地记述了科学家们的人文情怀，亲切易读、引人深思、催人奋进。我们可以从科学家们百折不挠、积极进取的人生真谛中，欣赏科学家们的人格魅力，汲取奋发向上、攀登高峰的智慧和勇气。

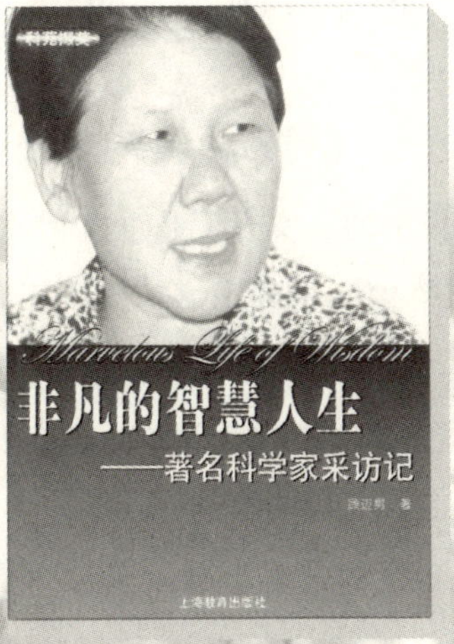

上海教育出版社

推荐图书

《一生至少一次的哲学浴》

北京大学出版社

荐书专家：李北陵

高级政工师，重庆市作家协会会员，曾任重庆市国有大型煤炭企业松藻矿务局《松藻矿工报》总编辑、宣传部副部长、企管处处长。现为自由撰稿人，以时评、杂文、随笔和书评为主。

专家评介：

用哲学培植心灵的根

哲学是为追求人生的真、善、美境界而针对当下的知、情、意现况所做的反省与提升。因此，哲学与时代中的真实人生是息息相关的。本书从哲学的视角来探讨人生问题，对如何对待生活中的困惑如何以正确的观念看待社会和如何提升生命的境界进行了讨论，从个人的情感到对社会的认识，都做了深入浅出的剖析。本书没有煽情故事，没有麻辣语言，它是一杯清茶，让你在喧嚣中静下来浅斟慢饮，直面人生、审视内心、细细回味。

当哲学的太阳冉冉升起，生活的迷雾会渐渐消失。接受哲学的洗礼吧，哪怕一生只有一次…… 引我翻开这本书的，是书名《一生至少一次的哲学浴》。一半是诗意，一半是哲理，竟在“人生”这个千古不朽的话题下结合在一起，不由引人产生探究的欲望：作者是诗人，还是哲学家？作者是想告诉读者，哲学不仅是世界观，也是人生观，哲学可以帮人荡涤心灵的尘埃，一如沐浴阳光雨露？

然而，真正使我对这本书刮目相看的，还是书中文字和内容的不同寻常。

感受最深的是作者以浅显却又不乏文采的文字，表达富有人生哲理的独特思想。

打开书页，扑面而来的就是既富文采又通俗的文字表述。单是目录，就耐人寻味。不由你不产生细读而探究的渴望。

书中，几乎每一页都有不一般的哲学思想表达。比如翻开第一页，就有这样的一段文字："没有吃过苦的人，不知道甜的滋味是什么；没有生过病的人，不知道健康的滋味是什么。所以，'失'的滋味有时候好像也是必需的，唯有有了'失'的经验，才能了解到'得'的可贵。因此，'得'不见得快乐，'失'也不见得痛苦，但是毕竟每个人都希望'得'不希望'失'。当自己仔细思考时，心中依然有相当多的矛盾，究竟我是喜欢'得'呢，还是喜欢'失'？"这段看似浅显的文字，却提出一个人人无法回避而又人人期待弄清的人生道理，吸引着你看下去。

随手翻到第40页，讲人生价值，有这样一段表述："到底什么是价值呢？我们从哲学上可以了解到，价值实际上是人类在做意志选择时的一个依据。换句话说，在这两种，乃至于三四种可能性当中，我觉得哪一种比较好，这是我选择时的一个依据标准，我们管这个东西叫价值。只要有人在的地方，就有价值。"用如此通俗的文字，一句话就把一个内涵极深、阐释极易落入学究窠臼的概念解说得如此明明白白。

再随手翻到第61页，讲"人生道德无假期"，涉及"节约"这个概念，书中出人意料地提出："节约"不是一个经济名词，而是道德名词。"因为这个'节'是《易经》中一个卦的名称。'节'，是水在泽上。泽是一个湖，水流到湖里就被湖限制住了，所以节的本身有一种限制的意思。同时竹子往上长的时候是一节一节的，这是一种秩序性。因此用秩序来约束你，使得整个社会、整个人生都不乱，这就是'节'。'约'呢，就是一种约束，把很多散乱的东西，用一根绳子绑起来就叫做约束。这根绳子就是它的标准。没有秩序就会乱，没有统一就会分裂。要让我的一生（包括小我、大我在内）配合时代，就必须有秩序，求统一，让他和谐化。在这样的情况之下，就是道德。"这样来认识和阐释"节约"，引人回味，掩卷之后思想悄然扩展。

一星期后，我合上书卷，脑子里不由再次琢磨起这本书的书名。《一生至少一次的哲学浴》,真是取得妙极,既是思想和语言的完美结合,也体现了作者哲学与国学的双重素养。我从阅读中终于体会到作者所说的"'哲学必须生活化',哲学才有生命力;'生活必须哲学化',生活才有反省力"的意蕴。明乎哲学可以给人一双慧眼,给人一盏指路明灯,让人看清楚自己,看清楚世界,它让我们明白,幸福原来就在自己手中。用哲学培植起自己心灵的根,我们会发现生命原来可以如此美丽;而融入生活,哲学才会显示出更为顽强的生命力……我沉浸在阅读的快乐之中,享受了一次难得的"哲学浴"。

读书,最高的享受是阅读思想带来快乐,从阅读中读到思想,读到情怀,读到大关怀。当我从《一生至少一次的哲学浴》的阅读中感受到沐浴哲学阳光的快意时,我期待与更多的朋友分享。

推荐图书

《精彩人生——人民科学家颂》

荐书专家：韩吉辰

中国科普作家协会　中国红楼梦学会会员

天津市红桥区政府地方志办公室主任(退休)。从1980年开始进行科普创作，至今已发表300余万字，并有多篇文章获奖，1983年加入中国科普作家协会。他以“小学语文课本中的科学”为专栏，写了一系列的科普文章，部分文章收入中小学课文。努力在科普创作中探讨民族特点的风格，发表了“唐诗中的科学”、“《西游记》中的科学”、“我国古代科技对世界的影响”等系列作品，以及科学童话《孙悟空智斗玉皇大帝》。

专家评介：

散发时代气息的奇葩

郭曰方先生是我国著名的科普作家，1964年郑州大学中文系毕业。历任中国科学报社总编辑，中国科学院机关党委书记，中科院文联主席，《中国科技报》研究会副理事长，中国科普作协科学文艺委员会副主任，中国记协理事，科学时报社《科学与文化》专刊名誉主编，《科技新闻与写作》及《科坛文明天地》杂志主编。1963年开始发表作品。1986年加入中国作家协会。著有诗集《郭曰方诗选》、《郭曰方爱情诗选》、《精彩人生》、《科学精神颂》、《新三字经》等17部，散文集《苦恋今生》等3部，其他文学及理论著作10余部。作品多次获全国及省部级奖。

我们知道，科学诗是诗的一个重要品种，是诗苑里散发着时代气息的一朵奇葩。追溯悠悠五千年的中国文明史，自从有了诗歌，也便有了科学诗。从我国第一部诗歌总集《诗经》，到今天无以计数的科学诗篇，诗与科学就像一对孪生姐妹携手前行，共同创造着人类灿烂的文明。诗歌表现世界，科学认识世界。科学求真，也蕴含着美；诗歌唯美，也包含着真。诗歌和科学都需要创新和灵感。可以说，它们息息相通，情投意合。那么什么叫做科学诗呢？凡是采取诗的形式，讴歌科学精神，传播科学知识，揭示科学真理，抒发科学追求，描绘科学真善美的诗歌样式都叫科学诗。

我国已故著名科学家、科普作家高士其先生创作的许多科学诗，影响了新中国好几代青少年。著名学者郭沫若先生在《天上的街市》，发挥了诗人科学的想象，也是一首优美的科学诗歌。是啊，科学与诗的结合一定会成为历史的必然。在科学技术突飞猛进的今天，那琳琅满目的科学知识，丰富多彩的科学创造，奥妙无穷的自然现象，妙趣横生的科学实验，无不为诗人所感知，无不为诗人所讴歌，科学诗便进入了一个空前繁荣的时代。

科学诗发展到今天，已衍生出许多品种，诸如科学抒情诗、科学哲理诗、科学童话诗、科学幻想诗、科学儿童诗、科学寓言诗、科学散文诗、科学叙事诗、科学常识诗、科学朗诵诗以及科学民歌等。它们共同组成了一个科学诗的长廊，以它特有的风采和魅力，倍加引人瞩目，受到青睐。《精彩人生——人民科学家颂》表达了作者在时代的激流跌宕中勇往直前，以饱满的激情引吭高歌，唱出了激情时代的主旋律，唱出科学技术的繁荣与兴旺《精彩人生——人民科学家颂》作品题材广泛，形式多样，创作涉及的科技领域空间广阔。最后，我们以郭曰方先生一首科学抒情诗的片段，结束我们的介绍吧！

广西科学技术出版社

《新世纪的曙光》

……什么时候，
我们能够随心所欲的，
对分子进行设计，
对原子进行加工组装；
什么时候，
我们能够完全识别，
生命的起源，
和遗传语言；
信息高速公路，
载着人类的智慧，
将迈向何方；
脑的计算机模型，
带着人类的思维，
将走出多远；
受控热核聚变，
何时才能最终解决
人类的能源问题；
室温超导材料的曙光，
何时才能出现在
我们的眼前；
“蓝色革命计划”，
也许有一天，
会带领人类重返海洋；
航空航天飞船，
也许有一日
会把地球人移居云天。
也许有一天，
那漂浮在宇宙间的太空城，
像一座巨大的飞船，
毅然惜别太阳系的挽留，
在那极其遥远的宇宙岛上，
与来自地外文明的旅行家们，
邂逅相遇；
面对成功与失败的考验，
科学家决不会停步不前！
攀登的道路，
就是这样，
一程接着一程，
翻山越岭；
科学的航船，
就是这样，
一浪接着一浪，
劈波向前。
听吧，
二十一世纪的钟声，
又在耳边敲响；
看啊，
新千年的曙光，
已经跃出海面。
让我们高举科学的旗帜，
去实现中华民族的梦想吧；
让我们高唱太阳的颂歌，
去编织新生活的花环……

◉ 推荐图书

《e时代N个为什么》

荐书专家：张春津

天津市科普作家协会会员、天津市天文学会会员；现为天津工人报社记者、编辑。

专家评介：

为仰望星空的人打开“天窗”

2007年5月14日，温家宝总理在同济大学的即席演讲中，说了这样一段话：“一个民族有一些关注天空的人，他们才有希望；一个民族只是关心脚下的事情，那是没有未来的。我们的民族是大有希望的民族！我希望同学们经常地仰望天空，学会做人，学会思考，学会知识和技能，做一个关心世界和国家命运的人。”温总理还专门作了一首诗《仰望星空》，所有阅读过的人，都会留下深刻的印象。

然而，笔者在与中学生接触中发现，学生们在课堂上很少能较系统地学习到天文学知识。一位高三的学生就曾经向笔者询问：国家这么重视仰望星空，可在我们所学的数学、物理、化学、语文、英语和政治这6门基础课之外，为什么不再设立一门天文学课程呢？笔者回答他：天文学的专业性太强了，不像其他几门课那样更具有实用性。不过，你完全可以把天文学作为“选修课”，学校不教，你自己可以自学嘛。这名学生又紧接着问：如果我想读这一类的书，应该先读哪一本呢？这一问，还真把笔者给问住了。当时只能回答他，回去帮他找一下。

就是这一问，将笔者带进了有关天文学科普书的海洋中，在书店和图书馆，笔者浪中淘沙，选读了几十种科普书，欣喜地发现了一套连笔者自己都爱不释手的书——《E时代N个为什么》。后来得知，这套丛书获得了2007年度国家科技进步二等奖，怪不得它能具有如此大的魅力！

这套丛书的《航天》和《天文》专辑，是由天津市科普作家协会常务副理事长、天津市天文学会副理事长、航天科工集团公司8358所研究员尹怀勤先生和中国天文学会会员、中国科普研究所研究员李元先生分别编著的。在这两部专辑中，作者针对航天和天文方面的270多个令人好奇的问题，以通俗易懂的语言作了详细的解答，不但引人入胜，令人回味，而且集科学性、思想性、知识性、趣味性为一体，具有较强的可读性，是笔者近年来所读过的科普书中最让人"解渴"的著作。尤其是书中针对月球的一些奇异的问题所阐述的内容，在我国"嫦娥一号"月球探测器成功发射之前就早早地将读者的视线引向太空，引向我们地球的近邻，绝对具有无可置疑的前瞻性。即便是现在和将来，这些有关月球之谜的内容，例如"人类是怎样登上月球的？""怎样在月球上找水？""人类怎样开发月球？""月全食时月亮为什么是红色的？"等等谜题，仍会像磁铁一样极大地吸引众多青少年读者的目光。如果笔者将小时候最爱读的《十万个为什么》看成是"老十万个为什么"的话，那么《e时代N个为什么》这套书就是"新十万个为什么"，它不但是现在青少年应该阅读的科普书，而且还是需要不断"充电"的中老年人应该阅读的科普书，因为它的很多内容，与我们现今的时代紧密相关，都是过去的时代根本无法涉及的。

笔者常常深思，过去，在我们无法摆脱的"应试教育"体制下，不管是学生还是家长，甚至一些学校和教师，都不得不把眼睛紧紧地盯在分数上，再加上人们还往往无法完全超脱的"等级观念文化"（倾慕权力的社会氛围、攀权附贵的精神寄托等文化倾向）和"财力观念文化"(金钱至上的拜金风潮、享乐主义的人生价值观等文化倾向)的影响，导致人们的目光都被局限在眼前的利益上，于是"功利主义"、"特权思想"等等毒素，就会在青少年成长的过程中悄悄地渗入到他们的头脑中，把"要好好学习"看成是"为的是将来找个好工作，挣大钱、当大官"，从而陷入到"蛙式的世界观和人生观"的井底之中，挺不直腰，仰不起头，看不到外面的世界，更看不到广阔的天空。而现在，人们越来越关注素质教育，它不仅体现在智力素质上，而且还体现在道德素质上，这真是一件可喜的事情。但是，让笔者仍然感到不解的是，"仰望星空"总是被刻有"分数线"的教室屋顶遮挡，甚至成了一种摆设。据笔者所知，某单位花费了上百万元购置的一架天文望远镜，从安装好的那一天起，到现在快5年了，一直在那里闲置着，似乎就等着报废了。这说明什么？不能说是“仰望星空”的硬件不具备，而是“仰望星空”的软件太欠缺了，说明渴望“仰望星空”的人少得多么可怜！

笔者读了尹怀勤和李元二位作者所编著的《e时代N个为什么·航天》、《e时代N个为什么·天文》这两本书之后，不仅增加了科普知识，而且深感到二位作者的深谋远虑，感到他们对民族未来所寄予的希望。在笔者看来，这两本书就是唤起青少年读者关注天空兴趣的“登天阶梯”，为仰望星空的人祛除了层层障碍、打开了天窗。读一读这样的科普书，可以让所有的青少年读者，在“仰望星空”的过程中，了解科学知识，提升思维能力，扩展观察视野，树立正确的世界观和人生观，胸怀世界、眼观宇宙，使他们在今后的人生中，能够站得更高、看得更远。

新世纪出版社

中学生荐书
下篇

科 普 类

没有什么不可能

天津市实验中学 穆思琦

有这样一位英国绅士。他不挥霍浪费，也不吝啬小气。常常捐助穷人，但往往隐姓埋名，不让人知道他做了善事。他很正义。他痛斥英国鸦片对中国人民的毒害，嘲笑美国的武斗选举。他很冷静。即使遇到再大的困难，他也微笑面对，沉着思考，总能想出办法，化险为夷。他很自信。他相信只要有决心，就没有什么不可能。另外，他还拥有着超凡的毅力。无论多么艰辛，多么困难，他也从没想过要放弃。他，就是《环游地球八十天》的主人公——费利斯·福格先生。

福格先生本是个平凡的人，从来没有做过引人瞩目的事，更没有离开过伦敦。似乎是在开玩笑，又令人难以置信，他和改良俱乐部的几位绅士竟然打了一个赌——离开伦敦，他要用八十天时间环游地球。环游地球？简直是不可思议；八十天？绝对是痴人说梦！那么多人嘲笑他，讥讽他！

义无反顾，福格先生踏上了艰难的旅途。跟他同行的还有他的新仆人“路路通”。恰在这时国家银行发生了盗窃案，福格先生的种种行为以及神秘的表现不由得让人产生了怀疑。

一切似乎顺理成章。敏感的费克斯侦探认定福格先生就是窃取了巨款要逍遥法外的窃贼，一路上，他设置重重障碍对福格先生的旅行进行阻挠。不仅如此，恶劣的自然环境，简陋的旅行条件，这一切带给旅行的困难也是接踵而至。

但开弓没有回头箭。福格是聪慧的，他沿途利用火车、马车、轮船、游艇、大象等各种交通工具，走过了欧洲和非洲，跨越了亚洲与美洲；福格是勇敢的，途中，面对食人部落的追杀、飓风掀起的巨浪、枪林弹雨的袭击，他坚持不懈、勇往直前。福格还是乐观的，是乐观带给他的坚毅镇定让他闯过了一个又一个难关。

惊险的旅途终于结束了，让人揪心的是福格先生认为自己没能在八十天之内实现环游地球一周的诺言，这次打赌他输了。8点44分57秒，福格先生无奈地走进了俱乐部的大门。8点45分，福格先生出现在大厅，出人意料，迎接他的是朋友们热烈的掌声——八十天环游地球成功了！原来，是“国际日期变更线”跟精明的福格先生开了一个玩笑，使他犯了一个时间计算上的错误。

福格先生无疑是位英雄。他虽然是位文质彬彬的英国绅士，但他的机智、勇敢以及坚定的毅力都深深地感染了我。读着这本书，就像乘坐起伏回转的过山车，在惊险刺激紧张中体会战胜困难后的欢快、轻松。

这部小说带着我们游历了古国名都，穿越了密林冰原，体验了惊险刺激的漫游旅程。不仅如此，它还把丰富的地理知识、各地的民俗文化乃至侦探学的内容都融入了作品中，让我们在和主人公一起历险之余，体会凡尔纳著作被称为“19世纪自然科学的大百科全书”的奥妙。

作者儒勒·凡尔纳，19世纪著名的科幻小说和冒险小说作家，被誉为“科幻小说之父”，是法国科幻小说的奠基人。他的父亲是一位颇为成功的律师，一心想让他子承父业。凡尔纳却自幼热爱海洋，向往远航探险。11岁时，他就志愿上船当见习生，远航印度，结果被家人发现接回家，并为此挨了一顿暴打。他躺在床上曾流着泪保证：“以后只躺在床上在幻想中旅行。”也许正是由于童年的这一经历，客观上促使凡尔纳一生驰骋于幻想之中，创作出如此众多的科幻作品，今使我们能有幸读到这样优秀的科幻小说。

凡尔纳生活的时代，是个交通并不发达的时代，在当时的条件下，八十天环游地球，是一件多么困难的事情。我们不得不佩服作者惊人的想象力。作者将福格先生的这次旅行描绘得惊险动人，使人有一种身临其境之感，让人觉得这个从不挥霍浪费，也不吝啬小气的福格先生，这个正义的福格先生，这个冷静的福格先生，这个自信的福格先生，这个拥有超凡毅力的福格先生就是凡尔纳在幻想中旅行的自己，是那个在幻想中旅行的凡尔纳带着我们一起冒险，一起思考，一起为胜利归来而欣喜。

《环游地球八十天》对国人来说，恐怕是凡尔纳笔下最脍炙人口的故事了。一遍读过意犹未尽，两遍读过，意味深长。福格先生的经历告诉我们：只要敢于尝试，世界上没有什么事办不到；只要有决心，就没有什么不可能。

（指导教师：安凤池）

世界知识出版社

呼唤和谐世界 共建幸福自然

天津市津南区咸水沽一中　梁相中

你读过杰克·伦敦的小说吗？他描写动物的故事十分生动传神。其中最吸引我的小说，就是那部《白牙》。

白牙是一匹一生充满了坎坷的狼，它出生在美国阿拉斯加的一个阴暗的山洞中，但不幸被印第安人发现并带入了人类社会；后来，白牙被当作抵债物交给了一个拥有与他容貌相“媲美”的丑陋男人——美人儿史密斯。在史密斯那无穷的贪欲下，白牙成为了“斗狼”，从那时起白牙便生活在无休止的搏斗中。史密斯对白牙的伤害多一分，白牙对人类的仇恨就增一分。但是命运并未将它逼上绝路，充满仇恨的白牙最终被一位名叫威登·斯科特的采金专家所救，在威登不懈的努力下，白牙终于相信了威登和他身边的好人们，抛弃了对人类的仇恨；后来，白牙跟随威登来到了南方的大农场，见到了威登的家人，并很快承担了农场的保卫工作。它与逃犯吉姆·哈尔奋战几乎丧命，但坚强的白牙最后还是活了下来，它因此被人们所承认，也最终融入到威登的家庭中，获得了它一生所追求的幸福。

纵观白牙的一生，不免让人深思，《白牙》仅仅是一部描写狼的小说吗？答案是否定的。《白牙》所诉说的，是整个自然对人类的呼唤，对和谐的呼唤。

白牙的出生，是在阴暗的山洞里，是真正的野生动物，但它却被印第安人带走，这是偶然吗？这当然不是。在当今的世界，没有人类发现不了的“世外桃源”。人类可以随心所欲地去捕捉一切动物，动物们完全逃不出人类魔掌。于是人类便随意地掌管了它们的生死。动物不是人类的奴隶，更不是人类的敌人，为什么我们要去伤害它们，剥夺它们生存的权利，难道我们人类的出现就是为满足自己的私欲而伤害自然界的所有生物吗？难道人类真的要将动物们早早扼杀在进化的摇篮里吗?不是的,我们应该与动物们和谐相处,共同去追求各自的幸福。

被美人儿史密斯用铁链拴住的不仅仅是白牙,而是整个自然界。随着人类社会的不断发展,动物们的生存环境越来越小,它们的数量也日益锐减。每年,数以百计的大象被抛尸荒野,成千上万的海豹被剥掉外皮,不计其数的鲸鲨遭到灭顶之灾。人类疯狂地捕杀着野生动物,为的只是那些所谓的“金钱利益”。

地球上的动物正以惊人的数目减少着,动物们也在惊人地变化着。因为人类,大象们的牙齿越来越短;因为人类,海豹们的外皮越来越薄;因为人类,鲸鲨都潜到了海底;因为人类,地球正在一点点成为动物的墓场!

我们该住手了,我们必须住手了!

白牙在挣扎,它想摆脱铁链对它命运的束缚,但换来的却是“无济于事”和凶狠的毒打,换来的是满身的伤口和心灵的创伤。自然就如同白牙一样,人类束缚了自然,自然却无力反抗。自然,我们伟大的母亲,我们在她身躯上划出道道伤口。她在呻吟、在哀求、在流泪。当你在毁坏她的时候,你看到了吗?当你在虐待她的时候,你看到了吗?

人类的行为已经使自然对人类失去了信心,也使得动物对人类充满了仇恨。

威登说过“我相信它”。他对白牙的信任最终换取了白牙的信任,他的善良最终拯救了白牙。我们也是可以做到的,即使我们已经犯下了错误,但只要我们不与动物们敌对,而是用爱心去弥补我们犯下的错误,就一定可以换回自然和动物对我们的信任。

我们可以看见,世界上许多国家在设立自然保护区,出台了一系列有关保护动物的法令法规,就是在向着这个目标进行不懈的努力。我们也看到了绿地越来越多,森林也在一天天恢复,自然的阳光正在洒向整个世界。只要坚持下去,人类终究可以还给世界一个绿色的自然,和谐的自然。

白牙最终获得了幸福,它的幸福,正是所有动物所期盼的幸福 ,正是自然所憧憬的幸福。幸福不是只属于人类的,它属于地球上的所有生命,属于整个自然界！让我们向威登学习,使更多的“威登”出现,使更多的“白牙”获得幸福。

我喜欢《白牙》,这是呼唤人与自然和谐相处,呼唤人类动物共同幸福的小说！作为青少年的我们阅读这本书，能够加深对贯彻落实科学发展观和可持续发展方针的重要意义的理解。

（指导教师：李婉菲）

四川文艺出版社

生命警示

浙江少年儿童出版社

天津市丰台中学　朱会娇

“郭周喘着微弱的气息，努力挤出一丝微笑对他身边的、经过生死考验的两个好朋友，询问着，‘你们还好吧？’两人相视一笑，他们略有放心地说：‘我们没事。’”

每看到这里一座压在我心头的大石头也有如落地一般。

——题记

当今时代，随着科学技术的进步，人们认为只能存在于大脑中的某些幻想，很多已变成了现实，但与此同时，一些人利用科学的先进性也开始了他们的阴谋……

《非法智慧》乍听此名，你肯定以为是关于非法犯罪的吧，原来我也是这么想的！其实则不然，《非法智慧》中的“非法”是比日常生活中的偷盗抢劫更高级一点的，同时也更可恶的——利用高科技犯罪，这些“腹中有墨水”的人们所“偷”的是他们所看重的人的“记忆”，“抢”的是一个人的“自我”。

本书作者为张之路1945年生于北京，首都师范大学物理系毕业，现任中国作协儿童文学委员会副主任、中国少年电影协会理事等，是我国最有影响的少儿小说作家之一，其作品曾获国家图书奖。

《非常智慧》的故事是以一个女中学生桑薇和男孩陆羽的初次邂逅开始的，这也正是作者安排故事的巧妙之处，使人们误以为只是一场爱情的游戏。

如果真的这么想那就错啦！故事的背景设在校园中，在两人简单认识的两年后，女孩考入了理想的学校，同时也是男孩所就读的学校——梦九中学。但桑薇却惊奇地发现陆羽变了，名字、性格变了，就连爱好也变了。她想弄清楚，迫切地想弄明白，到底在他身上发生过些什么，她有几十个为什么，带着疑问，她一步步地追查下去。在此期间她认识了外表傻气但智商高超的郭周，并多次得到他的帮助。随着两人的步步调查，真相也慢慢浮出水面：陆羽的父亲是著名的科学家，他不甘心自己的儿子平庸、平凡，所以当他研究出一种能使人智商升高的芯片之后，拒绝了一些想用高价买入的商人，而为自己的儿子植入了这种芯片。手术本应该很成功，但陆父的助手因不满他的行为便又加入了另一芯片——一种能使人记忆完全消除的芯片，代之的是一些"高人"通过芯片传入一些不属于本人自我的"记忆"，从而听从、服从于"高人"的指令。而郭周，作为陆羽的好友为了朋友、正义，与"高人"进行了不屈的、智慧的对抗。在对抗中，郭周负伤了，因个人原因而成为手术刀下的幸存者，结局是好的。在桑薇、郭周的帮助下，陆父从陆羽体内取出了芯片，他又恢复了记忆。

也许，这样叙述出来很简单。其实它所折射出来的问题很多，看点也很多。

其一，取材新颖。作者运用逆向的思维给读者道出了生活在高科技的今天，要时刻小心，在享用高科技带来的先进、快捷、便利的同时，决不能盲目屈从而成为无知的牺牲品；也给一些科研人员敲响了警钟，科技的使命是让社会进步，让人类进步，让时代发展，让生活更美好，请不要玷污了人类的智慧，不要妄图利用高科技实现一己之利，满足一己之私欲，请尊重科学。同时也警醒人们：每个人来到这个世界都是公平的，不要企图摆布或剥夺任何一个人的有限生命，要尊重每一个生命个体，科研人员要站在科学的立场上要用科学的方式引领人们绽放智慧、生命的美丽，创造更美好的世界。

其二，人物性格鲜明。作为这场事件的一个旁观者和挖掘者——桑薇是这本书重要人物之一。若不是她的刨根问底，若不是她的执著追查，后来的事就都不可能发生。或许生命的权利就这样被漠视，抑或一场灾难即将发生。书中展现了她勇敢、坚定的性格，为了救朋友不怕死的精神。郭周是除科研所以外唯一一个知道这场手术的人，当他了解到自己险峻的处境以后，经过冷静的分析他做出了决定：他要救自己的朋友！他不能眼看自己的朋友和一个个鲜活的生命就这样失去自我，不容许生命的权利遭到践踏，他不能死。就这样，他成了外表憨傻，但内心却极聪明、睿智的一个人，和“高人”周旋了一个又一个回合，最后，他赢了。陆父，是一个典型的望子成龙的父亲形象。为了使自己儿子出类拔萃而为儿子植入芯片，却不料被人利用，使儿子成了牺牲者。望子成龙是对的，但有时也不能对孩子太苛求了。陆羽——这场事件的牺牲者，虽然有所牺牲，但最后还是拥有了这世间珍贵的情谊——友谊，真是令人羡慕。

其三，故事情节层层深入，设置悬疑，起伏跌宕。作者通过对一些场景的描写，渲染紧张的气氛，使人感受到一些恐怖的色彩在故事中笼罩着，特别是对“怪人”(被植入芯片的人)的一些怪异行为的描述，更是让人毛骨悚然。作者在安排真相浮出水面的过程是一环扣一环，每一环都使读者大吃一惊。

《非法智慧》就是这样一本书，在很多方面都给予我深刻的感受和启示。当母亲赋予了我们生命，拥有着智慧时，我们在漫长而又短暂的一生里如何尊重它、升华它；当你面对社会、生活的种种困惑时，选择一条怎样的人生道路来走？请记得这本书给我们的生命警示。

（指导教师：徐永娜）

铸就太空辉煌的奋斗历程

天津市耀华中学　杨涛

浙江科学技术出版社

> 仰望星空，苍穹神秘而绚丽；遨游宇宙，成就飞天梦想。
>
> ——题记

有幸聆听一位从事航天事业半个世纪的老专家的科普报告，老先生多次提到《飞越苍穹——中国航天50年》一书。出于好奇，我借读了这本由任新民等八位院士担任编审的图文并茂的中国航天史书，觉得这真是一部让人爱不释手、感慨良多、受益匪浅的好书。

航天事业是一个国家综合国力的重要标志。创建于1956年10月的中国航天事业到2006年10月已走过了半个世纪的光辉历程。为了纪念中国航天事业创建50周年，2006年10月13日国防科工委、总装备部在京隆重召开了庆祝大会。胡锦涛总书记为大会发了贺信，温家宝总理出席大会并发表讲话。与此同时，由中国航天科技集团和中国航天科工集团公司组织编写的《飞越苍穹——中国航天50年》一书，也由浙江科学技术出版社正式出版发行。全书按照时间顺序将我国航天事业50年来发生的重大事件分为“创建航天事业”、“突破‘两弹一星’”“攻克‘三抓’任务”、“挺进国际市场”、“拓宽空间应用”、“进军载人航天”、“再创新的辉煌”七个部分加以叙述。每个部分又分为若干章节，用翔实生动的典型资料，将一个个闪亮的历史瞬间串联起来，准确地展现了中国航天的创业史、发展史和辉煌史。

这是一部忠实地记录了中国人民精彩航天的力作，它完整地描述了我国铸就在太空的一系列辉煌成就，明显地呈献出三大亮点。

一是通过对我国航天事业的发展轨迹的梳理，增强了我们的民族自豪感。该书以铿锵的文字、精美的配图，充分说明勤劳、勇敢、智慧的中国人民依靠自己的力量，在一个经济、科学技术比较落后的发展中国家，建立和发展了具有世界水平的先进的航天事业，这是中华民族的骄傲！50年来，我国航天事业在工业和科技很薄弱的基础上起步，坚持独立自主、锐意创新的方针，按科学规律办事，终于从无到有、由小到大，以较少的投入和较快的速度走出了一条适合我国国情的发展之路，在导弹武器、运载火箭和空间飞行器等主要领域，实现了历史性的重大突破和飞天梦想。实践证明，党在各个时期对建立和发展航天事业所做出的决策，是完全正确的，是富有远见的，中国人民是有能力自立于世界民族之林的。

二是通过对我国航天事业所取得辉煌成就的客观概括，证明了任何事业发展离不开艰苦创业精神和自主创新意识。书中记载了我国航天科技坚持走中国特色自主创新的道路，已经建成了航天系统工程所需要的完善配套的研究、设计、测试、试制、试验、生产、发射、测控和回收体系，不仅研制成功了多种系列的性能先进的战略和战术导弹，加速了国防现代化进程，增强了我军在高技术条件下的防御能力，有力地提高了我国的国际地位，而且研制成功12种长征运载火箭、各种卫星和六艘神舟号载人飞船，发射成功率居于世界一流水平。从1970年4月24日至2006年9月9日，我国共发射了73颗不同功能的国产卫星和6艘飞船，其中2艘飞船进行了载人航天飞行。在此期间，我国还将28颗国外卫星成功地送入合同规定的轨道，这些重大成就，使我国早已跨入世界航天大国行列。

三是在朴素的语言中蕴涵着强大的感染力，极大地弘扬了誓为中华和平崛起而奋斗的爱国主义精神。通过书中的文字和画面，我们能看到一个个充满传奇色彩的如钱学森等航天界众多老专家的朴实身影，一个个导弹、火箭、卫星、飞船研制、生产发射过程中紧张而又严肃的工作场景，一个个令人或激情澎湃或欣喜若狂或泪洒衣襟的感人史实，反映了我国一代又一代航天工作者肩负党和人民的重托，满怀为国争光的雄心壮志，团结一心，顽强拼搏，勇于创新，取得了以“两弹一星”和载人航天为代表的辉煌成就，极大地增强了我国的经济实力、科技实力、国防实力和民族凝聚力。同时，书中展示了在航天事业发展的不同阶段培育形成的各具特色的航天精神、“两弹一星”精神、载人航天精神，这种精神造就了一支高素质的科技、生产和管理人才队伍，使中国航天在世界高科技领域占有了一席之地，在浩瀚的太空中闪耀着熠熠光辉。

诱人的太空，也是我们青少年将来的舞台。作为中学生，如能阅读《飞越苍穹——中国航天50年》一书，定会从中受到启迪，激励自己更好地为中华和平崛起而发奋读书。

（指导教师：马宁）

质疑，可贵的科学精神

天津市南开区外国语高级中学　高慧

《古欧洲之谜》的作者埃利希·冯·丹尼肯，出生在瑞士的措芬根，是电视记者兼作家。他的这部作品在中文版出版之前已被翻译成28种语言，世界发行量达5,600万册，影响很大。

《古欧洲之谜》这本书主要介绍了斯温、柯内利雅、豪西、拉尔夫、安迪等人，在一些古地图上发现了一条条神秘路线，这激起了他们的好奇心，并启程去考察，试图揭开古欧洲之谜。然而就在他们探索的过程中，上天好像和他们开了一个玩笑——一个个谜团接踵而至。对于这些谜团，作者并非全然给予直截了当的肯定回答，而是通过引人入胜的故事，向读者提供了大量令人惊讶的事实和不可辩驳的证据。这种叙述方式，给读者以深刻的印象。

在《石头会说话》这一章中，斯温从一张古老的地图上发现在英格兰、爱尔兰和苏格兰有900多个石头圈。但关于这些石头的问题，至今没有一个肯定的答案。斯温和他的家人打算揭开其中"斯通亨石头圈"的神秘面纱，为此他们查阅了大量的资料，并做了深入地研究。斯通亨的历史要追溯到公元前5000年，在斯通亨工程第一阶段中，设计师们已经能在大地上做下了太阳升起时和太阳降落时光亮和阴影的记号，他们似乎还掌握了观测月相和其他天文现象的方法。斯温从自然科学杂志《自然》中发现了天文学家杰拉尔德·霍金斯发表的信件，经证明斯通亨是一座巨大的天文台，用它可以进行一整套的天象预报工作。

那么古代人又是如何测量出如此精确的数据呢？斯温这个反应最快的怀疑主义者，在石器时代有无标准尺的问题上提出了自己的观点——石器时代的人们都用一样的尺具工作。他还用两位教授——托姆父子，不列颠史前设施研究最透彻的专家，发现的"标准米制"即长度相当于82.9厘米的"史前码"，对全欧洲所有石头的设置情况进行研究的事实，证明了自己的观点并得到了父亲和兄弟们的赞许。斯温的质疑精神已成为他不断探索的重要动力。不仅如此，他的质疑精神还能给予身边的人许多启发。斯温的弟弟安迪原本对这个问题毫无兴趣，但在哥哥们的感召下，他也废寝忘食地研究起这个谜团来，并且提出了令人振奋的设问——这些石头连起来看不正好是一颗五角星吗？由此可见，一个人的质疑精神不仅能使自己畅游在知识的海洋中，而且还可以唤起身边的人对知识的渴望和追求。在这个小故事的结尾处斯温的父亲说了这样一句意味深长的话："亲爱的上帝送给我们胡桃，他却不敲开它！我十分愿意帮忙一起揭开谜底。"

"斯通亨石头圈"使我懂得了，要想吃到上帝送给我们的"胡桃"，就要有一种敢于质疑、敢于探索的精神。的确，在我们身边经常会发生一些匪夷所思的事情，我们却因为缺少质疑精神而和真理擦肩而过。试想牛顿看到苹果落地却没有产生质疑的话，那么他会发现万有引力吗？爱因斯坦曾说过："提出问题比解决问题更重要。"所以我认为质疑是人生最可贵的品质之一，是科学精神的精髓。在治学的道路上，小疑则小进，大疑则大进，我将以此激励自己时刻开动脑筋，坚定地勇往直前！

（指导教师：王世颖）

中国青年出版社

海洋出版社

领略时空极限

天津市蓟县第一中学　张金雨

恐怕每一个人都有这样的一个疑问：我们地球所处的宇宙到底有多大？这个问题自从有天文学开始就一直无法解决，只能回答，很大，近乎超越了人的思维极限。置身于茫茫宇宙之中，人也只能“哀吾生之须臾，羡宇宙之无穷”了。正是由于它时间和空间上的“长”与“大”，以及种种神秘的现象，几千年来，人们一直探索着宇宙，一个具有无穷魅力的披着神秘面纱的时空极限。今天，我向大家推荐《管窥宇宙环境》丛书，让大家一同领悟宇宙的魅力。

作者班武奇、晓蔚以简洁流畅的文笔，介绍了宇宙环境中为人们普遍关注的焦点问题。书中许多资料反映了宇宙探索的最新成果，介绍了许多鲜为人知的天文学史上的逸闻趣事。

首先，什么叫“管窥”呢？起初拿起这套书，我还以为是哪个权威“科学家”写的科学论著了，一定是艰涩难懂。后来查了字典，才发现自己是少见多怪。“管窥”应该是指“一种片面的说法”。这里作者是在谦虚，好拉近与读者的距离，引导读者思考。于是我端正了态度，开始了一番畅快的“宇宙之旅”。

果然不出所料，书的内容、语言、叙述方式都与我开始所想的大相径庭。作者不像是“权威爷爷”，而是像朋友在话家常，避开了许多专业术语。我很快就被书中内容吸引住了。

在作者笔下，那些几万年如一日转个不停的星星都有了鲜活的生命。如果让你来描述金星(假如你对它还有一些了解的话)，你会怎样写？是不是会介绍它自转很慢，昼夜温差大？你看作者却说它是个“奇懒”无比的“家伙”，辜负了人类的希望。而对天王星又是这样描述的：“天文学家设想，在太阳系形成之后的某个时候，从遥远的宇宙间来了一位体积硕大的天体。它闯入的过程，和‘天王爷'撞了个满怀,一下子把'天王爷'撞倒了。这位'天王爷'说起来也真够可以的,倒了,就再也不肯起来了。"嘿!天王星倒成了个爱讹人的"天王爷",多搞笑。全书幽默的描述举不胜举。比如:"抓住一个贪吃的大黑洞"、"太阳家族的轶事"、"火星上的人脸"等,这都避免了使用专业术语来叙述难懂的问题。喂,我的朋友!你是不是也有点想一睹为快了?

有人该问了,语言是够可以的了,可是我也不是爱因斯坦呀!即便你讲个天花乱坠,我就是想象不出,咋办?嘿!这你可以一万个放心,缺乏想象力的朋友,告诉你这本书还有个特点,就是图文并茂。书中的图片真可谓是张张经典,图图好看,如:"火星上的人脸"、"彗星撞击木星"、"黑洞吞噬中子星"、"超级大黑洞"等都给了天文爱好者强烈的视觉冲击,假如要求用两个字来描述一下自己看后的感觉,那没别的,就是"过瘾"!

当然,一本好的科普图书还不能缺少权威的事例、典型的资料。选例经典应该是吸引人眼球的根本原因。如引言中对奇妙的"流星暴"所开的"世纪玩笑"进行了介绍,一开始便占据了主动权,使你不得不往下阅读,还有关于寻找火星人的过程和在火星上发现"人脸"的奇妙事例,无不引起读者强烈的好奇心。反正我在读此书的时候仿佛一下子就成了宇航局的一员了。而关于对"木星是未来第二个地球,还是第二个太阳"的论述,更是牵动每个地球人的心,作者正是以平常人的视角描写平常人所好之事来引导读者畅快阅读的。

每一本书都有自己的意义,而我确信作者是真正地达到了传授知识和引导思考的目的,读者在获得愉悦的同时也从中获得了启迪。任谁都会顺着作者的方法思考,到底"天王星"为什么"躺着"自转,"宇宙究竟是大爆炸形成的吗","宇宙有边际吗"。"黑洞之谜"、"虫洞之谜"困惑着一代又一代的探索者,然而正是这些"惑"才真正地激励人们继续探索,不断地追寻,成为站在"巨人"肩膀上的开拓者。

宇宙之大,使得作者纵有如椽大笔,也难以完满地使其呈现在我们眼前,其玄奥程度,即使有司马旷世之才,倾尽东海之水,也未必揭示一二。但此书的确让我大开眼界,更让我获得了很多思想。古人云:无中生有,有生两仪,四象,八卦,然后衍生万物。也许浩大宇宙真的是"无中生有",而且还在纵情地扩大、延展。它的奥秘无穷无尽,等待我们去探寻。它的美丽无处不在,等待我们去赏玩。读宇宙使人豁然开朗,让我们放飞梦想,自由飞翔,站在巨人肩膀,去触摸思维极限,去揭示那美妙神秘的宇宙空间。

(指导教师:高学会)

只要想到，就能做到

天津市南开翔宇中学　姜泓芳

苍茫的海洋，水天一色，深不可测。无尽的宝藏的孕床？生命的起源？沧海桑田可为属实？……这些时常困扰着我。一本《海底两万里》揭开了海洋神秘的面纱，使我懂得“只要想到，就能做到”这个道理。

这本书是由法国著名科幻小说家儒勒·凡尔纳在1870年创作的。书中叙述了法国生物学者阿龙纳斯在海洋深处旅行的故事。此事发生在1866年，当时海上发现了一只被断定为独角鲸的大怪物，阿龙纳斯接受邀请，参加追捕，在追捕中被俘，才知道这并非独角鲸，而是一艘构造奇妙的“鹦鹉螺号”潜水艇。阿龙纳斯接受潜水艇主人的邀请，作海底旅行。他们乘坐“鹦鹉螺号”潜水艇，穿越太平洋、印度洋、红海、大西洋、南极海、北极海，以及无数的岛屿，以丰富的科技知识和超人的毅力战胜了各种难以想象的险情，看到许多罕见的海生动植物和水中的奇异现象；了解到大陆形成演变的原因；踏过沉入海底的大西洋城的废墟；发现了海中无尽的宝藏……最终在极其险恶的情况下逃离“鹦鹉螺号”潜水艇，把海底秘密公布于世。

书中的情节曲折动人、丰富有趣。凡尔纳的惊人之处正在于他能把富有科学意义的内容，描写得惟妙惟肖，让人回味无穷。最值得称奇的是，1870年欧洲用电照明刚刚起步，而凡尔纳竟在他的《海底两万里》中大胆设想，以极其丰富的想象力，用故事的形式，给我们详细描述了一艘功能齐全，并能利用海洋发电，能抵抗巨大的水压，破除坚冰，战胜南、北极冰川，对最汹涌海啸无所畏惧的“鹦鹉螺号”潜水艇，艇中的人还能穿着潜水衣，带着探照灯，实施各种海底作业，形象而逼真。

“我们穿上那沉甸甸的防水服；这衣服是用橡胶做的，没有缝，以便承受强大的压力，犹如一副柔软坚固的甲胄……腰挂可夫灯，手持猎枪……双脚走在海底……花、礁石、胚芽、介壳、珊瑚虫等……微微呈现出太阳的光谱……的确是一幅赤、橙、黄、绿、青、蓝、紫之七彩缤纷的万花筒……抵达一百米的深处，经受十个大气压的压力，而这股大气压的压力并未使我们感到任何痛苦……在水的帮助下我们行动异常的自主……越到长须鲸身侧上……把它乳房里包含的奶水都挤出来，足足的挤了二至三吨……和喝牛奶没任何两样。

"'鹦鹉螺号'装有威力无比的冲角……把冰田撞开……潜到了三百米……还往下潜，一直到八百米深……我们到达了九十度的南极点上，我们占领了地球上相当于大陆的六分之一的土地。"

凡尔纳描绘"鹦鹉螺号"潜水艇的原理、构造及电力的装配，直到1954年、1959年美国、苏联才先后研制出类似功能的真实的现代潜水艇，两者相隔80多年。这表明了凡尔纳惊人的预见力！

不仅如此，小说中对海底矿藏的发现、煤矿的采取、自然珍珠的人工培植、含银量的提出等等，都描写得真实可信、现在一一得到印证。

我想，每个人看完这本书后都会兴奋不已。因为它不仅使我们突破了与海底间的屏障，更告诉了我们这样一个重要的道理："只有想不到的，没有做不到的"。

当然科学的幻想不是空想，小说本身就强调，科学的幻想，是以大量的科学知识作基础的。凡尔纳能写出具有这样科学预见的科幻小说，与他平时的刻苦读书是分不开的。坚厚的知识，对生活的观察是他写作的源泉。

我们只有敢想，才能突破科学的禁地，我们的想象力是打开科学进步大门的钥匙。只要想到，就能做到。

多读书，可以加速我们青少年成长的历程。特别多读科幻小说，不仅可以使我们在惊险与刺激中得到艺术的享受，还可以开发智慧、启迪思维，为我们装上一对穿梭科学与文学大门的自由之翼，不断地从生活中产生新的想法，并运用书本上的知识，为之努力实践。我们每一个中学生都做到了这一点，我们国家的科学研究就会站在世界科学的最前沿，我们中国的经济就会腾飞，我们的民族就会在只要"想到，就能做到"的自由王国中强大。"只要想到，就能做到"，正是广大青少年应该牢固树立的一个信念。

（指导教师：刘苏英）

中国书籍出版社

人民文学出版社

生命的感动

天津市第九十八中学　宋蕊

在我们每个人的生命中，都有许多令人感动的情怀：至纯至美的友情，至浓至深的亲情，气吞山河的勇气，改变世界的壮志……正是有了这些情怀，才让我们的生命如星际的一颗流星，短暂，但壮美！

一次偶然的机会，读了英国女作家罗琳的科幻小说《哈利·波特》系列丛书，被深深吸引之余犹然生出许多感动，那是关于我们生命中最美好的情怀的一种诠释。

感动一：纯洁的友情

自古，我们的民族便有对友谊的赞美。李白曾深情吟出“桃花潭水深千尺，不及汪伦送我情”。王勃也曾经高呼“海内存知己，天涯若比邻”。高适更是发出“莫愁前路无知己，天下谁人不识君”的壮语。由此可见，朋友不仅是我们生命中的旅伴，更是我们时时牵挂，虽远隔千山万水犹在身边的精神知己。

在《哈利·波特》系列中，三个小主人公的友谊令人羡慕。他们有时也会意见不合，但事后的和好如初又恰恰证明了他们之间友谊的牢固。在面临危险时，赫敏和罗恩一直与哈利并肩作战，相互鼓励，没有因为对死亡的恐惧而放弃纯洁的友谊，这也给哈利带来了勇气，一种名叫“至少还有你”的勇气。

感动二：宝贵的亲情

亲情，在我们每个人的心中都有着不可撼动的位置，正如人们对亲情的解释一样“想起来是一种暖暖的感觉”。的确，从“慈母手中线，游子身上衣”到“儿行千里母担忧”，这些让我们为之感动的片段，让我们无论走多远、飞多高，心中永远有对亲人的一种浓浓的牵挂。

罗琳在书中介绍：哈利很小的时候，他的父母在与黑巫师的较量中被杀害，而母亲临死时在他身体上施了一个魔咒，让幼小的哈利幸存了下来，并一夜间成为巫师界的传奇。多年后，哈利知道了关于魔咒的秘密。原来，施这个魔咒的基础是母亲对哈利的爱。虽然死亡是无法改变的事实，但哈利的母亲一直在用另一种方式保护着哈利。在最后一部中，哈利在面对死亡时产生了前所未有的恐惧，而在那一刻，父母出现在了他的面前，只是一个微笑，就坚定了哈利的信念，使哈利面对死亡出奇的镇定，这正是亲情带给他的力量。

感动三：自始至终的勇气

现代杰出画家徐悲鸿说过：“人不可有傲气，但不可无傲骨。”勇气，即是人们成大事的一种宝贵的品质，有了勇气，才敢面对生活给予你的一切磨难。

在《哈利·波特》系列中，每个主人公都是勇气的象征。哈利要打败黑巫师让魔法世界充满和平，这需要勇气；两个伙伴不畏艰险跟随朋友，保护朋友，这需要勇气；一些正义的巫师为了保护哈利献出了生命，这也需要勇气。死亡是人们所畏惧的，但如果精神世界上升到了一定程度就会出现抵御这种恐惧的勇气，死亡也就不会再让你惧怕了。在最后一部书中，哈利与黑巫师最后对决，那时哈利很有可能被打败，在众人的担心与期待下静静死去，但哈利却表现得很镇定。这时，他的勇气来自于自己的坚定信念和拯救魔法世界的决心。

《哈利·波特》系列丛书不仅带我们进入了一个与众不同的世界，更让我们体味出了生命的真谛——那些令我们感动的情怀。相信这种情怀，不仅带我们逐步成长，更会温暖我们一生一世。

（指导教师：田新慧）

不曾消逝的美丽，不曾流走的温馨

天津市咸水沽第一中学　李东格

在那个燥热的盛夏，有一本书悄悄走进我的世界，让我品尝到这世间最清凉的绿茶。

《秘密花园》是一本关于爱和大自然的心灵魔法书，充溢着香甜的水果糖味，让人甜而不腻。作者弗朗西丝是一位传奇的女性，因父亲早逝，家境贫寒，为了补贴家用，她十八岁就开始在杂志上发表文章。她早期的作品并没有很大的影响力，真正让她闻名于世的是她的儿童文学作品。独居美国时，从小就对植物感兴趣、对大自然有着独特感情的她在布置花园时突发灵感，铸就了《秘密花园》这部经久不衰的名著。的确，这部书让人无法抗拒，里面的三个小主人公在不停地牵动着我的心。在一个巨大的庄园里，有一个被锁锁住的秘密花园。偶然的一天，玛丽从泥土中翻出了花园的钥匙，从此这个自私冷漠的女孩爱上了这个花园。她和女仆的弟弟迪肯每天在这里栽花种草，后来，庄园主的儿子柯林也加入进来。在迪肯的帮助下，玛丽和柯林逐渐改掉身上的坏毛病，玛丽成为一个健康漂亮的女孩，柯林也从轮椅上站起来，成为一个乐观健康的男子汉。在秘密花园里，他们看着玫瑰、龙胆花、常春藤等一切有生命的东西从地下长出，他们和松鼠、红胸脯的知更鸟谈心，一切美好的东西都在大自然里神奇地生长着。

这个故事没有扣人心弦的情节，也没有海誓山盟的情话。它所有的语言都像汩汩清泉一样自然清新，好像在质朴的地毯上行走。那不曾消逝的美丽、不曾流走的温馨从我们的趾间流过，流入心间。刹那间心间似有莲花盛开，即使有泪可落，也不觉得悲凉。

喜欢这本书，因为它简单自然，因为那个神奇的地方令我神往。其实，每个人心中都会有一种返璞归真的愿望，都希望有一个秘密花园使得自己在喧嚣中学会沉淀，在浮华中学会净化。我们都想拥有一个像迪肯那样热爱自然、热爱生活的朋友，但是我们很少想过和迪肯一样去付出，去帮助那些与我们的生命没有交集的陌生人。其实，人总是在不经意的付出中收获不期而遇的硕果。正像玛丽、迪肯和柯林一样，他们三个互相关心着，彼此收获了大自然给予他们的最高馈礼。他们不仅拥有健康的身体，还拥有一颗纯真的心。这一切与动植物的生长、清新的空气和芳香的泥土气息密不可分。大自然无可比拟的神奇与美丽，人与人之间的温馨和亲近，为他们的成长提供了最好的契机。这不曾消逝的美丽、不曾流走的温馨对我们现代人来说是一杯解渴剂，让我们学会偶尔停下匆忙的脚步去品尝大自然这杯绿茶，让我们去寻找属于我们独有的盛夏和清凉。

生活中的磕磕碰碰，人与人之间的微妙复杂，实现理想的种种困难，总是令我本该愉快的青春洒满片片哀伤。也许在某一道关口我被卡住而进退两难，也许在我付诸努力后却收效甚微，也许在我付出真心时却遭到他人的轻视和误解，但这一切正像张抗抗说的“雪一化，路就有了”。是啊，大自然赋予了我们无穷的力量，冰雪被融化了，春天还会远吗？那个鸟语花香、芬芳四溢的大自然正用它独有的胸怀来化解我们生活中的缺憾，那些善良诚挚的人们正在用真诚来守候生命的交集。《秘密花园》是一杯清凉的绿茶，让我懂得偶尔停下忙碌的脚步去聆听自然的声音，去关心与我们不相关的人，去寻找美丽，去感受温馨。让我们的青春不再忧伤，让我们的世界不再冰凉。

《秘密花园》，我有幸遇见你并爱上你。是你让我知道这个世界上有如“秘密花园”一样充满魔法的大自然，有如迪肯一样善良美好的天使，有如玛丽、柯林一样需要我们关心帮助的孩子。他们是这个世界上不曾消逝的美丽，不曾流走的温馨，是他们让我勇敢地面对一切，不惧怕生存，也不畏惧死亡，更能坦然接受日日重复的生活。朋友，如果你觉得生活不够美好总是孤单无助，如果你悲伤时会被眼泪吞噬却没有人为你拂去泪水，那么，《秘密花园》这颗糖果会让你觉得原来生活的路并不是很难走，生活没有想象的那么苦涩。一切伤痛都会过去，路终究会通向远方，就让我们把这一切当作磨砺自己的砂石，当一切都过去时，你会变成光滑的石子，微笑着躺在阳光下拥抱大自然的甘甜和雨露，感受生命独有的尊贵和骄傲。

在这个世界上，那些美丽的风景，那些善良的人，那些真挚的语言，一直都未曾远离。在需要的时候，是它们拂去我们脸颊上的泪水，是它们带我们去看这个生机盎然的美丽世界，是它们让我们勇敢地演绎我们的生命，是它们让我们踏踏实实地度过每一天。

（指导教师：张雅君）

人民文学出版社

梦想永远在路上

天津市第七中学　李桐禄

《牧羊少年奇幻之旅》讲述了一个西班牙的牧羊男孩圣地亚哥追寻梦想的故事。他和我们一样,有自己的思想,有自己最想做的事。在旅途中,他遇到了许多同伴以及帮助他的人,像老人、水晶商人、炼金术士、英国人,甚至一个国王…… 当然,最后他实现了梦想,但那却是另一个梦想的开始……

本书的英文原名为The Alchemist,是炼金术士的意思。我想这个名字暗示了一个寓意,即对理想的追求能使人生“点石成金”。这本书是巴西作家保罗·科埃略受到《一千零一夜》中一个故事的启发而创作的。这部作品刚出版时销售情况并不理想,令出版商和作家本人都没有料到的是,《牧羊少年奇幻之旅》一书后来竟使洛阳纸贵,名列巴西畅销书排行榜长达六年之久。

它并不是一本讲述大道理、进行庸俗说教的平淡小说,而是一本充满奇幻、引人入胜的励志小说。它能给迷茫于人生路上的人提供精神动力,它能感动许许多多不停追寻梦想的人。当你面对人生抉择时,它能为你指南;当你面对未来前行时,它能为你引路。

生活在复杂多变的社会,很多时候我们忘了倾听自己内心的声音,而更多时候,我们就算听见了自己心里的声音,也没有勇气去相信它、接受它、追寻它。这本书鼓励人们去探询、追求自己内心的渴望、梦想,实现自我的价值。

当我读完这本书时,想起了一首诗:

梦想在哪里?
不在沉闷的说教里。
梦想在哪里?
不在漫无目的的时光里。

它在哪里？
它在路上，
它活在路上！
它在你追寻的路上！

是啊，梦想在追寻的路上！只要你不停止追求的脚步，总有一天会实现梦想、超越梦想。

有些人一生清苦，却为追逐至高无上的梦想而心灵富足；有些人一生坎坷，但梦想的基石铺就的人生道路却让他心满意足；有些人一掷千金，梦想储蓄却在心灵的银行账号上为零……书中的水晶店店主，他有个梦想，他渴望去麦加，但他没有遵循自己心灵的召唤，他舍不得放弃眼前的荣华富贵和安定的生活，他也没有履行自己的天命，他宁愿守着一天天生意下滑的水晶店也不敢聆听心灵最真实的声音。

相反，书中的主人公圣地亚哥是一个相信梦想的人，他从一个懵懵懂懂的牧羊人成长为一位独当一面的冒险家，从安达卢西亚穿越大沙漠到达埃及金字塔，起因仅仅是一个只梦见过两次的怪梦，但是他那奇遇满满的旅程，正好告诉了我们“梦想在路上”。

他遇上了古怪的吉普赛人，遇上一位老撒冷王，他放弃了做神父这一崇高的职位的机会，转而投向身份地位卑微的牧羊人，他清楚聆听了心灵最需要的愿望，为梦想在路上写下了第一笔。

在沙漠中，他遇上了一位姑娘，遇上了一位炼金术士，他们给予了圣地亚哥一种前所未有的感受和经历。如果他只是像安达卢西亚原野上的羊儿那样仅仅有水和食物便能满足的话，那么一切未知的经历就不会展现在他眼前。

“当我真实地在追寻着梦想时，一路上我都会发现从未想过的东西，如果当初我没有勇气去尝试看来几乎不可能的事，如今我就还只是个牧羊人而已。”圣地亚哥这样说。

是的，梦想随时会来临，但关键是你是否有勇气追寻它。

鲁迅先生梦想救民救国，为了这一梦想，他毅然弃医从文，创作出无数文坛经典，从思想上唤起了人们的革命激情。

画家梵高梦想唤醒人们的良知，为了这一梦想，他勇敢地用他那没有受过绘画训练的双手描摹出震撼人心的绝笔之作。

邮差薛瓦勒梦想建造一座奇石城堡，为了这一梦想，他在人们不解的议论声中不懈地收集着奇石，最终在第33年于法国建成一座梦幻般的城堡。

一个人的一生，一定会拥有无数的梦想，但这些梦想是否成真，就要看自己能否采取行动。也许追寻梦想的过程中会碰到无数峭壁、险崖、激湍、暗流，翻越峭壁，爬过险崖，游过激湍，躲过暗流，终会到达成功的彼岸。

《牧羊少年奇幻之旅》不仅给我们讲述了一个牧羊少年的奇幻旅程，更给了我们一种信念：如果你有梦想，就要有实现梦想的勇气；如果你有梦想，就要有坚韧不拔的毅力；如果你有梦想，就要有不屈不挠的精神。未来的一切在你面前铺展开来，让我们敢于为梦想前行，因为你的梦想永远在路上！

（指导教师：毕春红）

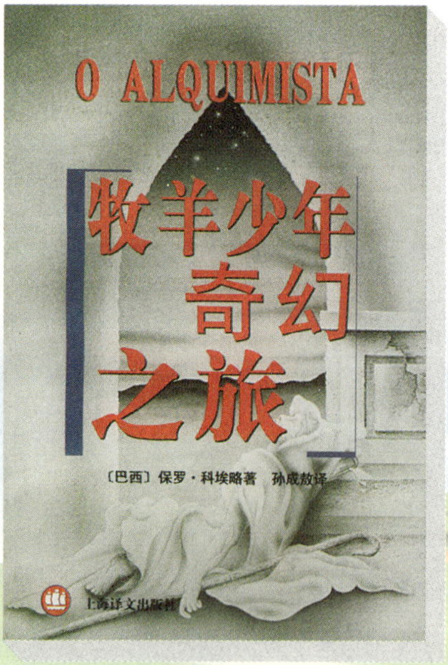

上海译文出版社

梦幻之旅

天津市西青区杨柳青第一中学　韩馨蕊

北京燕山出版社

儿时的你是否怀着一颗好奇的心,渴望四处历险?儿时的你是否希望能与动物交谈?儿时的你是否期待自己能有一段与众不同的经历?如果你回答是,那么,请不要错过我推荐的这本书——《尼尔斯骑鹅历险记》。

这是瑞典女作家塞尔玛·拉格洛芙最著名的一部作品,故事讲述了一个名叫尼尔斯的小男孩的不凡的经历。14岁的尼尔斯是一个调皮捣蛋、不爱读书、好捉弄小动物的孩子,一个偶然的机会,他被精灵施了魔法,变成了拇指一般大的小人儿。这时,家里的雄鹅看到空中成群飞翔的大雁,羡慕至极,也想跟随它们一同前往,尼尔斯为了不让雄鹅飞走,紧紧地抱住了它的脖子,不料却被雄鹅带上高空。从此,尼尔斯的生活发生了奇迹般的变化。

途中,他领略到了祖国的奇峰峻岭、旖旎风光,听到了许多传说,学到了祖国的历史、地理知识,也经历了许多艰难困苦。从其他人身上他学到了不少优点,也改掉了自身的缺点。当他重返家乡时,那个曾经让老师头痛、让父母烦恼的尼尔斯已经不复存在了。那些在异地领略到的风土人情,周游各地感受到的文化传统,以及从其他人身上学到的良好品质使他发生了改变。尼尔斯在旅途中获得的知识,令他在短短几个月之内变成了一个勤劳勇敢、乐于助人、富于教养、受人尊敬的大男孩。"知识改变命运"这句话在尼尔斯的身上表现得淋漓尽致。

虽然这部书没有惊心动魄的场景,没有紧张刺激的情节,没有优美华丽的词藻,但却以其丰富的内涵、充满情趣的故事、形象的语言征服了我。

俗话说“开卷有益”，然而，一味地看那些肤浅的书无异于是在浪费时间，而一本真正有意义的书会使我们在不知不觉中学到许多，受益无穷。就像《尼尔斯骑鹅历险记》，作者用生动、细腻的文笔为我们展现了瑞典的风景名胜、风土人情，它不同于专业的教科书字斟句酌，却能在我们每个人心中留下深刻的印象。

童话、传说是这部书的又一亮点。那些我所熟知的山川河流被赋予种种传说，引起了我更浓厚的阅读兴趣。书中一个个生动、有趣的民间故事带领我走进一个奇妙的梦幻世界。我相信：在我们的人生旅程中，无论积攒了多少社会经验，内心深处还是会有一个最纯洁的角落留给童年。在这部充满童趣的书中，有看不起雄鹅的大雁，有为了生存而争斗的灰老鼠与黑老鼠，有因为影响了游艺节日而遭到惩罚的狐狸……更奇妙的是，故事的主人公可以和它们交谈，而在童年，这一切常常出现在我们的梦境中。作者用她丰富的想象力，把我们梦想中的世界化成了灵动的文字，令我觉得它倍加亲切感人。

一部著作能够得到人们的认可，必不可少的因素就是“教人向善”。书中主人公尼尔斯由一个调皮、懒惰的小男孩蜕变成一个成熟、勤劳的大男孩，其种种经历和转变给人深刻的启迪。在这本书的潜移默化之下，我对待生活的态度也或多或少的发生了一些改变。

如果说每部书都蕴涵着作者的灵魂，那么我通过《尼尔斯骑鹅历险记》看到的拉格洛芙就是一个心地善良、学识渊博、对生活充满希望的作家，而她笔下的《尼尔斯骑鹅历险记》也是一部集知识性、趣味性于一身的图书。

“读万卷书，行万里路”，在你尚无资本行万里路时，请翻开这部书，它将带你踏上“梦幻之旅”，环游那充满情趣的奇妙世界！

（指导教师：刘敏）

探索时间秘密的奇妙旅途

天津第五十七中学　韩路

“阅读霍金，懂不懂都是一种收获。”怀着对时间源头的好奇和对霍金先生由来已久的敬仰，我拜读了他的科普大作《时间简史》。读罢掩卷而思，虽还有诸多抽象理论及概念不够明白，但我仍旧被其中蕴涵的丰富人生哲理乃至对这位最杰出的科学家的奋斗精神深深吸引，感慨万千。

在科学的大家庭中，宇宙学可以算是古老神秘而又经久不衰的学问，人类对它的探索从古到今一直没有停息。从古代的亚里士多德、托勒密，到近代的伽利略，再到现代的爱因斯坦，他们对宇宙都进行了独特的阐释，给予了当时或后世人们在认识自己所生存的世界方面以诸多的启迪。

我在上初中之时，从一本儿童读物中了解了爱因斯坦的广义相对论的知识，颇受教益，知道了那是用于描述宇宙演化的正确理论。在《时间简史》中我更深入地了解到霍金先生创立了著名的奇性理论。他的巨大贡献是在20年之久被重病禁锢在轮椅上做出的，他证明了黑洞理论的面积定理，成为继爱因斯坦之后最著名的科学思想家和理论物理学家。

本书的巨大成功，就在于他科学而形象生动地回答了长期以来人们十分关注然而又无法详知的问题，诸如我们从何而来？宇宙为何是这样的？他把时间从源点到如今的历程做了科学的叙述，展示了有关虫洞和时间旅行的激动人心的课题，还对宇宙大爆炸及黑洞等热点话题做了探讨。

前两章叙述的是宇宙的历史和宇宙为何是一个发展的过程，语言较为浅显易懂，不仅让我从学术角度明白了自己生活世界的真实由来，也让我更加坚定了对唯物主义认识论的信仰。第三、四两章写的是黑洞理论，稍微有些抽象，但我从中明白黑洞是一个坍塌的超新星，经典的广义相对论认为：一切物质将不会从中逃逸，连光也不例外，但任何事情都存在着不确定性，书中演绎了量子力学理论中的能量从黑洞中逃逸的可能性。第五章就颇有些生涩难懂了，其基本讲述的是将量子力学运用到大爆炸的结论：时间和空间可能有界限，但是没有可以定义的边缘，因为真正的时间和空间存在于并非我们生活的三维空间，而是存在于更多的维度中，所以不能用我们常规的对于这个世界的思维模式去套用量子力学的世界。第六章从始至终散发着人文色彩：时间旅行会导致什么样的奇妙特征？如果通过时间旅行回到过去并且改变它会不会导致未来的改变？如果存在改变，为什么没有后来的人去改变如今的我们？既然没有改变的话又如何证明相对论是正确的？本书均为我们做出了翔实和令人信服的解答。最后一章较为容易理解，霍金先生表达了自己深切的愿望，即去探寻一种统一的理论，将量子力学、引力以及物理学中其他所有相互作用都包容在内。这样我们就能够确定自己在宇宙中的位置，并且能确定人类下一步的发展方向了。

认真看完此书的我，不仅对作者深邃的物理及天文知识十分佩服，而且对他那浅显、幽默、蕴涵着丰富智慧的文字由衷的赞叹。尤其让我不能释怀的是，他那顽强的不向困难低头的战斗意志。作为当代最著名的宇宙学家，霍金先生的人生经历和他的科学研究成果一样传奇而伟大。他22岁不幸身患卢伽雷病，这种病症使人肌肉逐渐萎缩直到失去生理机能，医生曾诊断言他只能活两年，但霍金没有因此消沉与绝望，他在进行艰深的科学研究的同时与邪恶的病魔做着艰苦而长期的斗争，最难能可贵的是他一直保持着乐观和豁达的情绪。霍金的一生，是人类具有脆弱身躯和具有顽强意志力的不朽记录，更是科学精神创造出的伟大奇迹。读了霍金的书，令我倍加珍惜青春的大好时光，我将在时间的旅途中有效地学习与工作，不断探寻奥秘，实现自己的人生价值。

最后，我对在这个世界上拥有着如此顽强意志并追求终极真理的灵魂，表示深深的敬意。

（指导教师：李雪萍）

湖南科学技术出版社

天下奇书

天津市钢管公司中学　张世广

华夏出版社

这是一部包罗万象的书,这是一部无奇不有的书, 这是一部想象力超凡的书,这是一部给国际通行的学科划分带来麻烦的书,它不属于任何一门学科,却同时又属于所有学科。它就是《山海经》。

《山海经》是了解古代山川风物、奇鸟怪兽、金玉珍宝、神话故事以及神仙妖魔传说的经典巨作。它表现了人类最为奇特的、高超的想象力,这也是它最吸引我的地方。我想没有哪一部书能像《山海经》这样对神、仙、鬼、怪、山、川、天、地做过如此精彩的、具有高度艺术魅力的想象和夸张了。古往今来,不少名震寰宇的大人物都深受它的影响。据记载,西汉武帝时期,曾经有一个国家的使臣奉献了一只奇特的鸟,这只鸟的名字没有人知道,也不知道如何喂养它,给它普通的鸟类食物,它也不吃。后来,著名的词赋家东方朔说出了这只鸟的名字,并指出它应该吃的食物。试了以后,果然和东方朔说的一样。于是汉武帝问东方朔:"你是从什么地方知道这种鸟的名字的?"东方朔说:"臣读过《山海经》,其中记载了这只鸟的名字、它的习性以及应吃的食物。"汉武帝十分感慨,对东方朔赞许有加。一时间,朝中上下争阅《山海经》。鲁迅从少年时便对《山海经》爱不释手,并四处寻找《山海经》的不同版本。我也因此对《山海经》产生了浓厚的兴趣,于是走进了它的世界,并不知不觉地投入它的怀抱。

当我初读这部作品时,只是找一些名人故事、传奇神话来读。但慢慢的,我发现书中故事环环紧扣。仿佛有一双无形的手,拉着我不知不觉往前走。当我遇到一座山时,就想了解山的位置、特产;当我遇到奇鸟异兽时,就想了解鸟兽的习性、体态及它们所吃的食物;当我遇到奇特的动植物时,就想了解它们的生长特点。我觉得自己必须一节一节、一章一章的读,细细去品味、了解它的深意,只有这样,我才能感到满足。我发现自己已情不自禁地爱上了这本书。于是在不知不觉中,我找到了它更多的优点:《山海经》包罗之广,天下少有,内容的奇特、诡异更令人无法想象,从《史记》到《明史》,从《神农百草》到《本草纲目》,能与《山海经》所匹敌的是少之又少。地理山川的描述,三皇五帝的传说,祭祀神话的发展贯穿《山海经》的始终。探金寻玉的经历,异国奇观的欣赏,民俗禁忌的奥妙,更是无所不有。《山海经》实在是古人超凡想象力的极品,是反映远古时代人们观念、情趣的不朽奇书。《山海经》的不同版本,记述了不同的事物。当你真正爱上《山海经》时,收集不同的版本,你会有更多的发现。

《山海经》让我穿越时间与空间,告别了喧嚣的都市生活,回归世外桃源的自然,游历群山万壑,观赏天地珍宝,领略自然风光,鉴别天下奇事。它让我插上想象的翅膀,在美丽的大自然上空自由翱翔,它让我化作一匹骏马,在中华五千年广袤的土地上任意驰骋。《山海经》是国人一个遥远的梦。两千年来,书中描绘的那些神秘的怪鸟奇兽、稀世的美玉珍宝、奇特的山脉湖泊,一直沉淀在国人梦中。冥冥之中似乎有一种力量在指引我们去探求它,蒙在它脸上的神秘面纱,等着你来揭开。

来读《山海经》吧,它比恐龙世界更惊险刺激,比法老的金字塔更神秘莫测,比空中花园更美妙绝伦。

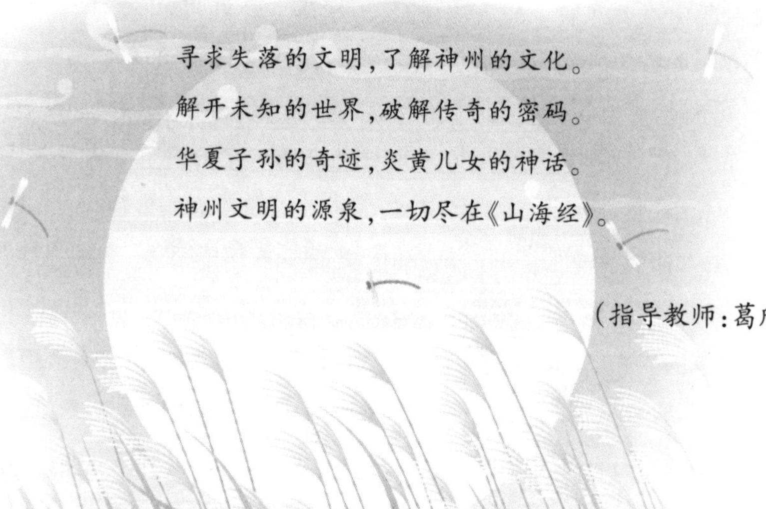

寻求失落的文明,了解神州的文化。
解开未知的世界,破解传奇的密码。
华夏子孙的奇迹,炎黄儿女的神话。
神州文明的源泉,一切尽在《山海经》。

(指导教师:葛欣)

水　廉价而昂贵

天津市第四中学　李丽稳

有一位医生治好了三千多名患有慢性病的患者。在这些患者中，有的忙于治病，有的终日饱受病痛煎熬，还有的是“靠着上帝的支撑才活到了现在”。令人惊奇的是，这位医生竟然没有用药，只是用了廉价的凉开水。

这位医生名叫F·巴特曼。

F·巴特曼，美国医学博士，国际知名研究员，毕业于伦敦大学圣·玛丽医学院。他几乎倾尽一生来研究水的医疗价值。终于得出了一个震惊世界的医学结论：水是最好的药！事情是这样开始的。

一位胃溃疡病人深夜来访。他到达医院时，已经被疼痛折磨得痛苦不堪了。巴特曼医生给他喝了半升水。几十分钟后，病人的疼痛竟奇迹般的减轻了。这个情况引起了细心的巴特曼的注意。此后，他开始对水与溃疡病的关系作研究。一段时间后，他尝试给一些溃疡病人开一些“水药”，收到了良好的效果。随着他深入持久的研究，他发现不仅许多疼痛与人体缺水有关，长期缺水还很可能是许多慢性病的根源。

于是，他将研究成果写成了一本书，这就是《水是最好的药》(《*Your Body's Many Cries For Water*》)。在这本书中，作者明确地指出了止痛药物的副作用、水的生理作用、人们错误的饮水方式以及正确饮水的方法。最后，作者介绍了水在肠胃疼痛、关节疼痛、头痛、心绞痛等诸多疼痛和高血压、高血胆固醇、超重、哮喘、过敏等病症中的应用。

这本书包含了F·巴特曼几十年来的研究成果。作者的论述过程，体现了他严密的逻辑思维和严谨的治学态度。同时，书中插入了不少的白描图，使复杂的生理过程变得通俗易懂。感人的是，其中还收录了很多受益的患者寄来的感谢信。对于医学和生理学中艰涩难懂的专有名词，作者或直接做诠释，或给以简明的讲解，或用常见事物进行代换。这些使人们不得不对这位医生肃然起敬。不难看出，这并不仅仅是一本用来发表学术成果的书，更是一本从一开始就面向大众、体现了一位医学工作者社会责任感的书。

阅读这部书，我们不仅可以了解到关于人体的许多知识，还可以实践其中的饮水方法，预防多种慢性病，从而使我们更加健康。更为重要的是领悟一种人生态度。

作者有一句话说得好，“生活往往就是这样的，我们常常把简单的事物复杂化，复杂到连自己都懵懂的地步。”细细品味，确实如此。有很多时候，一些很简单的问题总是被我们搞得很复杂。究其原因，是我们没有把握问题的实质。

英国一家报纸曾举办一项高额奖金的有奖征答活动，题目是：一个充气不足的热气球载着三位关系世界兴亡的科学家。第一位是环保专家，他的研究可拯救无数人因环境污染而面临的厄运；第二位是核武器专家，他有能力防止全球性的核战争，使地球免于被毁；第三位是粮食专家，他能在不毛之地成功地种植食物，使无数人脱离饥荒。此刻热气球即将坠毁，必须丢出一个人以减轻载重，使其余的两人得以存活。请问该丢下哪一位科学家？

最后答案揭晓：将最胖的那位科学家丢下去。

乍看之下貌似很难抉择，但实际上却相当简单。没有答对的原因只有一个：没有把握问题的实质。

有很多问题非常棘手，常搅得人不得安宁，如果我们站得高一点，看得远一点，变换一下思路，看清问题的实质，解决问题的方法也许就像“多喝水”那样简单。我们再深入思考，又会发现我们总是会不自觉地将问题复杂化。这种习惯，不但让更多的假象迷惑我们的视线，而且会隐藏问题的核心。我们往往是费时费力地将问题“解决”了，一段时间后，才意识到那是治标不治本。这本书给我的启示就是：不要被表象迷惑，也不要将问题复杂化，要清醒地看待问题。

感谢巴特曼医生，他送给我们一杯廉价而昂贵的水。

吉林文史出版社

（指导教师：王文娟）

未来的世界

天津塘沽区滨海中学　肖月

第一定律——机器人不得伤害人，也不得见人受到伤害而袖手旁观。

第二定律——机器人应服从人的一切命令，但不得违反第一定律。

第三定律——机器人应保护自身的安全，但不得违反第一、第二定律。

“机器人学三定律”出自美国当代最负盛名的科幻小说家爱隆克·阿西莫夫的代表作《我，机器人》。爱隆克·阿西莫夫是美籍犹太人，21世纪最顶尖的科幻小说家之一，曾获代表科幻界最高荣誉的雨果奖和星云终身成就大师奖。《我，机器人》这本书以2057年为背景，以服务于制造阳电子头脑的机器人生产公司——VS机械公司的苏珊·卡尔文博士对记者诉说研制机器人中所发生的各种事情为小说内容，为我们展示了在机器人尚未极其专业化时一个个有关机器人的故事：有机器人保姆罗比在和小主人格洛莉的分离与重聚中所结下的深厚友谊；具有读心术能力的赫比，因为不能违背机器人学三定律，而不断说谎，最终由于谎言被揭穿，它成为一堆没有生命的废铁；市长候选人史蒂芬·拜厄利被怀疑是机器人而被市民围攻，通过攻击的方式，人类证明了他不是机器人……

从人类第一次离开地面开始，人们进入了梦幻的时代；从人类第一次走出家门——地球开始，人类就步入了无所不能的时代。人类是如此聪慧，创造了一个又一个的奇迹。科技日益进步，越来越多遥不可及的梦想在奇迹中实现。在有着高科技手段的未来，会不会有一个智能机器人为人类服务呢？它们拥有自己的意志，离开人类成为与其对等的个体。甚至机器人如人类一样拥有自由、身份、地位。在那个时代中，机器人或许可以工作、可以结婚生子，作为人工智能的个体有着和人类平等的权利。以至于，一眼望去，已经达到了无法只靠肉眼来判断是人还是机器人的地步。

人类为了更好地适应自然,适应社会,运用已掌握的科技创造出无数令自己都瞠目结舌的工具。机器人便是其中之一。对于人类来说,机器人是产品,是工具,是助手。书中苏珊·卡尔文博士说过:“这是一些比人类更有力量、更可靠、更有效,同时又绝对忠实于人的生物。”但书中描绘的世界中,人类对机器人却充满偏见、恐惧和不信任,因为机器人尚未普及。罗比让周围人恐惧,又因过时被拆毁;人们从赫比口中得到了想听的答案,却因是假话一步步地逼迫其至死;只因为怀疑市长候选人是机器人,人们就声势浩大地指控拜厄利,讲演广场上一片咄咄逼人的气氛。面对从自己手中诞生的机器人,人类毫无保留地展示出自己的懦弱,嫉妒,自私……人类傲慢地认为身旁形似自己的造物不过是由零件堆砌而成的机器,但又在它们面前无能为力,望尘莫及。现实生活里,人类的科技虽还未到达如此高超的地步,但在科技越来越发展的今日,实现创造出真人型的想法也不是可望而不可即的。当我们真正研制出它,并将它带到人类面前时,人类会做出什么样的反应?或是欣喜,或是茫然,或是厌恶……如果有一天,正是由于力量、智慧,可靠、高效的机器人自身能力远高于人类时,人类会不会出于一直以来认为自己是万物之灵的偏执,将它们销毁?或者在那时,机器人在人类面前已经是无懈可击,又一次的世界大战将在人类与机器人之间爆发?这些都是人类对于未来与未知领域需要进行探索的问题。

而阿西莫夫的《我,机器人》则是我们的指路明灯,引领着我们不断前进,不断探索。现实社会中,在科技领域所产生的诸如“克隆技术”、“基因歧视”等一系列问题也都引起了科学家的关注。以此为代表,科技这把双刃剑带来的利益与危害也被越来越多的人所察觉,机器人的研制、开发、发展的副作用最终会被科学家所控制,它们作为人工智能所具有的优势,也定会被人类的智慧加以利用,更好地为人类服务。人类在引领机器人制造走向科技最高峰的道路上,所遇到的阻碍与波折也会逐一消失。人类与机器人和平共处的桃源之乡,在人类的等待与期盼中向我们走来。

(指导教师:范林童)

科学之旅

天津市实验中学　严济洲

“欢迎，欢迎。恭喜，恭喜。你居然成功了。我知道，来到这个世界很不容易。首先，几万个游离的原子不得不以某种方式聚集在一起，以复杂而又奇特的方式创造了你，过去从未有过，存在仅此一回。这些小颗粒子将任劳任怨地进行几十亿次的巧妙合作，把你保持完好，让你经历一次极其惬意而又赏心悦目的旅程，那就是生存。然而，在你的生存期间，它们都担负着同一个任务：使你成为你。”

多么清新明了，惟妙惟肖地对生命的存在的科学描述。

这就是一部描述有关现代科学发展史的科普书《万物简史》中的一段话。此书于2003年5月出版后，就风光无限，年终即跻身2003年度美国十大畅销书之列。同年，微软公司为了促进其阅读器的销售，特别推出了畅销图书电子版免费下载，选中仅有的两部书之一，就是《万物简史》。该书于2004年6月又一举夺得由英国皇家学会颁发的世界最著名的科普图书大奖——安万特奖。目前，该书版权已出售到30多个国家。各大媒体、科学界、普通读者都给予一致好评。

是什么，使此次科学之旅赢得广泛的认同呢！

一本优秀的科普书，其讲述的方式是至关重要的。全书始终贯穿着宇宙、生命的主题，运用曼妙的散文手笔，讲述着世界各地的科学家在天文学、地质学、物理学、化学、生物学等主要科学领域的探索经历和取得的成就，既通俗易懂又引人入胜。你不必担心在这漫长的科学之旅中感到枯燥乏味，因为叙述过程中时常穿插说话风趣、幽默的导游，向我们讲解各种科学景观。比如，“来自宇宙本底辐射的干扰，我们大家都经历过。把电视机调到任何接收不到信号的频道，你所看到的锯齿形静电中，大约有1%是由这种古老的大爆炸残留物造成的。记住，下次你抱怨接收不到图像时，你总能观看到宇宙的诞生”；“……我们的生命甚至与水果、蔬菜十分接近。发生在一根香蕉里的化学反应，和发生在你身上的化学反应约有50%在本质上是一样的”。

作者布莱森还善于将晦涩难懂的专业知识转化为直观上易想象、易理解的事物，比如，“……只要记住，一个原子对于1毫米的线，相当于一张纸的厚度对于纽约帝国大厦的高度，它的大小，你就有了个大致的概念”。如此描述是否比只摆上单纯的数字更能让人领悟微观之微？

一本优秀的科普书，离不开对科学家的奇闻轶事的记载。全书通过描述各国科学家做过的一些实验和发表的论文以及他们身边的一些趣事来反应科学界从无到有的艰辛历程，可谓大开眼界。通过读这本书，我们可以了解到：科学家是如何推断出宇宙的起源，宇宙的大小；科学家为了测出地球的质量和周长费了多少周折，为了了解太阳系又付出了怎样的艰辛；我们还可以知道碳14并不是测定物质年代的唯一有效方法，恐龙骨骼化石出现的时候很多科学家居然很没眼光地放弃深入研究……书中提到了很多闻所未闻的科学家和他们的科学理论，信息量之大着实令人佩服，执著于科学，献身于科学的科学家，在布莱森的笔下栩栩如生。

一本优秀的科普书，应当具有深刻的警醒作用。在《万物简史》这本书中遍布惊奇和感叹。作者一次次把目光对准人类那些糟糕的“发明”——加铅汽油和含氯氟烃，震惊于人类对海洋、大气的破坏以及对动物的赶尽杀绝。书中处处浸润着深切的人文关怀，“我们也许是万物之灵长，同时也是万物最可怕的噩梦”。布莱森说：“所有生命都是一家，要确保我们一路走好，仅仅有好运相伴是不够的。”

在跟随布莱森轻松愉快而又视野开阔的叙述走完这一科学之旅后，我感叹自己已在众多科学领域进行了一番美妙的畅游，并在作者深入浅出、轻松活泼的指引下，领略了科学的奇迹和成就，在聆听一个个妙趣横生的故事同时，学到了众多的科学知识和常识。我无法想象，一本介绍万物历史，也是科学发展史的书居然可以如此轻松的让人把它读完！

尤其令人感到惊讶的是，《万物简史》的作者比尔·布莱森并非科学家，并不是科学记者或者科普作家，他是一位旅游文学作家。他此前最知名的作品与科学并不沾边，其中包括旅游文学类的《哈！小不列颠》、《欧洲在发酵》等，还有语言学方面的《麻烦词汇词典》、《美式英语》等。这说明一个人只要好学，善于举一反三，就会触类旁通。

赶快，加入《万物简史》的游程中吧，你是幸运的。（指导教师：付雨霓）

接力出版社

我最喜爱的一本书

天津市实验中学　唐伯谦

北京大学出版社

我从小喜爱学天文，读过许多天文书，其中我最喜欢的是北京大学出版社出版的《现代天文学十五讲》。作者吴鑫基、温学诗，前一位是北京大学教授，后一位是《天文爱好者》杂志社社长。长期的教学和写作，使他们和学生心灵相通。每当捧起这本书，如同两位长者与我亲切交谈。这是他们长期从事教学与科普工作的结晶。书里既囊括了近代天文学的精华，又反映了现代天文学的前沿，贴近公众的天文热点；其语言通俗易懂、生动幽默、妙趣横生，读起来使人如亲临宇宙，眼界大开。文字之间始终贯穿着科学精神、科学思想和科学方法，是指导我们形成辩证唯物主义宇宙观、人生观、价值观的一本好书。

读过这本书，使我获得丰厚的天文知识和深刻的哲理，其中最大的收获有三点：

一、科学研究常常是小人物超过大权威的过程。钱德拉塞卡是美籍印度天文学家，18岁时发表了关于白矮星的论文。白矮星是1924年英国天文学家爱丁顿提出的，他认为“这是一切恒星的归宿”。钱德拉塞卡认为不对。他提出，“大质量恒星的归宿，不是白矮星，它们还要继续演化。”这篇挑战性论文引起了剑桥大学老师们的兴趣，招他进入该校研究生班。可是他在1935年英国学术会议上宣读了这篇论文时，爱丁顿的激烈反对，当场把他的论文撕成两半。但钱德拉塞卡并没有却步，继续探索，提出了白矮星质量的上限为1.4个太阳质量。后来，许多观测事实证明他是对的，在学术上称为“钱德拉塞卡极限”。超过这个极限的恒星要继续演化成中子星或黑洞。他胜利了。这说明，我们一方面要尊重权威，另一方面要不迷信权威，勇于向权威挑战。在他们开辟出的道路上，继续开拓出新的境界，真理永远处在被修订之中。

二、幸运的机遇属于勇攀高峰的人。1967年英国的休伊什和贝尔发现了脉冲星，获得诺贝尔奖。这激起了泰勒教授的斗志，他决心冲向脉冲星研究的前沿，做出前人没有的新成果。他经过刻苦学习和钻研，把当时最先进的射电天文学、物理学、计算机学完美地结合起来，研制了灵敏度极高的接收机，利用世界最大的阿雷希伯射电望远镜进行巡天观测。他带领博士生赫尔斯做了2000多次观测，处理了10亿个数据。他们在1973年发现了40个脉冲星。其中有一颗是罕见的“双脉冲星”，验证了爱因斯坦的相对论。师生二人因此获得诺贝尔奖。这件事教育了我，要在前人探索的基础上，继续前进，开拓创新，谈何容易！不仅需要学习当代大量的科学知识，还要把这些跨学科的知识巧妙地连接起来，经过艰辛劳动，才能获得新的发现。“幸运的机遇属于勇攀高峰的人。”

三、新的科学发现，常常是在讨论和辩论中成熟的。这本书里描写的1920年美国举行的一次“宇宙尺度”的大辩论，非常生动，使我如同亲临会议。正方认为“漩涡星云”远在银河系以外，是“河外星系”，银河系不过是宇宙中的一个小岛；反方认为银河系就是整个宇宙，那些漩涡星云都在银河系里。这次旷日持久的辩论引起了哈勃的思考，他用“造父变星测距法”默不作声地测量了20多个“漩涡星云”的距离。以铁的事实证明“河外星系”的真实性，而且它们都在离开我们向四处飞跑，从而发现了“宇宙大爆炸”。真理是在辩论中一点点趋于完善的，是在千锤百炼中形成的，任何有益的成果都是如此。马克思说过：“在科学的大道上，是没有平坦大路可走的，只有那些在崎岖小路上不断攀登的人才有希望到达光辉的顶点。”我决心一生刻苦学习，奋力攀登，登上光辉的顶点，发挥生命最大的价值。

“星空无止境，宇宙无止境，探索无止境。天文学的研究永远欢迎争论和革新。”这是本书给人最大的启迪。

（指导教师：赵之珩）

小飞侠彼得·潘

天津市第二南开中学 张婕

经历过种种纷繁才了解，长不大是最幸福的魔法！在午夜12点让心灵回到童年……如果我们都是孩子，就可以留在时光的原地，坐在一起一边听那些永不老去的故事，一边慢慢皓首。

——题记

英国作家詹姆斯·巴里笔下，有一个永远长不大的孩子——彼得·潘。满口珍珠般的乳牙，穿一身用树叶和树浆做的衣服，一个不愿长大也永远不会长大的可爱的小男孩。因为害怕长大，他在出生的第一天，就从家里逃了出来，常去伦敦的肯辛顿公园游荡；如今常住在一个叫“梦幻岛”的海岛上，成为一群被大人丢失的孩子们的队长。在一个夏夜里，彼得·潘飞到伦敦，趁达林太太不在家，诱使她的小女孩温迪带着两个小弟弟跟他飞回梦幻岛。大家推举温迪做母亲，从此过上了童话般奇妙的生活。

他们的心中，悄然长出了朦胧的似爱情的萌芽，然而这爱情，却美丽地夭亡。他表面上是一个快乐的孩子，可是他又很寂寞。他愿意接近温迪喜欢温迪，就像喜欢一朵纯洁美丽的花，只要看着它、照顾它，而不是摘下它、拥有它。

他没办法得到一般孩子和大人的欢乐，永远也得不到平常孩子的窗子里的幸福。那窗子里有家的温暖和味道。

有时彼得·潘是寂寞的，当他在树下吹着树叶，等待他与温迪重逢的春天时，我想他是非常寂寞的。但是普通人就不寂寞吗？值得庆幸的是，那种寂寞彼得·潘可以承受，而且他善于忘记，那是天赐——他对付寂寞的最好的方式。

彼得·潘没有回忆，所以他不会长大。不会有像大人一样的成长烙印，永远纯真。没有那么多心思，用纯真的心相信自己能飞起来，就真的飞起来。

儿时的我，梦中也有一个彼得·潘，带着我去飞，去冒险。

但时间总是飞得比我们快。时间飞起来，我们就长大了。长大会有挫折会暂时失去笑容，丧失了飞的能力，而时间依然在飞，我们便继续成长。

如果把18岁定为长大的界限，那么我就已经不是孩子了。

长大的我们丢失了什么？

成长的代价，就是要以鲜血铺路。

我已经找不到我的彼得·潘了，也已经找不到我的“梦幻岛”。

长大的我们啊……

丢了最初的无知，善良，纯真。

有可能，就连哭、笑、自己的梦想都不再纯粹了，是受到了世事的束缚啊！

我不想背叛自己，但又不想永远是孩子，不过也许它们并不矛盾。

我们不能逃避长大。

但是我们可以拥有童心。

我们可以守住自己的童话。

我相信，总有一天，我们会突然找回，那些被自己遗失的美好。

是的，我们都期望有这么一个梦幻岛。在那里，满是美好、梦想、欢乐、幸福……风浪中摇曳的海盗船，随着海浪越来越远，不会再出现。看到的，是清澈的河流，郁郁葱葱的树林，温暖圣洁的阳光。丁卡·贝尔和彼得·潘，还有失落的男孩们，在嬉戏。也许这次，温迪没有选择离开。就像仙子金粉，一阵风将它吹散；童话也许被改写过多次，但那最初的、最净洁的记忆，会和内心深处的梦幻岛一直永存。

梦只存在虚幻中，谁肯坚持单纯，坚定自己的信仰？

童话是一种希望，一种向往，还有一点坚持。它和现实不同的地方在于它更纯粹，因为你只要远看，就能感觉到热流和感动，能得到力量和安慰。它不是只属于孩子的，它是属于所有人的艺术。

一个成人编织的美丽童话。我们在长大的过程中得到了很多，但也失去了很多，希望在我们心里永远有一个这样的孩子，永远有一个飞翔的梦。

要相信快乐，就像我们都相信彼得·潘一样。（指导教师：赵福华）

中国少年儿童出版社

《佐迪亚克》

——环保主义者的狂想曲

南开大学附属中学　解煜棋

朋友，你在电视里见过绿色环保主义者的活动吗？你见过志愿者们在大洋上围堵日本的捕鲸船吗？你见过他们为挽救动物栖息地而大声疾呼吗？在你心目中，环保主义者是不是一群既神秘又热心还有些怪异疯癫的人？

如果你想了解他们的生活和工作内幕，如果你也为污臭的河流而痛心疾首，那么《佐迪亚克》这部科技惊险小说将成为你不二的选择。

进入20世纪以来，人类在经济发展的高速公路上一路狂奔的同时，也为之付出了巨大代价——环境污染已经威胁着人类的生存安全。

美国著名赛伯朋克流科幻作家尼尔·斯蒂芬森的成名作《佐迪亚克》(*Zodiac*)，就描写了环保主义者的故事。

故事的发生地点是美国波士顿——一个为现代化工业所深深毒害的城市，而主人公桑加蒙·泰勒和他所隶属的GEE组织则是维护波士顿港的水环境的中坚力量。全书初始几章与后文相比看似平淡实际却暗藏玄机，主角人物的登场自不必说，而主人公以第一人称视角对大学同学多米尼加与渔民加拉赫家族背景的介绍，则为后文的波折埋下了伏笔。

在此之后，悠闲的气氛渐渐消散，泰勒和他的伙伴初战告捷，封堵住了阿赛因公司的污水管，使阿赛因公司被迫停止了排污行动。可就在众人松一口气时，海港中却出现了不少受PCB污染而死的龙虾，到底是谁将成吨PCB废弃物投入港口？真相即将大白时，又是谁要取泰勒的性命？多米尼加参与的“圣杯计划”的目的究竟是什么？又有什么样的秘密需要以灭绝港口的水中生物来掩盖？这一切的谜底也在这部书中逐步揭晓。

在写作上，斯蒂芬森的作品带有后现代风格，语言活泼，富于黑色幽默，情节惊险刺激——自《佐迪亚克》开始，这就成了他的招牌绝技。《佐迪亚克》选取了“环保”这一主题作为切入点，以保护波士顿海港的水环境为中心线索，不仅涉及了当今世界人们最关注的污染问题，更通过第一人称的视角，带领人们走进了带头抵制环境污染的环保组织内部，让人们感受到这群不断与排污者斗智斗勇的“吃燕麦片的邦德”(主人公的绰号)的独特魅力。

作为科幻小说，本书不仅以情节取胜，在文字方面也可圈可点。故事中的几个主要人物个性鲜活，尤其是桑加蒙的灵活机智。他对于化学知识的介绍严谨而富于幽默，真正做到了“寓教于乐”。他既有层出不穷的怪点子，也有扭转乾坤的身手，俨然一幅古代侠客风格。全文节奏紧凑，高潮部分两艘快艇在海湾中夺命追杀，更是令人大呼过瘾。

作为科幻小说所特有的前瞻性，在书中被作者发挥得淋漓尽致。日新月异的现代科学技术，一方面毫无争议的成为人类自身发展的急先锋，另一方面也为自然环境，乃至人类自身安全带来重大隐患。小说中那污水横流、充满着现代工业文明污染的波士顿，令人触目惊心，仿佛是我们生活的缩影。近几年，在我国诸如哈尔滨污染事件，一些地区造纸、化工企业的严重污染事件，一些剧组破坏自然景观事件，件件触目惊心，堪比这篇1988年写于美国的小说中描绘的惨景，也足以说明我国的环保现状并不乐观。小说中出现的橙剂、氯痤疮等略显生涩的字眼带给人类的不仅是身体上的痛苦，更有精神上的莫大伤害。这一切都使我们认识到了科学技术的两面性和可持续发展的重要性。

一句话，这是一本不可不读的经典之作。

（指导教师：葛燕）

一本适合中学生天文爱好者的参考书

天津市南开翔宇中学　桂祎明

2007年初，为了鼓励我们这些对天文知识充满兴趣的学生，天津科技馆天文室赠送给我们每人一本《中学生学天文》。“中学生学天文”六个大字吸引了我，翻开书，神秘的学科被通俗精炼的文字阐释得简单而富有趣味。自此，我对天文的痴迷一发而不可收拾。

《中学生学天文》首先从整体上介绍宇宙的结构和人类几千年探索宇宙的历史，然后分步细说：从地球走向太阳，迈向银河，畅游河外星系，最后游遍全宇宙。与以图片为主的天文画报相比，此书内容更系统深入；与各专业天文读本相比，它又深入浅出，把高深莫测的天文知识化解为生动有趣、通俗易懂的天文学常识，非常适合初、高中学生阅读。

作为一本天文科普性读物，它的魅力还在于能够将一些艰涩难懂的知识以图文并茂的形式呈现出来，例如“天球和天球坐标”这一节，对天球坐标这一立体抽象的概念，书中将一个个细致的插图标注在文字之旁，由浅入深地为读者讲解。在“天文望远镜的原理和使用”这一节中，图的作用更是被发挥得淋漓尽致。

儿时的我曾天真地对妈妈说：“我要登上金星。”“为什么呀？”“因为那里有许多的金子，等我回来时就是最富有的人啦。”我肯定地说。稍大的我虽不再那么幼稚，但对于行星名字的由来抱有很强的好奇心。当看过这本书对八大行星地理概况、名字由来、环境特点等问题的诠释后，我的眼前一下子豁然开朗。原来，行星的称呼不一定名副其实！水星上没有水；金星上也没有灿灿的金子；火星上不仅没着火，而且平均温度只有–23℃；木星当然也不是木头做成的……书中每讲到一颗行星，在它的旁边都配有一幅该星守护神的画像，文字内容活泼又不失严谨，在记述天文知识的同时，编者亦将相关的希腊神话置于书中，迂回曲折的神话故事引人入胜，让人仿佛陶醉在那神秘的“天国”。不仅如此，书中内容也解开了我许多的疑问——月球的起源？人类对宇宙的认识从古到今有何转变？……甚至冥王星被重新划定范围之后的太阳系格局，书中都做出了详细解释。

谈到天文大家都知道离不开数字，本书的作者摆事实讲道理，用数据说话，对所述内容一目了然。在这里，大量的数据漂在文字与插图的海洋中，如同朵朵浪花一般，丝毫不觉枯燥，吸引初学者赏心悦目地进行阅读。当然理论也同样重要，数据记录了现在和过去，理论则帮助我们开拓未来。本书以理论包围数据的方法，将枯燥的理论变得条理清晰，层次分明；在一些公式的身旁亦时常伴随着示意图的出现，大大降低了理解的难度。比如，过去我对太阳系的了解一直是模糊的，书中给出的数据使我的认识一下子清晰起来：仅太阳就占了整个太阳系质量的99.87%，而我们的地球不过是太阳质量的三十三万分之一而已。

毛主席曾说：“实践出真知。”观测可以说是最重要的，即使是权威的理论也可能被天文观测所推翻，所以书中有将近一半的篇幅来讲解观测的注意事项和方法等。从观测日食、月食到观测行星，从观测流星雨到发现彗星，从天文绘图到天文摄影……其中观测日食就有目视、投影、照相、望远镜观测等数种方法。极其渴望观测的我，曾经多么希望经常能够走出狭小的居室，亲手触摸星辰，感受星空的魅力，现在，我终于有了随身观测辅导员。

孔子曰：“温故而知新，可以为师矣。”书中每一节的后面都有一些思考题，以帮助读者巩固已获得的知识。我在做题的时候，总会发现自己的一些不足，而后将这些知识再看一遍，从而达到了温故而知新的目的。

对待学习，我们不仅应埋头苦读，还应大胆地质疑所学的内容，这是因为《中学生学天文》为我介绍了许多这方面的故事，如哥白尼提出“日心说”等。该书不仅教我知识，更培养了我的宇宙观，让我从一个在书架边徜徉的中学生，变成了一个真正的天文爱好者，懂得了学习无止境、实践无止境、创新无止境的道理。

（指导教师：刘洁）

天津教育出版社

文学小说类

北京燕山出版社

经典伴我“长征”

天津市宝坻第一中学 管珺

英国的戏剧大师莎士比亚说过，书籍是全世界的营养品，生活里没有书籍，就好像大地没有阳光；智慧里没有书籍，就好像鸟儿没有翅膀。很庆幸自己好捧书卷，好闻墨香。

很喜欢读书，但不钟情网络小说；很喜欢每夜枕书而眠，但不偏爱郭敬明。漫游书海，将“读好书，做有用的人；读经典的书，做有根的人”作为座右铭，因为阅读经典不仅是寻求思想的营养、智慧的源头，也是情感与意志的冲击与交流。在短暂的人生“长征”路上，我将它放入了行囊。

它，就是《奥德赛》——史诗系列里一部“酒蓝色”的希腊式长征。

作为史诗，《奥德赛》的地位无可比拟，作为口诵时代的史诗，《奥德赛》的珍贵毋庸置疑；作为一部语言与脉络、结构与内容都十分突出的史诗巨作，《奥德赛》的美更是让人陶醉，就像奈斯托耳老人调兑的醇香的佳酿。

女神的吟唱，是哀叹也是讽刺，是神话般带着历史一样沉甸甸的无奈。“血色的”醇酒总是“好东西”；大海总是“酒蓝色”的；黎明总是“年轻的”；“垂着玫瑰红的手指”，登上金铸的宝座。反复使用同样的赞美词，却一点也不觉得乏味。仿佛这一切是天经地义的存在着的大背景，亘古不变。

酒是特洛伊之后的盛宴。

海是俄底修斯历尽苦难的地方。

黎明是希望的力量，是最后胜利的时刻。

不需要读外文原著，我也能感受到《奥德赛》清雅绮丽，瑰美庄典的文风。

我不得不认同先人的赞美。柏拉图羡慕荷马杰出的诗才，亚里士多德也在他的《诗学》中说："《伊里亚特》和《奥德赛》的构和体现了史诗的最高成就，是史诗的典范。"

《奥德赛》有美的语言，美的韵律，美的吟唱。而它的主人公——俄底修斯也是一个美的英雄，经典的英雄。

古希腊的老师，盲诗人荷马，在这部史诗中讲述了英雄俄底修斯返回家乡伊萨卡、消灭敌人的艰难过程。俄底修斯的经历表明一个人不仅应该善，而且应该凭借良好的愿望拼斗。最大限度地发挥人的聪明才智，竭尽全力，以自主和积极的态度百折不回，直到夺取胜利。俄底修斯的拼斗是全诗的主旋律，无论归途还是复仇，他仿佛玄奘取经一般：不会回头，也不愿滞留。为了还乡，他甚至前往埃地斯的冥府，去问询前方的去程，有神明阻拦他也不放弃。大海上的十年漂泊、美丽的诱惑、狰狞的妖魔、致命的险境，不幸的英雄被海神波赛东紧盯不放。这一切成就了这位无敌的英雄，成就了这位不会认输的英雄，成就了这位经典英雄。

经典英雄使我懂得：在人的坚强与勇气面前，挫折会低头，困境会躲让，苦难会被踩成道路。

《奥德赛》的故事来自民间，来自古希腊神话。它是一部英雄史，更是一部斗争史。它被美国《图书》杂志评为历史五十大冒险书第一；它已经理所当然地被视为冒险文学的开山鼻祖；它是"长途历险"的同义词；它是西方人抗争精神的最早传承。读《奥德赛》，我获得了美的享受，也学到了抗争与不屈，亦智亦勇，坚持到底的英雄精神。《奥德赛》的确是一部益人的经典。

行囊中背上它，伴自己的人生"长征"！行囊中背上它，助自己登上人生的"珠穆朗玛"！

（指导教师：杨艾青）

香格里拉式的世外桃源

天津市宝坻区第四中学　申芳娇

我向大家荐读沈从文的《边城》。沈从文用诗一样的语言向我们描绘出一幅反映湘西人民生活的画卷。那奔流的小溪，那溪边的白塔，那美丽的少男少女，那淳朴善良的湘西民众……还有傩送月夜上山为翠翠唱歌传情的浪漫场景，以及翠翠在睡梦中身体随着歌声漂浮了起来，飞蹿过悬崖半腰，去摘那象征着美好爱情的"虎耳草"，去追觅那甜蜜幸福令人神往的爱情正如隽永清丽的诗篇，在读者的面前开启了一道亮丽的风景线。

可以说，湘西的山山水水和文化氛围熏陶着沈从文，而沈从文又通过自己的笔把湘西那神秘的风姿、欲望以及蕴藏着的原始生命力展现出来。

夜深人静，我在台灯下读着这本书。翠翠的命运紧紧的牵动着我的心。父母的早逝没有给她一个完整的家，只有淳朴的爷爷与她相依为命。爷爷生活虽然清贫，但却从不贪心，乐善好施，从不索取，"凡事求个心安理得"。也正是爷爷的这种淳厚教会了翠翠善良。当傩送和哥哥同时深深地爱上美丽、善良的翠翠时，他们坦诚相告了自己对翠翠的深情。对幸福的追求，他们并没有按照当地人的规矩，拔刀相对来一次流血的拼搏，又不愿像城市怯懦的男子那样，在爱与利益对立时将情人拱手奉让，他们公平地凭命运来决定自己的幸福。兄弟俩相约唱歌求婚，让翠翠选择。天保知道翠翠喜欢傩送，为了成全弟弟，外出闯滩，遇意外而死。傩送觉得自己对哥哥的死负有责任，抛下翠翠出走他乡。外公因翠翠的婚事操心担忧，在风雨之夜去世。留下翠翠孤独地守着渡船，痴心地等着傩送归来。每读到此我的心中是怎样的一份同情与感动。美丽的风景让我难以忘却，淳朴的民风让我回味，纯真的爱情让我感动。

我怀着一种难以言状的莫大欢喜品味着《边城》。我仿佛听到了一支牧歌，悠扬婉转。它引领着我走进一个美妙神奇的梦一般的境界，仿佛进入了梦想中的香格里拉。边城的世界是理想的"现实"，是一个没有阶级对立、经济利益冲突、人际关系矛盾的世界。它将古老自然中的宁静，质朴、淳厚而又原始的民俗风情融入其中。这幅带有浓郁风俗色彩的风景画，美丽得让我震撼。

可是，美丽总是让人忧伤。

“到了冬天，那个圮坍的白塔，又重新修好。那个在月下唱歌，使翠翠在睡梦里为歌声把灵魂轻轻浮起的年轻人，还不曾回到茶峒来。”

“这个人也许永远不回来了，也许“明天”回来！”

这两段是全文的结尾，也将忧伤推向顶峰。

绮丽的风光下，物是人非。翠翠默默承受着痛苦与忧愁，等待着不知道是否还会回来的爱人。只要没有绝望，就会有希望，这是香格里拉中的一抹忧伤，像天空中夕阳的余晖映衬着整个世界，也为整个世界增添了色彩。

翠翠的身上有对爷爷深深的依恋和对爱情的真挚期盼，爷爷的去世和傩送的离开让她更加孤单。这座小小的山城，鸟语花香，青山竹翠，在古朴的吊脚楼、耸立的小白塔的映衬下，这份悲凉被绵延开来。那支牧歌又在这山城的上空响彻。

这歌声不禁让我想到了现实的社会。繁华的都市中我们的脚步匆匆。亲人间少了些体贴，多了些代沟；朋友间少了些沟通，多了些隔阂；恋人间少了几许纯真，多了些利益；领属间少了些真实，多了些虚伪。我仿佛看到了一堵厚重的围墙，横在我们的心灵之间。这墙也许保护了自己，但也肯定阻碍了我们心灵的融汇。

原始的自然在快节奏的城市中消失殆尽。我们在获得这种迅速高效的生活的同时，也失去了村庄的宁静，步行的惬意，相约的温馨。面对现实的悲哀我也像作者那样向往自然。而《边城》如混浊中的一方净土，让我眼前一亮。我仿佛寻找到了宁静与自然的栖息地。如果说现实令人疲惫，边城便是我们摆脱世俗纷争的世外桃源，是沈从文先生向我们展示的梦想中的香格里拉。

北京燕山出版社

我合书轻叹，所有的心思浮动，所有的山川日月沉静于画中，凝结于画中，现实的生活依旧继续，可是我主宰的生活将会发生变化。它将会变得真实和自然。

（指导教师：邳丽波）

启书寻梦

天津市咸水沽第二中学　王杨杨

浓郁的情怀+清晰的哲理=永保丰富的人生

——题记

我喜欢在静谧的台灯下，捧着书甜美地细细品读，然后闭上眼睛寻梦……在梦中我会化作一只小鸟，满载着浓郁的情怀与清晰的哲理在天空中自由地飞翔。时而被“星垂平野阔，月涌大江流”的意境所感染；时而被“天生我才必有用，千金散去还复来”的自信所鼓励；时而为“寻寻觅觅，冷冷清清，凄凄惨惨戚戚”的悲凉而惆怅！

不知何时，《悲惨世界》映入我的眼帘，雨果走进了我的世界。雨果，是法国浪漫主义文学运动的领袖，是法国文学史上最伟大的作家之一。他的文学创作生涯达60年之久，创作力经久不衰。他曾说过：“世界上最宽阔的是海洋，比海洋更宽阔的是天空，比天空更宽阔的是人的胸怀。”这也正是他一生的真实写照。在他众多的作品中，我最喜爱的是《悲惨世界》。作品描述了在逃犯冉·阿让和流落街头的妇女芳汀，以及她的女儿柯赛蒂三个中心人物的悲惨遭遇，深刻揭示了资本主义社会中纯朴善良的劳动人民注定要受压迫、受歧视、受凌辱的必然命运，愤怒地控诉了造成这一切不公平现象的原因。

主人公冉·阿让因为偷了一条面包救济外甥而坐了十九年牢。在受尽折磨与欺凌之后，他逃出监狱改名换姓，发了财并被推选为市长。他拥有无数财产，却把绝大多数财产捐给了慈善机构和穷人。此外，他还经常把食物、衣物送给挨饿受冻的人。在穷人眼中他就是一个救世主，受人拥护和爱戴。在一次偶然中，他救助了被遗弃的不幸的善良女子芳汀和她的女儿柯赛蒂，并给予无微不至的爱。为了实现芳汀临死前能见自己亲生女儿一面的愿望，冉·阿让不惜再一次越狱，来实现对芳汀的诺言。一个和他毫无血缘的人，他却用终生苦役的代价尽力完成他的遗愿。

读到此处，我不禁潸然泪下。虽然在这样一个黑暗不公的社会里，却有一个博爱、宽容的高尚灵魂。他把照顾那些贫苦可怜的人当成自己的义务与责任。也许他的力量有些单薄，甚至微不足道，但是他在我心中永远是真正的英雄。

本以为生活可以风平浪静，可是正直的冉·阿让冒着被认出他就是被通缉苦役的危险，救下被压在车下，生命垂危的老人。而后他为了避免一个长相酷似他的惯贼代替他受过，而毅然自首，并托付好心人抚养柯赛蒂长大成人。读到此处，我被深深地震撼了。为了使无辜的人不受到伤害，他竟然一次次铤而走险，甚至甘愿付出自己的生命。多么善良的心，多么高尚的道德，多么伟大的灵魂!记得徐志摩说过："阴沉、黑暗、毒蛇似的蜿蜒，生活逼成一条通道。"黑暗的生活并不可怕，最可怕的是心中已逐渐放弃了求生的希望，丧失了生活的信仰。然而面对求生的机会他毅然选择道义，一个人承受所有的苦难，而不去连累别人。这不禁使我想到在现代社会中，有的人触犯法律而利用权利和金钱为自己找"替罪羊"来开脱罪名，有的人做了伤害别人的事却没有勇气承认，更有甚者竟然见死不救，多么鲜明的对比！如果每一个人都像冉·阿让一样心存正义，那么社会将更加和谐。生命是有限的，但精神是无限的。雨果微笑着安详地走完一生。不过我坚信：他的生命之火永不熄灭。

合上书，我长舒了一口气，仿佛一下子长大了许多！原来，无论在怎样的时代，善良的、宽容的人都是存在的。我应该为那些在厄运中依然"高傲飞翔的海燕"骄傲鼓掌！为那些乐于助人，见义勇为的人欢呼喝彩！正因为有了他们，这个世界才会更加温暖、和谐，正因为有了他们，这个世界才更加充满希望！尤其在2008年5月12日汶川地震中，涌现出一大批时代英雄，在他们的身上，我们看到了人性中最珍贵的一面，看到了这个世界越来越美好！

亲爱的同学们，让我们爱书吧，启书寻梦，相信你一定可以寻找到永不泯灭的生命之光！

（指导教师：杨帆）

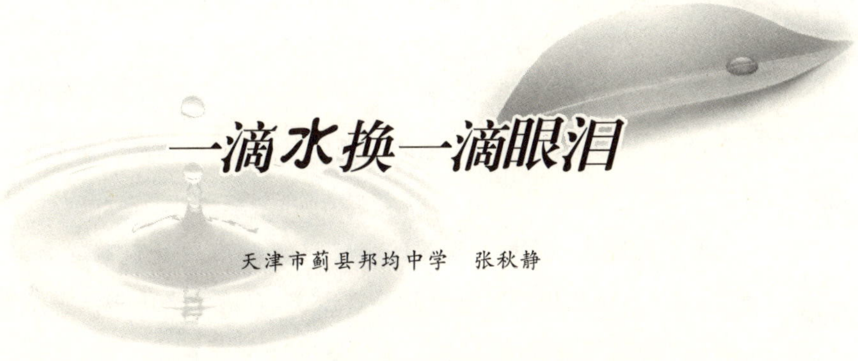

一滴水换一滴眼泪

天津市蓟县邦均中学　张秋静

我推荐阅读《巴黎圣母院》，它是法国作家雨果创作的第一部大型的浪漫主义长篇小说，是高中新课程标准推荐书目，在今天阅读仍有现实意义。

这本书的中心情节是善良无辜的吉卜赛少女爱斯梅拉达在封建专制制度的摧残和迫害下最终惨死的故事。围绕这一中心，写爱斯梅拉达与副教主和伽西莫多之间的事，反映了宗教和宗教机构的虚伪和阴险，揭露了教士的淫欲和残忍，控诉了宗教对科学的束缚、对人性的摧残以及对人类精神的压抑，热情歌颂了社会底层人民的优秀品质和反抗精神，并对他们的生命寄予了深切的同情，同时也抒发了作家对理想的人物、思想、世界的向往之情。

小说有这样一个情节：男主人公伽西莫多是驼背、独眼、又聋又跛的畸形人，从小受到人们的嘲笑和欺侮，他干脆用粗野凶狠来对待人们。他受义父副主教克洛德指使，劫持爱斯梅拉达，被抓受刑。当他遭到鞭打浑身是血的时候，人们在大声地谈笑，没有丝毫同情心；克洛德骑马过来，看清是伽西莫多，没有出声立刻就走了；当伽西莫多在烈日下被公开示众，口渴难耐，用嘶吼的声音说“给点儿水喝”的时候，人们没有同情他，反而用破罐来砸他、唾弃他，使伽西莫多失去了希望。这时爱斯梅拉达出现了，伽西莫多认为姑娘也是来报复的，对姑娘露出一种愤怒的眼神，而真诚善良的爱斯梅拉达，不计前仇，将水送到伽西莫多那干裂的唇边。伽西莫多感动地流出了一颗眼泪，这是他生平第一次流泪，从此伽西莫多变成了纯真、善良、高尚、疾恶如仇的人；也因为这个，他爱上了这位美丽、善良的姑娘。

一滴水换一滴眼泪，伽西莫多冷酷冰冻的心被姑娘真诚善良的举动感动得融化了，他流出了平生的第一滴泪。这个情节揭示了当时人民的麻木，对待这样一个可怜的人竟没有一丝的同情，反而哄笑；更体现了人性中的真善美的伟大力量。是真诚与善良使伽西莫多变成了一个有爱有人性的人。朋友们，伽西莫多的转变是否会激发你对真诚与善良的追求？

一滴水换一滴眼泪，一滴水唤醒了一个野性的人。伽西莫多懂得了什么叫爱，什么叫美。他爱上了这个美丽而善良的姑娘，但他知道姑娘不可能爱上他，而这并不能阻止他全心全意地保护爱斯梅拉达，为了使姑娘不被克洛德侮辱，他日夜不停地守卫在姑娘避难的小屋门口，为了保护姑娘的安全，他独自一人赤手空拳抵抗乞丐们对圣母院的攻击，当看清克洛德是谋害姑娘的元凶时，他毫不犹豫地将自己的义父，从圣母院的楼顶推下去。

伽西莫多的爱是真挚、忠实而深沉的，可以说他用自己的整个生命为代价写完了这段不求索取、但求奉献的爱情奇迹。一滴水唤醒了这个野性的人，他的那一滴眼泪流下的那一刻就注定了他的人生。朋友们，美不是仅仅表现在外表，内在美才是真正的美，伽西莫多的真诚善良是否会唤醒了你对美的看法？

一滴水换一滴眼泪，一颗真心打动另一颗心。在大千繁华的世界中，难道不需要这样一颗真心吗？现在有的人被利益蒙蔽，唯利是图，不用真心去待人，这种风气在我们学生当中也出现了。如果更多的人能够拥有像爱斯梅拉达一样的善良、一样的纯洁，拥有一颗高尚的心，那么世界又怎能不是美好的？

我们现在生活在一个多彩的世界，那些负面新闻、事件，导致我们不愿意睁大眼睛仔细地观察生活，体验生活。有时，我们真的感到心情郁闷。而这本书呵护我的心灵，滋养我的精神，激发我的善良，感化我的心灵，诗化我的人生，让我感受到生活在这美好而又人道的世界是多么的幸福。我们应该多从书籍、报纸、电视、网络、生活中获取那些激发我们真善美的强大动力。让我们从阅读《巴黎圣母院》开始，让真善美在我们的生活中绽放动人的光彩，让我们的世界变得更加和谐、美好。

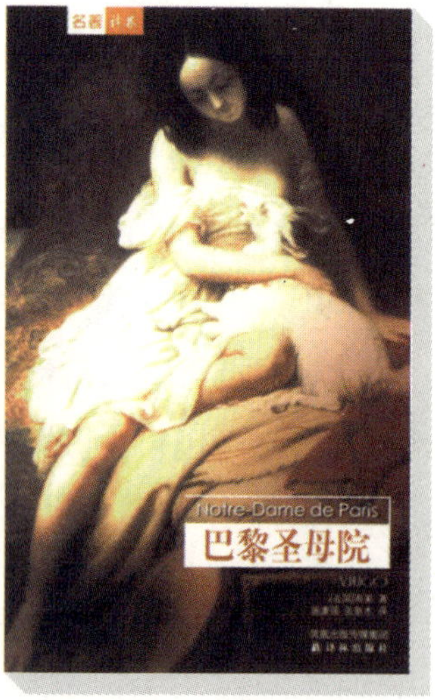

译林出版社

（指导教师：高雪梅）

天津人民出版社

品“茶”心得

天津市宝坻区大白高中　王亚楠

读书对我来说称得上是生命中的最爱，而读一本好书，则是我多年不懈的追求。

带着这份追求，我于书海中徜徉，但一直没有一本书能给我期盼中的那份感动。《茶馆》的出现，让我坚信一部“好书”真正的含义，感动的同时更增添我品读好书的欲望。

《茶馆》是中国话剧史上的经典。1957年7月，老舍先生将他的三幕话剧发表。而《茶馆》的问世还有一段特殊的故事。《茶馆》的写作初衷是为了配合共和国第一部宪法的宣传而作。当时老舍先生写了一个四幕六场的话剧，内容由光绪年间一直到新中国成立前夕。当作品拿到曹禺先生面前时，曹禺先生认为其作品最精彩的部分是一场发生在一家旧茶馆里的戏，认为可以将这段戏拿出来另起炉灶。老舍先生欣然地接受了这个建议，于是有了《茶馆》的诞生。这最精彩的部分正来源于老舍先生的真实生活。老舍先生生于北京的一座大杂院，出身于满族贫民家族。父亲是一名士兵，在八国联军侵华时阵亡，母亲靠给人缝洗衣服维持一家生计。当时的大杂院聚居着形形色色的人物，有车夫、小摊贩、低级巡警等贫民阶级。老舍先生每天目睹着他们的生活，亲身经历着旧社会贫民阶级的困苦，对社会对生活得以有全面清醒的认识，从而影响了他对人生的态度，以至后来激发了他的创作热情。

《茶馆》的故事主线就是一个旧社会的“大茶馆”，茶馆里人来人往，汇聚了各色人物，可谓三教九流，形成了一个小社会。老舍先生就是抓住了这个特点，将半个世纪的跨度，六七十个主次人物浓缩其中，从清末戊戌维新失败到民国初年北洋军阀割据时期再到国民党覆灭前夕，与其说是时间的变迁，不如说是中国各阶层、各势力的尖锐对立和冲突，是中国半封建半殖民地时期历史命运的变迁。

初读时，让我有些悔意，认为它过于平淡、枯燥、没重点，只是单调的人物对话。渐渐地我开始融入其中，心也愈发激动，一个个鲜活的生命愈发清晰，他们的声音那么亲切，他们的故事那么感人，我走进了茶馆，走进了那个时代，细心地品味剧中人物生活的艰辛。

先来看看《茶馆》的老板王利发吧。他不仅继承了父业，也继承了父亲的处世哲学：只要多说好话，多作揖，混个好人缘，就可以过安稳的日子。心眼不坏，但贫民阶级出身的他对世道的不公，早已熟视无睹，所以常在茶馆里劝客人"莫谈国事"，要做个"顺民"。但这个顺民的结局是——破产，自杀。直至生命最后一刻他才将心中的怨恨喊出几句："人总得活着吧？我变尽了方法，不过是为了活下去！是啊，该贿赂的，我就递包袱。我可没做过缺德的事，伤天害理的事，为什么就不让我活着呢？我得罪了谁？谁？皇上，娘娘，那些狗男女都活得有滋有味的，单不许我吃窝窝头，谁出的主意？"这只是几句最简单再实在不过的话，可他喊出的不仅仅是一个王利发的愤怒，而是整个社会贫民阶级的愤怒，是时代的呐喊，是对当时反动政府深深的谴责。

同样，还有秦仲义，是个民族资本家，怀着一颗报国之心，想要实业救国。他耗尽一生心血，办起工厂，但他错了。抗战结束后，产业不但被没收，而且被当成废铁卖掉了。秦二爷痛心疾首，怒气冲天："全世界，全世界找得到这样的政府找不到？"他的人生结论比王利发还惨，劝告大家："有钱哪，就该吃喝嫖赌，胡作非为，可千万别干好事！"

还有很多平凡的小人物，让我感觉自然亲近，他们用朴素真实的语言，描述了百姓的生活和命运。但我认为这更是一部历史剧，老舍先生凭着自己的生活经历，一颗爱国之心加上创作才能，完成了这部为旧时代送葬的不朽巨作。让我对那段历史有了全新的认识，深沉的思考。"平凡中见伟大"，曹禺先生称赞他"举重若轻"。

读完后我的悔意更是荡然无存，取而代之的是深深的折服，先生不愧为"语言大师"。然而遗憾的是先生走得太早，不知道他的作品在世界上的影响力远远超过了当时的赞许和推崇，更不能听到世人给予他的空前的掌声。遗憾之余也为自己庆幸，庆幸能够于茫茫书海中发现这颗明珠，不仅让我对读书有了新的感悟，新的追求，还激发了我的创作兴趣，也有想写些什么的冲动。中国的语言文化和创作艺术真是博大精深，需要我们认真去挖掘，细心去品味。

朋友，《茶馆》是文学艺术的珍品，有机会走进"茶馆"，品味一下"茶"的清香、"茶"的自然，感悟那平凡中的伟大吧！

(指导教师：顾香菊)

唯为奋斗才精神

天津钢管公司中学　张晓晨

也许会有人说，要立志，寻动力，应该去品经典。我并不否定，因为经典确实有值得借鉴学习的地方，读经典能充实人生。但是在“知识爆炸”的信息年代，只品经典是绝对不够的，我们还要学会与时俱进，在现代文化中，寻求我们需要的积极成分。所以，我为大家推荐《奋斗》一书，它融合现代青年人的情感与事业，生活的乐观态度，给青年人于无形中注入我们紧缺的精神——奋斗。

《奋斗》一书是随现代都市剧而被广泛知晓的。《奋斗》是一部现代小说，它讲述的是几个刚刚毕业的大学生，满怀雄心壮志走上创业的道路。一路上有过悲伤，有过坎坷，但是这一群充满进取精神的青年人都没被眼前的困难阻止住奋进的脚步，他们对人生充满希望，勇敢地喊出奋斗，并付诸行动。主人公为一个奋发有为的年轻人。他有两个父亲，于是他发现两条生活道路。他有两个恋人，于是他拥有两种情感。他有一种理想，却导致另一种现实。他有一种最可贵的精神，那就是不停地奋斗。这群奋斗的年轻人表现了当代人对待生活、爱情、事业等问题的态度，对完美的追求，以及在追求的过程中所面临的困惑和窘境。作者石康，生于1968年，编剧，作家。联大航天工程学院电子系计算机软件专业毕业，后取得哈工大管理学院技术经济专业硕士学位。1993年写作至今，著有长篇小说《晃晃悠悠》、《支离破碎》、《一塌糊涂》(合称“青春三部曲”)、《在一起》、《激情与迷茫》、《心碎你好》、《奋斗》，随笔集《鸡一嘴鸭一嘴》、剧本《大腕》和《北京风情画》以及最新作品《我眼里的文化人生》和《那些不值钱的经验》。

我在《奋斗》这篇小说中体味到的是新世纪年轻人的世界观、人生观。他们不惜一切代价，用汗水去拼，用努力去追。他们的人生中不只有悲喜交加的感情，更让人感动的便是支持他们面对生活、追求未来的勇气，那种“奋斗”精神。

在生活节奏日益加快的现代都市生活中，年轻人最需要什么？最需要一种精神——奋斗精神。

《奋斗》教我们奋斗，让我们勇于面对现状，正如鲁迅所写："真的猛士敢于直面惨淡的人生，敢于正视淋漓的鲜血。"《奋斗》让我们懂得人生的意义与价值，重新找到生活的重心，振奋麻木的心灵，奋起追求梦想，重拾寻梦的自信与勇气。

人生道路当然有曲有平，当我们享受平淡生活时，是否内心安逸，无所追求呢？当我们徘徊于痛苦的十字路口，是否想过要放弃追求，退回起点呢？我想多数人都有过上述两种境遇，只是做出的选择不同罢了。我想说的是无论生活的道路是平顺，抑或是宛曲，都不要放弃，不要后退，勇敢迈向目标，并且大声喊出来：我会奋斗，奋斗，为了"得不到"和"已失去"。

书中有一个情景，夏琳和杨晓芸站在能够俯视北京全景的高度，大声高喊："我会努力的，我永远永远不会放弃！"当我们为理想奋斗拼搏时，是否也能充满自信地说出这句话呢？她们的精神给予读者启迪，让我们能以时代的眼光审视自己，重新定位自己，不失时机地把握住人生的方向。当我们经历过喜与悲，幸福与痛苦后，能够达到"天空不留下鸟的痕迹，但我已飞过"的境界，因为我们奋斗过了，没有遗憾。

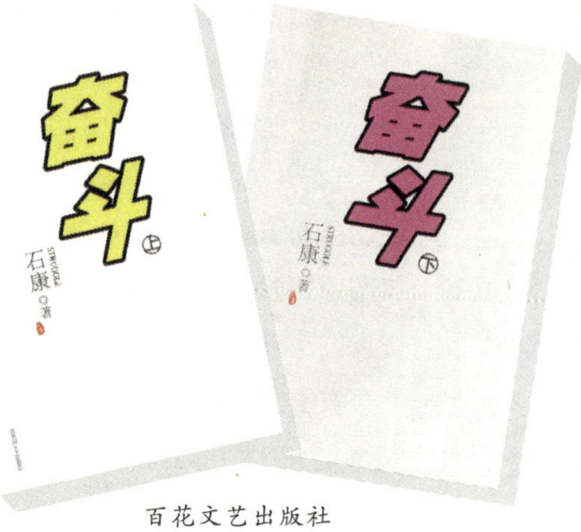

百花文艺出版社

在时代的步伐中，寻找生活的交会点，在梦想与现实之间搭起希望的桥梁，让我们在失意落寞时大声说奋斗！

《奋斗》启示我们要坚持。书中的夏琳是学设计专业的，毕业后，她并没有顺利的实现自己梦想，她先后当过小公司的设计师，企业的宣传员，但她去法国学设计的理想始终坚定着不放弃。经历过一次又一次的挫折后，她重新整理心情，踏上了寻梦的求学之路。人生就是这样，不可能会一帆风顺，有苦有甜，受到挫折后，不放弃，坚持就能向着目标迈进。

《奋斗》启示我们在奋斗中要坚持人性的纯真。小说中的陆涛和华子，虽然家庭背景差别很大，奋斗目标不一样，但都在不懈地努力着，并且在追求事业成功的同时，陆涛也显示出了新世纪人应有的美德，面对金钱的诱惑，他依然选择了正直的人生。

《奋斗》是你不可不读的现代文学作品，品味《奋斗》，学会"奋斗"，付诸"奋斗"。我相信，在顺与逆交织的生活中你会牢牢把握人生的方向，向着目标奋斗！

（指导教师：张玉清）

笑傲人生

天津市东丽区四合庄中学　张旭坤

复旦大学出版社

> “真美啊，请稍稍停留！”
>
> ——题记

在历史的沙滩上，时间的波浪不断地拍打在岸边，拍打出无数灿烂的浪花后，又卷走无数的沙子。但正如西班牙超现实主义大师萨尔瓦多·达利所说：“由于我是天才，我没有死亡的权利，天才会死，天才的作品不朽！”只有凝聚一位位作家的智慧的一部部作品才不会轻易地被海浪卷走。德国伟大的诗人和思想家，德国文学最高成就的代表，世界文学史上最重要的作家之一的歌德尽60年才完成的著作《浮士德》正是其中之一，这本书也被认为是18世纪末至19世纪初德国在艺术上的最高成就。

故事是这样的：魔王梅菲斯特与上帝打赌。赌上帝的忠实仆人浮士德死后，灵魂被魔王带走。于是梅菲斯特下界后，通过各种手段使浮士德许下诺言：只要说出“真美啊，请稍稍停留！”这句话，灵魂便会归他所有。此后，梅菲斯特与浮士德开始了建功立业的过程。最后，浮士德在双眼失明并且极度满足的情况下说出了：“真美啊，请稍稍停留！”随后梅菲斯特想把他的灵魂带走的时候，众天使下降人间，用圣洁的力量将梅菲斯特等众魔降伏，在梅菲斯特恐惧怨恨的目光下，浮士德的灵魂与众天使化作白光，飞往了天堂。

读完这本巨著后，我的心情十分激动，作品将现实主义和浪漫主义相结合，以复杂的故事、众多的人物、千变万化的场景概括了浮士德一生的经历，表现了文艺复兴以来欧洲资产阶级知识分子勇于探索的精神，宣扬了资产阶级人道主义思想。文章中的主人公浮士德的种种优点深深地影响着我，使我的心情久久不能平静。坚忍不拔、聪颖机智、心胸宽广、敢爱敢恨等等，这都是我迫切想拥有的。

激动过后，我的心情又异常地宁静。文章用史诗般的手法，塑造了一个又一个经典的人物：博学多才的浮士德，美丽的海格丽特以及高贵的海伦等等，无一不写得有血有肉，令人拍案叫绝。

我常常也幻想像浮士德那样俊朗博学，但我不能。我现在只是一个普通的中学生，但是我一直在努力，努力想成为那样的人。学习和生活中也会出现像国王那样的人，像梅菲斯特那样的人，但只要我会像浮士德那样怀着一颗永不满足的心，有着无穷的求知欲，我一定会成功的，纵然结局可能不会很完美，但我无怨无悔！

正如高尔基所说："书是人类进步的阶梯。"的确，如今快餐文化遍布天下，读一本好书确实能够让我们与一个高尚的人对话。翻开《浮士德》吧，它会让你产生"天生我才必有用"的傲气，也会让你拥有"待从头收拾旧山河"的豪迈，还会让你拥有"一蓑烟雨任平生"的洒脱。来吧，翻开《浮士德》吧！

"真美啊，请稍稍停留！"——读到此句，此时永恒！

（指导教师：翁大为）

品读“钢铁”典籍 做人生坚强志士

天津市宝坻区李家深高级中学　王健

我爱书，也喜欢读书。西汉大文学家刘向曰：“书，犹药也，善读之可以医愚。”没错，书，可以使人睿智；书，可以使人坚强；书，可以使人积极向上；书，可以使人道高志远。因此，博览群书成了我生活中的最主要的嗜好。

在浩瀚的书海中，每一朵浪花都会让我流连忘返，印象中让我感受最为深刻的是苏联文学家尼·奥斯特洛夫斯基的《钢铁是怎样炼成的》。每当打开这部庄严的典籍，我都会情不自禁地走进苏联那硝烟弥漫的战火时代。1904年奥斯特洛夫斯基出生于乌克兰的一个工人家庭，革命前，当过童工，饱受屈辱；十月革命后，他投身于捍卫苏维埃政权的艰苦斗争。1920年秋在战斗中负重伤，不得不转到劳动战线工作，因跳进冰冷的第聂伯河打捞木材，而患上风湿、伤寒，加上劳累过度，身体日益衰弱，最后全身瘫痪，双目失明。他那为革命、为民族、为国家而英勇献身的精神时时刻刻都让我感动不已。但是他并没有被残酷的病痛征服，又饱含着革命乐观主义精神，以惊人的毅力和病魔进行顽强的斗争。更难能可贵的是，他身卧病榻克服重重困难，创作出《钢铁是怎样炼成的》这部世界文学史上的璀璨明珠。

该书描写主人公保尔·柯察金，一个普通工人的儿子，经历了第一次世界大战、十月革命、国内战争和国民经济的恢复时期的艰苦岁月，黑暗的现实，贫困屈辱的生活锤炼了他倔强的性格和反抗精神。老布尔什维克朱赫来，用革命的真理照亮了他几乎绝望的心。他看到了新希望，似乎得到了重生，这使他走上了自觉斗争的道路，在对敌斗争中表现勇猛，使他的英雄性格初露锋芒；在国内斗争中，他不怕牺牲挥刀杀敌，浴血沙场，这培养了无畏忘我的集体主义精神和坚忍不拔，至死不屈的英雄主义精神。在经济恢复发展的复杂时期，他又经受了种种严峻的考验，在筑路的艰苦工作中，“保尔体验到寒冷的暴风雪造成的痛苦是多么难以承受。奥库涅夫那件旧大衣不能使他暖和，而那只破套鞋也灌进了雪，好几次掉进了深雪里，另一只皮靴也快掉底了，而且因为他常睡在冰冷的水泥地上，脖子已长了两个大冻疮，托卡列夫把自己的毛巾送给他作了毛巾。瘦削憔悴两眼通红的保尔疯狂地铲着大雪。”这使他不畏艰险的硬骨头精神再次得到升华，标志着保尔是一个不屈于命运，不屈于艰难，百折不挠，奋斗不止的优秀布尔什维克，是新一代的榜样，艺术地再现了十月革命后苏联新一代人的精神风貌。

小说不仅用一个接一个的困境来塑造这位主人公，还通过激动人心的对白，发人深省的警句格言直抒这种赤诚情怀。采用内心独白，引用书信日记等手法，多角度多层次地反映主人公的精神世界。一次保尔来到烈士墓前悼念为革命而献身的战友时，曾默默地想到：人最宝贵的是生命，生命给予我们只有一次，人的一生应该这样度过：当他回首往事时，不因虚度年华而悔恨，也不因碌碌无为而羞愧，这样他在临死时就能说："我已把我整个生命和全部精力都献给最壮丽的事业——为人类的解放而斗争！"

同冬尼娅的爱情纠葛，同丽达光明磊落的友谊，以及对达雅真挚的感情都表现了保尔精神世界的纯洁，表现了小说人物的特殊素质。作者把自己作为主人公的原型，但不是自传，他说："我这个长篇，首先是一部艺术作品，在这个长篇里我使用了虚构的权利。"作者的意图是要在作品中创造一种典型，一种我们的时代——无产阶级革命时代的青年革命者的典型。

在如今的信息时代，越来越多的人进入了网络世界，却忽视了读书的价值，我真诚地呼唤大家，特别是青少年朋友，请你们多选择一些像《钢铁是怎样炼成的》这样的好书来丰富自己的精神世界，来激发自己的求知欲望，来健全自己的人格，来陶冶自己的情操。选择好书就如同选择了光明前途，有了明确的奋斗方向，通过充分发扬保尔精神，你就会成为一个对社会有贡献的优秀人才。《钢铁是怎样炼成的》这本书，她的气质与内涵能使每一个与她邂逅的人倾倒，她能使懦弱胆小的人变得坚强勇敢，它能使丧失信心的人重新扬起生活的风帆，它能使对生活感到空虚的人变得充实快乐，她就像师长一样教会我们怎样面对坎坷挫折，怎样跨越前进道路上的重重险阻，驶向成功的彼岸。

读书，这项有益的活动，参与的人越来越少，其实那是我们生活中必不可少的一部分；如果不读书，你就会被飞速发展的时代所淘汰，不读书，也就不可能有什么革新和创造。读书是创造的基础，是通向成才之路不可或缺的保障。同学们，为了创造更好的明天，为了能在激烈的竞争中崭露头角，偶露峥嵘，请仔细品读像《钢铁是怎样炼成的》这样的好书吧！好书会让我们成为生活的强者，成为无畏的勇士！愿你们通过阅读经典作品能成为人生道路上的志士。

哈尔滨出版社

（指导教师：王健）

畅游“红楼”

天津市第一零九中学　李爽

“浮生着甚苦奔忙？盛席华筵终散场。悲喜千般同幻渺，古今一梦尽荒唐。漫言红袖啼痕重，更有情痴抱恨长。字字看来皆是血，十年辛苦不寻常。” 读懂这首七言律诗的人，脑海中一定已联想到一部“旷世巨作”。没错，它就是中国古典四大名著之一的《红楼梦》！《红楼梦》中那海纳百川的内容就如这首“凡例”中的律诗一样触动心扉、意味深长。

《红楼梦》是中国古典文学的巅峰之作，是中国文学史上最优秀的长篇章回小说，是我国古代小说中最经典的一部现实主义巨作……它从诞生之时直至今日包揽了众多的“之最”，我相信它也是“最”令人痴迷的一部作品。两个世纪以来《红楼梦》长盛不衰，让代代文人对它推崇备至，令当代学子将它反复演绎。《红楼梦》独特的诱人魅力究竟在何处呢？不是说“书中自有黄金屋，书中自有颜如玉”吗？让我们一同到书中去探寻答案吧！

《红楼梦》不单给我们勾勒出了一个色彩纷呈的大观园，这部作品本身就是一个包罗万象的“大观园”。书中描写的主要场景就是贾家，主要人物“表演的舞台”始终没有离开贾家大观园。大观园内的自然景致固然秀美，但更为夺目的是有一群才华横溢、花一样年华的姑娘们，还有一位多情的“怡红公子”，他们起诗社，咏海棠，咏红梅；为宝玉庆生，行酒令；乘舟泛湖；送花神。一切是那样的充满情趣，徜徉在其中的人们是多么无忧无虑啊。这便是吸引了古往我今来一大批文人雅士的原因之一吧。

古老的中国人愿意相信神灵的存在，书中就以仙境描写为开篇，顺应佛家前世因果的思想，顺理成章地引出一段离奇凄美的还泪故事，对“木石前盟”作出了合理而清晰的解释。而后，作者笔锋一转，神瑛侍者、青梗顽石、绛珠仙草相继落入尘世，继续用生命谱写着他们悲欢离合的前世姻缘。才子曹雪芹不费吹灰之力就能令手中的笔在纸上尽情挥洒，做到来去自如，让宝玉轻而易举地在梦中就拿到了仙境的“通行证”，逍遥自得，也随即有了第五回《游幻境指迷十二钗，饮仙醪曲演红楼梦》的回目。这种了无羁绊的心思便是吸引无数风骚墨客的原因之二吧。

说到此，我就不得不在诸公面前感叹曹公写作之一“绝”：“伏延千里、前后呼应”的艺术手法。“凡例”中写到“此书又名《金陵十二钗》，审其名，则必系金陵十二女子也。”这第五回便是全书中群芳命运的点睛之处，但作者又不肯了然无趣地直接点明十二钗的名讳、结局，却巧妙的借助宝玉的眼睛，以看到十一幅图景和判词的方式“迷指”出来，直至终结也不曾揭秘，任凭后人揣摩玩味。

《红楼梦》八十回后原稿的遗失，使得无人能准确地知道曹公对结局做了什么安排，但这“伏延呼应”的绝活儿却能为现代人指点迷津，成为研究、把握《红楼梦》的入手点。如果您能静心去研读，我保证您在读书过程中不时也会有种恍然大悟之感。

我还欣赏《红楼梦》的另一大写作特点，即曹公的另一“绝”：谐音寓意。最明显的事例就是贾家四大小姐的名讳：元春、迎春、探春、惜春，谐音为“原应叹息”；又如第五回，宝玉梦游太虚幻境时，品的茶名为“千红一窟”，饮的酒为“万艳同杯”，谐音为“千红一哭”、“万艳同悲”……这些都能隐寓着故事的凄美、哀怜。

说到“哀”，我认为真正的“哀”，非黛玉莫属。宝黛自幼青梅竹马，视彼此为知己，归向爱情很自然，但他们并没有“终成眷属”。连宝玉都曾对她说：“你皆因总是不放心我的缘故，才弄了一身的病。”这一语便道出了黛玉得病的根源所在，更不要说她为宝玉流过多少泪了，吵架伤心会哭，嫉妒玩笑会哭，感动欣慰会哭……苦命的“绛珠”直至泪尽气绝前，始终无法忘记自己转世的使命。这位弱不禁风，性格中又宛如潇湘竹的傲骨女子，曾吟咏的“一朝春尽红颜老，花落人亡两不知”的《葬花吟》和那一句中秋之夜的“寒塘渡鹤影，冷月葬花魂”，不知积攒了其人多少的眼泪与哀怨，又不知让多少人为她枉自断肠。我不禁感慨：

醉陷红楼若许年，身去凡尘十几载。
垂泪并非空悬念，群芳争艳应犹在。
木石三生寻诺言，金玉被迫从中碍。
遁世西辞宴尽散，凝眉思缘万古哀。

若黛玉是“哀”，那宝钗就只剩下“怜”了，虽然她最终做了贾家的宝二奶奶，但《终身误》中说得清楚：“空对着，山中高士晶莹雪；终不忘，世外仙姝寂寞林。”可见才貌双全的宝钗不自觉地做了个封建婚姻的牺牲品，这难道不值得怜悯、同情吗？

接触《红楼梦》已有三、四年的时间了，我从未摆脱过对它的痴迷，这也使我对台湾作家三毛的话产生了同感，她曾在回忆第一次看《红楼梦》的情景时说到：“那一刹那间，我顿然领悟，什么叫做‘境界’，我终于懂了。文学的美，终其一生，将是我追求的了。《红楼梦》，我一生一世都将看下去。”面对这样一座传奇的“红楼”，您不想去恣情畅游一番吗？

（指导教师：张良彦）

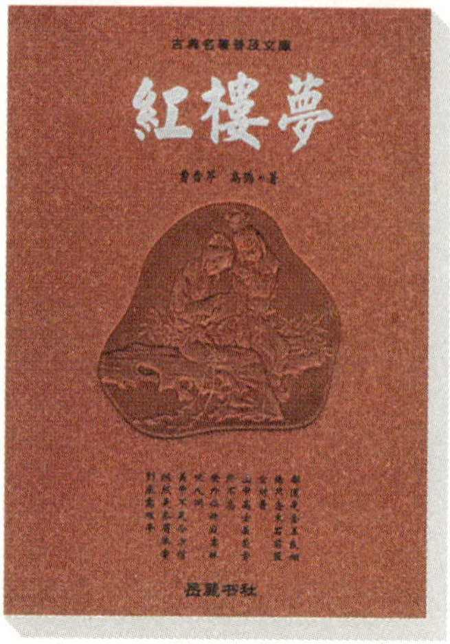

千古奇文

——“红楼”一梦

天津市蓟县康各庄中学　李春楠

一本精致、幽雅、纯净、有品味的书，犹如一杯清凉的茶，沁人心脾；又如一杯甘醇的酒，每每令我不饮自醉。曹雪芹的《红楼梦》就是这样一本让我陶醉的书。

——题记

曾几何时，我对于她，还仅仅是一种源于崇拜中的偏爱，只能远观，不能靠近，让我的心清如山风，心纯如溪水。

读书，让我和她结下了不解之缘。当我思维的潮水流入《红楼梦》这片浩瀚的海洋，心灵之泉顿时涌出洁净的山涧，给生命之树以充分的补给。这部百科全书式的作品，是清代乾隆时期问世的一部长篇小说，小说的作者曹雪芹，名霑，字梦阮。他的一生经历了曹家由盛极而衰的过程，抄家前的他过着“锦衣玉食”的生活，抄家后的他身陷“蓬牖茅椽、绳床瓦灶”和“举家食粥酒常赊”的困顿。难能可贵的是，在如此艰苦的条件下，他却“披阅十载，更删五次”，创作了不朽的名著——《红楼梦》。曹雪芹的精神深深地震撼着我的心灵，而饱含了作者切肤之痛的《红楼梦》更是深深地打动了我的心。这部伟大的现实主义文学巨著以贾、史、王、薛四大家族的兴衰为背景，以贾宝玉、林黛玉、薛宝钗的爱情婚姻悲剧为主线，真实而艺术地反映了我国封建社会走向衰亡的历史趋势。

文学的美常常是在细微处令人拍案叫绝的，不进入书中怎能体会到？走进《红楼梦》，充分体会作者笔底的波澜、笔端的风力，感知作品中人物的一颦一笑，一种阅读快感便油然而生。正如“一千个读者就有一千个哈姆雷特”，不同世界观、人生观和价值观的学者，对《红楼梦》也有着不同的见解。鲁迅先生曾言，“从《红楼梦》中，经学家看到了《易》，革命家看到了排满，道学家看到了淫，才子看到了缠绵，流言家看到了宫闱密事。”而我，一个热爱文学的高中生，每一次捧起《红楼梦》都会被书中人物的命运深深牵动，恨不能与其生，与其死。

《红楼梦》中描写的爱情婚姻悲剧，细腻深婉，因着它超出了“才子佳人”的模式而让我耳目为之一新，而它塑造的栩栩如生的宝、黛、钗的文学形象更是令我叹为观止。贾宝玉是那一时代叛逆的文学形象。他不是才高八斗的状元郎，而是蔑视功名利禄的“情痴”。他憎恶“仕途经济”，却对身边那些底层女子，寄寓了深厚的同情，他说：“女儿是水做的骨肉，男人是泥做的骨肉，我见了女儿便清爽，见了男子便觉得浊臭逼人。”在叛逆的道路上，贾宝玉得到了从来不向他讲“那些混账话”的林黛玉的支持，正是在共同理解的基础上，宝黛之间产生了深挚的爱情。

林黛玉是书中一个光彩照人的女性形象，她有“两弯似蹙非蹙罥烟眉，一双似喜非喜含情目”；她生性孤高，却寄人篱下，因而养成了敏感多疑的“小性儿”；她执拗地甚至过分地追求自己的尊严，竟达到了折磨自己的程度，她对宝玉的爱情也浸透着这种痛苦，最终她的心被揉碎在了“风刀霜剑严相逼”的黑暗环境中。

小说中与林黛玉交相辉映的另一个令人难忘的少女形象是薛宝钗。她与黛玉一样，长得如花似玉，但与黛玉有着不同的气质和人生志趣。她恪守封建礼教，有浓郁的封建意识，因此得到了人们的一致好评。但她同样是个悲剧性的人物，因为她深知自己和宝玉是一场不如意的婚姻，却囿于封建的道德规范，默默地咽下了这只苦果。

《红楼梦》的吸引力不只在于它记述了一段凄美哀婉的爱情悲剧，特别令我赞叹的是其中真实而深刻的细节描写。当我读到贾宝玉在姐妹们都在场时向林黛玉使了一个眼色，林黛玉马上就能会意的细节时，感受到的是他们“心照不宣”的默契；当我读到中秋夜宴，众人强颜欢笑，从桂花阴里发出一缕凄凉的笛音时，感悟到的是贾府的日暮途穷……

更值得称道的是,《红楼梦》没有停留在琐屑的生活细节的描写中,而是深入挖掘了日常生活中的诗意,使整部作品始终洋溢着充沛的抒情气息。“绕堤柳借三篙翠,隔岸花分一脉香。”“好风凭借力,送我上青云。”“毫端蕴秀临霜写,口角噙香对月吟。”这些优美的诗句使小说充满了诗情画意,使读者读来“余香清口”。此外,一些优美的场景如宝黛共读《西厢》、黛玉葬花、宝钗扑蝶等更是耐人寻味。

“钻石珠宝非至宝,最有价值是读书”。读书是美好的,它可以使我们的人格得到净化和升华;读书是幸福的,它可以把我们带入一个美轮美奂的境地。《红楼梦》不仅是中国小说文学难以征服的高峰,也堪称世界文学宝库中的一颗璀璨明珠。朋友,翻开博大精深的《红楼梦》吧,在那个奇妙的艺术世界里畅游,你也一定会获得前所未有的精神享受!

(指导教师:刘国会)

王子的人文情愫

天津市青光中学　马燚

莎士比亚被我们中国的读者尊称为莎翁，他的作品享誉世界。莎士比亚给世人留下了37部戏剧，还有154首十四行诗。知道莎士比亚的人就会知道那一个个经典人物：罗密欧、朱丽叶、麦克白、李尔王、奥赛罗等等，更会知道那一句句经典台词："脆弱啊，你的名字是女人！""To be or not to be，that's a question.(生存还是死亡，那是个问题。)""一个坟墓吗？啊，不！这是一个灯塔，因为朱丽叶睡在这里，她的美貌使这一个墓窟变成一座充满着光明的欢宴的华堂。""要是用毁灭他人的手段，使自己置身在充满着疑虑的欢娱里，那么还不如那被我们所害的人，倒落得无忧无虑。"莎翁的作品就像一个浩瀚无垠的海洋，而在其中我独钟爱那一部——《哈姆雷特》。

《哈姆雷特》是莎翁的一部经典悲剧，讲述了丹麦王子哈姆雷特为父复仇的故事。哈姆雷特在德国威登堡大学读书，因父亲突然暴亡，他赶回丹麦奔丧。然而叔叔克劳狄斯篡夺了王位，母亲乔特鲁德在先王死后两个月就改嫁新王。对这突如其来的宫廷变故，哈姆雷特心中充满了疑惑。这时，先王的鬼魂告诉他，他叔叔为篡夺王位毒死国王，母亲与叔叔早有奸情的真相。哈姆雷特在为父复仇的过程中犹豫不定，以致多次失去良机，最终只得与敌人同归于尽。

全文的那句经典台词"To be or not to be, that's a question（生存还是死亡，那是个问题）"很好地诠释了哈姆雷特犹豫不决的性格。哈姆雷特在复仇中一直不断地思考，"To be or not to be"。每当他有机会下手杀死仇人时，他又开始犹豫了，在他的心里起了强烈的争斗："现在我正好动手，他正在祷告。我现在就干，他就一命归天，我也就报仇了。这需要算一算。一个恶汉杀死了我的父亲，我这个独生子把这个恶汉却送上天堂。"一面是杀父之仇的切齿之痛，另一面是对生命价值的严肃思考，哈姆雷特的这些内心挣扎使他一次次丧失了为父报仇的绝佳机会。

作者有意地刻画了哈姆雷特的犹豫，就是想要把人性的复杂性表现出来，正因为哈姆雷特人性上的复杂性与多重性，才让大家在他的身上找到与自己相似的地方，也才会让每个读者读出不同的哈姆雷特。也许正因为他的犹豫，我们才看到他尊重生命的人性闪光点，才会更加欣赏这位王子。但不可否认的是，他的犹豫踌躇也是造成他悲剧命运的根源。其实人生的失败有很多也是源于当断不断，犹豫不决。一个人如果要成就一番大事业就应该有坚决果断的个性，有气吞山河的魄力，有一旦决定就不退缩的毅力。

也许我们可以因为哈姆雷特的“犹豫”而把他定义为悲剧人物，王子的聪明智慧却不能因此被抹杀。在知晓父亲的真正死因之后，装疯是他采取的第一步行动，这也是一种逃避。他装疯是为了让国王克劳狄斯忘却自己对他的威胁，好让自己认真思考复仇的计划。同时，他并没有莽撞行事，而是安排了伶人演戏，以此试探叔叔。

我觉得在这位悲剧王子的身上也并不全是悲情，那段让他付出全部的爱情经历也让我们在悲叹中有了些许的释然，让我们看到了一位忠于爱情的王子。王子在给奥菲丽亚的情诗中写道：“你可以疑心星星是火把；你可以疑心太阳会转移；你可以疑心真理是谎话；可是我的爱永远没有改变。” 这时候的哈姆雷特已经在父亲亡灵的告知下知道了所有的事情真相，在遭受了残酷的现实给他的沉重打击后，他变得很忧郁，这是理想破灭后的一种精神状态，但是在这种绝望的状态下他还是热情的歌颂着自己的爱情，期盼着美好的未来，可见其本性是多么美好，对爱情是多么执着忠贞。

当哈姆雷特从理想的生活中一下子堕入家庭的巨变，“覆盖众生的苍穹，是一顶壮丽的帐幕，是金黄色的火球点缀着的庄严的屋宇”变成了让人发指的丑恶现实，哈姆雷特也不得不从幻想中醒来。在整个的复仇过程中，哈姆雷特呈现给我们的是一个复杂的真实的多面体。人们常说“一千个读者眼中，有一千个哈姆雷特”，也许正是因为这种性格的多重性，才会引无数“莎迷”竞感叹。如果你是“莎迷”，请继续对王子的解读；如果你不是“莎迷”，请走进莎翁的殿堂，走近哈姆雷特。

这便是我眼中的哈姆雷特。

（指导教师：赵大霞）

浙江文学出版社

我爱《家》

天津市第十七中学　张蕾

人民文学出版社

轻轻地合上它,再度陷入沉思。为何每次读完它,都会感受到强烈的震撼,都会情不自禁地再次走进它?放在手中掂一掂,并不重,可是它在我心里却越来越重。它就是曾令几代青年读者心灵激动的小说——《家》。

第一次接触《家》是在2005年,那年的10月17日,即将度过102岁生日的著名作家巴金永远地离开了我们。生前他曾说过,“我只想把自己的全部感情、全部爱憎消耗干净,然后问心无愧地离开人世 。这对我是莫大的幸福,我称之为‘生命的开花’ 。”一个人能做到一生问心无愧,决不是简单的人,我被这位长寿老人感动了,决定多了解他和他的作品,于是第一次走进了《家》,从那以后便深深地爱上了它。

《家》是巴金20世纪30年代创作的“激流三部曲”(《家》《春》《秋》)中的第一部,是巴金以自己生活过十九年的封建大家庭为素材,写的一部控诉旧家庭罪恶,展现自己社会理想的小说。

《家》讲述的是一个封建大家庭里发生的故事。高老太爷是这个大家庭的统治者,凭借着封建家长的权威独断专行。他顽固守旧,极力反对新思想,为孙子包办婚姻;他虚伪冷酷,随便把下人当作礼物一样送给别人。他就是高家一幕幕血淋淋悲剧的制造者。

长房长孙高觉新,深受封建伦理纲常的熏染,凡事委曲求全、怯懦顺从。他负责高家的一切事务,将事情处理的井井有条,但在自己的爱情婚姻上,总是屈从于家长的意愿。他喜欢远房表妹梅, 但又无法违抗老太爷的旨意放弃自己的妻子瑞珏,只有把痛苦留给自己;他同情并支持弟弟们的反封建斗争,但又无法放手高家的事业,他只能选择“作揖主义”哲学。他既渴望新思想,又无力反抗封建秩序,最终成为这个封建大家庭的牺牲者。

高觉慧，幼稚、大胆，充满了青春活力。他是被“五四”新思潮唤醒的年轻一代，是《家》中反抗力量的代表。他积极参加反帝反封建活动，猛烈抨击封建家庭，他批评大哥奉行的“作揖哲学”和“无反抗主义”是“懦夫哲学”，支持二哥觉民的逃婚；敢于怒斥陈姨太等人的迷信行为；他无视“门当户对”的森严教规，大胆地同丫头鸣凤恋爱。最后，他义无反顾地离家出走，奔向了新生活。

《家》中还塑造了几位女性形象。真诚多情的梅，与觉新不能有情人终成眷属，在悲哀寂寞中离开了人世；温柔厚道的瑞珏，在陈姨太之流闹“血光之灾”的邪说中丧了命；纯洁善良的鸣凤，要被高老太爷送给年已花甲的冯乐山做小，被逼得走投无路而投湖自尽。她们都是封建制度、封建礼教的牺牲品，她们的悲剧深深地控诉了封建社会对女性的迫害。

这就是《家》，一个既守旧又求新，既美丽又丑恶，既有情又无情的家。我喜欢《家》，喜欢它曲折、真实又凄惨的故事，喜欢它塑造的个性鲜明的人物，喜欢它广阔的视角和深厚的思想内涵，喜欢它深远的现实意义。

有人说《家》是一部家庭的历史，一个社会的缩影。是啊！复杂的高公馆就像封建社会，高老太爷就是封建社会的统治者。在作品中，高老太爷的出场并不多，但作者极力将高老太爷塑造成一个可憎的、专制独裁的家庭暴君，一个封建阶级的罪恶典型，把高老太爷作为一个批判的靶子进行抨击，这是作者对他所憎恨的封建制度的统治者的抨击。觉新的性格已经超出了人物本身的意义。他首先是一个懦夫，同时又是一个清醒地认识到自己悲剧的懦夫。他的形象对于现代中国的某些知识分子来说，是具有很大的概括力的。而觉慧代表了一代觉醒了的青年，他们受“五四”反封建巨浪的影响，积极宣传革命思想，并在家庭内部和封建势力、封建礼教展开勇猛的战斗，是他们真正敲响了这个封建大家庭的丧钟。作者在塑造那些女性人物时倾注了无限同情，但并不是让人们停留在对女性的关怀上，而是让人们透过人物的悲惨命运，看到制造它的封建社会及其道德精神的可憎和荒谬。

我爱《家》，我从未像这样钟爱一部作品。是它让我更加深刻地认识到封建社会的残酷性；是它使我更加深切地感受到现代社会的优越性；也是它让我懂得了人不要随遇而安、逆来顺受，人要拥有理想、坚守信念，并为实现理想而努力奋斗。

在这个巴金建造的老式“家庭”中，对每一位眷恋着家，能居“家”生活的人来说，你都能找到自己生活的影子。

（指导教师：殷炳香）

爱的真谛

天津中学　张青

一本好书，就像一瓶陈年的佳酿，历经岁月的沉淀，仍能焕发出醇厚的芬芳。多年前读过的《简·爱》，今天挑灯夜战，重新温故，简·爱，这个独立、坚强、自尊、自信的女性，让我再次接受了心灵的洗礼。

夏洛蒂的《简·爱》是英国文学史上的一部经典传世之作，她是以19世纪早期英国偏远乡村为背景，以女主人公简·爱的视角讲述了一个备受凌辱的孤儿，如何在炼狱般的孤儿院顽强地生存下去，成长为一个坚强女性的故事，整个故事跌宕起伏，悬念丛生。

童年的简·爱贫穷、寂寞、孤独，小小年纪便已尝尽世态炎凉，表兄的飞扬跋扈，表姐的傲慢无礼，舅妈的冷酷无情，洛伍德孤儿院的黑暗——就是在这样的恶劣的环境中，简·爱渐渐长大，就像一棵生长在峭壁上的大树，经历了风暴的洗礼，没有走向死亡，反而变得更加秀立挺拔。在无情的践踏和污蔑中，简·爱捍卫了尊严；在残酷的摧残和毒打中，简·爱锻造了坚强；在贫穷和磨难中，简·爱拥有了智慧。上帝是公平的，他没有给予简·爱欢乐的童年，高贵的出身，漂亮的容貌，但他却给了简·爱一双锐利的眼睛，一个清醒的头脑，一个美丽、自由、高尚的灵魂。

人生是无法永远阳光朗照的，面对人生的残缺，简·爱，告诉我们该怎样做：

海伦，病入膏肓，简·爱，无所畏惧，不离不弃，送给了朋友最后的温暖；私生子，阿黛勒，遭人鄙视，简·爱，细致关怀，让孩子看到了明媚的阳光；多年后，舅妈弥留之际，简·爱，放弃了自己曾立下的誓言，弯下腰，亲吻了舅妈，原谅了她曾给予她的痛苦。简·爱以实际行动向我们诠释了完美的人生的态度：心可以如水晶般晶莹剔透，人生可以温情而又宽容。

小说在叙述简·爱的成长历程中与罗切斯特的爱情成为了小说中最亮丽的一道风景线。每个人心中对爱情都有着不同的定义和追求。爱情的模样，世俗似乎也给出了参考答案，比如美貌、权势、地位、金钱等等条件。而我们的简·爱在这些世俗的条件面前却是个贫穷者，长相平庸，地位卑微，但桑菲尔德庄园，却给予了简·爱一段真诚而伟大的爱情。悬殊的社会地位，世俗不屑的眼光，没有阻止简·爱对美好爱情的追求，面对装腔作势的英格拉姆大小姐，她没有自卑、没有胆怯。她敢于拿出自己的一颗真诚的心，去争取属于自己的幸福。她勇敢而又坚定喊出："我和你的灵魂是平等的。我跟你一样有灵魂，也完全一样有一颗心！我现在不是凭习俗、常规，甚至也不是凭着血肉之躯跟你讲话——这是我的心灵在跟你的心灵说话，就仿佛我们都已离开了人世，两人一同站立在上帝的跟前，彼此平等——就像我们本来就是的那样！"在爱情的波澜中，在爱情的悲喜中，简·爱无论是选择毅然离开还是温情地回归，都让我们看到了一根挺直的脊梁，一个平等而又自信的灵魂。小说的结尾，罗切斯特瞎了、瘸了，度尽劫波，浴火重生，赢得了与简·爱的执子之手，与子偕老。平等、尊严让爱情的玫瑰绽放得更加绚烂。

历经波折，我们看到了一个期待的好结局。细细回味主人公的经历，我们似乎看到了自己的影子。可能每个人都有过这样的苦恼，没有英俊的外貌，没有显赫的家庭，没有权利、金钱，但我们每个人都可以成为简·爱，就如一棵伟岸的木棉树，扎根于大地，伸展于云间，枝繁叶茂。

（指导教师：周颖）

北京燕山出版社

上海译文出版社

当坎坷遭遇希望

天津市汉沽区第一中学　陈帅特

如果有一部书汇集了正义与邪恶的对抗，善良与阴险的碰撞，报恩与复仇的纠葛，我会毫不犹豫地说出它的名字——《基督山伯爵》。来自十九世纪的法国作家大仲马用他生花的妙笔，把生活的真谛完美地诠释于主人公爱德蒙·唐泰斯跌宕起伏的一生中。

这是一个传奇——

远航归来的唐泰斯是个正直善良的水手，打算结婚，并且受到老船长的赏识，做了代理船长，前途一片光明。可是他的才干受到船上押运员邓格拉斯的嫉恨。邓格拉斯怂恿唐泰斯的情敌费尔南向当局告密，诬陷他拥护拿破仑，企图颠覆波旁王朝，于是飞来横祸：唐泰斯在举行婚礼时被逮捕，恰巧他的案件牵连到检察官维尔福先生的父亲，检察官为了父亲，昧着良心将唐泰斯定罪，将他投入伊夫堡不见天日的地牢。这时他在狱中偶遇打算逃跑却掘错地道的法利亚神父，法利亚神父是一位集人类智慧于一身的奇人，而且他掌握了一个宝窟的秘密，法利亚神父将唐泰斯造就成了一个学识渊博、无所不能的人物。法利亚不幸患蜡屈症死去，唐泰斯钻进了包裹法利亚尸体的麻袋，终获自由。随后唐泰斯根据法利亚的指示找到了宝藏，成了亿万富翁，改名为基督山伯爵。他得知摩莱尔船主曾为营救他出狱四处奔波，并资助过他的父亲，所以在船主处于破产境地，准备开枪自尽时，他及时地伸出了援助之手，替船主还清债务，并送给船主一条崭新的船。接着基督山开始实施他的复仇计划。使他的仇人都得到了应得的下场。

基督山最后有一个好的结局，是恶人得到恶报，是好人得到幸福。善良美丽的希腊姑娘海蒂融化了基督山冰冷的心，伯爵再次有了新的希望。他放弃了最终的复仇，把所有财富留给了他的朋友，像一只海鸥，重新过起了他爱着的水手生活。

就是他，爱德蒙·唐泰斯，在伊夫堡阴森的地牢里，过着非人的生活：15年没有见过灿烂的阳光，没有呼吸过新鲜的空气，没有他挚爱的亲人的音讯。但，他从未放弃希望。对！正是希望——这个潘多拉盒子中的精灵——让坎坷无法改变唐泰斯的善良，只是加深了他对恶人的仇恨。他曾不相信任何人，却从未怀疑过人性的善良。

我可以想象，可以想象在地牢中的唐泰斯的眼睛。世界的黑暗，身世的坎坷，从未夺取它所散发的光辉。正是这双眼睛，不知疲倦地仰望着它再也看不到的天空；正是这双眼睛，穿透黑暗，照亮了年轻的生命；正是这双眼睛，打动了红衣主教法利亚神父，让他把一生的才学传授给了眼前的这个陌生人。法利亚不会读不懂这眼神中的光辉：那是希望，是凄寒世界中的太阳！

生存！为心中不灭的正义与善良生存！希望的圣火点燃了生命，让生命中的一切变得美好而圣洁。不抛弃，不放弃。不抛弃生存的勇气，不放弃方寸间的良知。天行健，君子以其自强不息！

伊夫堡的15年，让他从天堂掉入地狱，让他从云端掉入地底。但，希望，永远是心中不灭的火炬。

正如我们总以为世界的温暖全来自阳光，实际上，脚下的大地更有着令人惊讶的热力。

我们常以为外来的帮助最重要，实际上，发自内心深处的力量才是使我们熬过冰雪，获得重生的力量。

当坎坷击出的重拳正中我们的左眼，让我们睁大希望的右眼。因为，我们不能倒下；因为，我们要奋勇回击！

希望，是源自心底的力量，越坎坷，便越奋起，冲破悲观的冰河，让融融的暖意，流过每一双眼睛，流过每一颗心灵。

每个人都不能逃避坎坷，但每个人都有权利充满希望。当坎坷遭遇希望，生命就会蓦地被升华为无上的伟大与崇高。因为继续活下去的勇气，因为永不放弃的毅力。因为希望，把生命中美丽融合在一起。

让我们重温大仲马在本书结尾给后人的教诲：活下去并且生活美满，我心灵珍视的孩子们，永远不要忘记，直至上天向人揭示出未来之日的图景之前，人类全部智慧就包含在两个词中：等待和希望！

这，将是世间最强有力的回答。

（指导教师：田志伟）

体味生命的色彩

天津市南开中学　刘雅宁

译林出版社

隆冬的午后，沐浴在冬日的阳光中，淡淡的，暖暖的。从书架中轻轻抽出微微卷着边的《金色笔记》，品着幽幽的清茶，沉醉在《金色笔记》的人物岁月中，荡漾在多丽丝·莱辛的精神世界里。

翻开《金色笔记》，你会不觉地被黑色、黄色、红色、蓝色四种反复交错的笔记所吸引。你会成为主人公安娜的灵魂，体味着她与女友莫莉的生活与事业，品读着安娜生命历程中重要的色彩笔记。在黑色笔记中，回味着安娜年轻时在非洲的生活，聆听着安娜对那些非洲人痛苦与不幸的同情。驰骋于红色笔记，感受着安娜作为英国共产党人的责任感及其后理想化为泡影时的无奈与迷茫。而黄色笔记则更像一束草稿，勾勒着一个类似于安娜的女人的情感生活。最后的蓝色笔记则是安娜在英国共产党的一家出版社工作的一些缩影以及与多年男友迈克尔分手后的孤独。此外，小说的每一色彩笔记开端都以自由女性引述，描述着安娜的独立，渗透着“女权”的光辉，而结尾则用金色笔记，用一种哲理的表述来总结主人公安娜迷乱多彩的生活和已失重的灵魂。整部小说以其独特的交错、多重感的方式，将种族主义、共产主义、人权意识进行阐述，表现了人们矛盾重重的精神世界。

自由女性——独立的典范

《金色笔记》的独特魅力使其跻身于“女权主义”丛书之列。而在我看来与其说女性需要独立更不如说世间的人都需要在生活中历经磨砺最终学会独立，只不过由于女性长期处于社会“被动面”，所以做起独立这件事更为艰难罢了。而相比之下，对于我们这些蓄势待发准备“晋升”成年人的高中生来说，独立是我们走向大学，适应社会所必备的条件。这本书则作为一名导师真真切切地告诉了我们什么才是真正的“独立”，如何才能得到独立，同时也警戒我们在独立道路中是布满荆棘的。也许独立会成为女主人公安娜所付诸一生的追求，但《金色笔记》却会使我们的独立与成长之路锦上添花。

黑色笔记——生命的礼赞

多丽丝·莱辛是一位出生于伊朗的英国人，童年在“地狱般孤独“的非洲长大。而这也成为了黑色笔记的生活源泉。黑色笔记中的非洲永远是那令人窒息的深灰色的天空。非洲人的生活也笼罩着民族的罪恶与种族歧视的阴影。大草原上只有皮肤黝黑饥饿的孩子在孤寂地奔跑，而不远处白人的孩子却是那样的清闲幸福。非洲的一切是无法得到公平的。每当你读它时，非洲人那无奈却坚强的表情会历历在目，你会很自然地为他们感到心碎又很自然被他们感动。这更引发了我对现实生活的思考，我们的生活是没有歧视的毫无饥饿感的日子。但往往会使人们感到重复与情感匮乏，也愈发地使我们的生命变得衰弱。其实这并不是因为生活中没有幸福，只是我们没有珍惜，只是我们没有主动地去捕捉。而当你读过这本书后你会骤然间从非洲人不幸的生活中懂得珍惜现在。

红色笔记——思维的明灯

思想是人类的灵魂。思想更是安娜所追求的一切。作为一名英国共产党员，安娜是充满着使命感的，即使到后来共产党解散，梦想破灭，她都没有放弃对梦想的追逐。而对于我们这些思想尚未成熟的高中生来说，思维更是决定了我们将来的道路。遥想漫漫历史长河，我们只是渺渺一滴，可我们不应因此感到卑微而不去进取。安娜的经历告诉了我们，对于社会、对于自身所推崇的工作应有责任感和使命感。而当你确定目标后，就要发动自己的思维去进行探索，即时失败也不要退缩。因为对安娜来说，失败后退出共产党才是痛苦与折磨的开端，而对我们来说失败后的畏缩才是真正的失败。红色笔记就是用这种令人终生难忘的思想光辉吸引着我，同时也照亮了我们布满荆棘的路。

《金色笔记》的魅力除了其在人性上、世界观上的深刻挖掘外,更为我们的语文学习带来了许多益处,譬如说那新颖独特的结构,又如那朴素间见真知的文字,这都为我们的语文学习带来了许多新观点。

2007年《金色笔记》及其作者多丽丝·莱辛获得了诺贝尔文学奖。其实这对于年近九旬的"祖母作家"莱辛来说已不那么重要。而重要的是《金色笔记》的内涵又得以在世界上推广,影响着一代人的精神世界的构成。而我就在此列,这种魅力足以使我的心灵得以净化,思维更加进步,智慧的灵光得以开启。

夕阳伴着余晖悄悄地落下,将书慢慢地送回书架中。此时的我已不感到冬日的寒意,火热的激情在燃烧,于是急忙提起笔来,记下心中的感受……

(指导教师:程滨)

走过人生 选择坚强

天津市第五十四中学 张艺

“一个人并不是生来要给打败的，你尽可以把他消灭掉，可就是打不败他。”通过这简洁而有力的文字，美国著名作家欧纳斯特·海明威向我们剖析了“硬汉”——渔夫桑提阿果的精神世界，一个震撼着我们心灵的世界。

出生于芝加哥市郊的海明威在中学毕业后，来到了《堪萨斯城明星报》，做起了一名记者，这一段并不长的人生经历，却让他对“要用短句”，“要有明快的风格”的写作要求印象深刻，在他的作品中我们看到了简练的文风，看到了这一段岁月带给他的痕迹。于是便有了“要保持头脑清楚，要懂得怎么才能受苦也像个男子汉的样子”这样简单直接却又让人印象深刻的句子。在第一次世界大战中作为救护队队员的海明威深受重伤，12次手术取出了他身上200多块弹片，却没有拿走他写作的热情。战争结束后，在朋友的鼓励下，他开始进行文学创作，于是我们看到了《太阳照样升起》，默诵着《永别了，武器》，也认识了《老人与海》。

一位老人，孤独的老人，不再有力的身躯，却梦着广阔的草原、雄师。在别人的眼里，桑提阿果衰老的身体预示着他失败的命运，如同那缝补了多次，宣告着失败的船帆。八十四天的努力，满载着豪情出海，却也无一例外地携着空手而归的遗憾入港。在一片失意中，《老人与海》为我们揭开了它的序幕。生活中没有遇到过挫折的人从不存在，但总是走在挫折的路上却不曾退缩的人也寥寥可数。当我还在感慨着老人出海的不顺，伤感着旁人对他的不敬，一个固执的身影已经第八十五次出现在远海飘摇的船上。清楚意识到自己已然衰老的桑提阿果，没有蜷缩在一角，没有畏惧海洋的深邃，更没有失去对自己的自信。他走在自己人生的旅途上，选择着坚强，于是，我们看到了坚信自己的经验可以战胜脆弱的身体和海洋的不测的老人。一条美丽的马林鱼适时地出现在深海，老人的鱼饵仿佛是他的身体的延展，我以为成功即将收获，却原来这只是曲径的开始。老人“拿起钓丝，把它放在右手大拇指和食指中间轻轻地握着”，细微的动作牵动着我的心。在与马林鱼的对峙中，我们看到了老人娴熟的钓鱼技巧，即使左手抽筋，像鹰爪一般，他仍然没有让挣扎着的硕大的鱼体获得自由。在一天又一天的消耗战中，老人为我们展现了一个真正强者的风貌。他没有一刻想到过放弃，更值得我们敬佩的是老人甚至对自己的对手——马林鱼表达了尊重。一个坚强的生命才有勇气为对手喝彩，老人的精神成了他强大的根源。马林鱼终于出现在了老人的船上，那超出小船的鱼身，仿佛胜利的桨叶。但一切还没有结束，大海给了桑提阿果证明自己的机会，却没有慷慨地让他一直拥有它。一群又一群嗜血的掠食者，各种的鲨鱼，出现在我们的视野里，出现在老人的船边，连狂躁的海风也没有例外，同样地给老人制造着麻烦。在我们面前又一次出现了那个坚强的身影，他一次又一次挥舞着手边可以选取的武器，击退着各色的敌人，捍卫着自己战斗者的光荣。光荣在慢慢透支的力气中不断被掠夺，直至只剩下一堆硕大的白骨。我黯然了，为老人曾有过的努力而感伤。但上岸的桑提阿果没有让我的伤感继续，他一个人拖着桅杆回到了属于他的小屋，没有哀怨，他只是睡去了，像往常一样，仿佛为下一次出海在蓄势。梦中，有那坚强的狮子。

上海译文出版社

走在人生的路上，面对挫折，桑提阿果教会了我坚强的选择，他让我明白“强者未必是胜者，但胜者必是强者”的道理。感谢海明威给了我这个并不悲哀的悲剧，愿我们都能翱翔于像桑提阿果老人一样的人生，选择坚强。

（指导教师：李莹）

民族魂

天津市第七十四中学　李钊

解放军文艺出版社

《亮剑》一书，带给我很大震撼。本书作者都梁，出生于上个世纪50年代的知识分子家庭，年少参军，曾服役于坦克部队，复员后做过教师、公务员、公司经理、石油勘探技术研究所所长等，现为自由撰稿人。多年的商海职场生活并没有消磨掉他那军人的气节，在《亮剑》这部小说中，他用平凡朴实的文字为我们描绘出一幅幅精彩的画面，使我们身临其境，难以忘怀。随着故事情节的深入展开，我的心情犹如汹涌的波涛击打着海边的礁石，激烈，澎湃。

李云龙，一位叱咤风云，百战沙场的职业军人；一位百万人马之中取上将首级如同探囊取物一般的将军；一位以“面对强大的敌手，明知不敌也要毅然亮剑，即使倒下，也要成为一座山，一道岭”为自己人生信条的英雄。

抗日战争中他尽显霸气，令日本军队中的高级军官惊骇。他打出了中国军人的威风，打出了中国人的骨气，更打出了中华民族的魄力！当年田光赞荆轲曰：“血勇之人，怒而面赤，脉勇之人，怒而面青，骨勇之人，怒而面白，荆轲当属神勇之人，怒而色不变。”我想李云龙也应属于神勇之人，腰缠炸药赴“鸿门”，单枪匹马闯匪窝。

战火过后的中国是祥和、平静的。但往往在这种平静中却蕴藏着更大的危机，“无产阶级文化大革命”爆发了。许多高级将领纷纷倒台，身为军长的李云龙也没有躲过这场灾难。万人参与的公审大会上，李云龙宁愿骨折也不愿意承认莫须有的罪名。

当押解李云龙的战士听到他的骨骼因外力的挤压而“咔咔”作响时，那些战士们有些惊慌。随着“咔嚓 ”一声，胳膊便耷拉下来，战士们更是吓呆了。他们没有见过性格如此暴烈的“反革命分子”，秘书郑波的眼泪夺眶而出，一句

"伟哉,上将军"也道出了我的心声。

"威武不能屈"——就是李云龙的魂,就是中国军人的魂,就是华夏民族的魂。无论我们做什么事情,我们都要有自己的魂 ,魂是自我的凝聚力,魂是民族的凝聚力,魂是国家的凝聚力。将你我大家的魂聚集在一起,它所释放的能量将比大海还大,到那时候,民族的复兴,国家的强盛将指日可待。

亮剑是一种精神,亮剑是一种境界,亮剑更是一种魂。无论敌人如何强大,我们必须亮剑,而且一旦亮剑,必将寒光四射,必将血溅七步,所向披靡。读过《亮剑》一书后,我变得更加成熟,开始更加理性地思考问题,开始认真考虑自己的未来和人生价值。我不仅感叹历史洪流中那一场场激烈的战争,感受到李云龙那种坚忍不拔的精神,更领悟到"亮剑"精神的深刻内涵。现实生活和未来的道路并不全像我们理想中的那样美好和一帆风顺,在人生的旅途中,我努力地褪去自己的叛逆心理,褪去虚无缥缈的幻想,脚踏实地地走好每一步。在学习和生活中,时常会遇到困难,但我不畏惧,因为我时时刻刻在心中反复吟诵着:"狭路相逢,勇者胜,即使不敌,也要毅然亮剑。"从此,"亮剑"就成为我时刻鞭策自己的座右铭。

今天我们所处的时代,历史的硝烟已经散尽,不用你我以命相搏。但亮剑精神仍然需要继续提倡,发扬光大。我以为,当代的亮剑精神应该是在强国面前不卑不亢的形象,应该是团结互助,努力拼搏,奋勇争先的民族精神。亮剑,是在金钱权势面前保持纯洁的高尚的情操;亮剑,是在攀登科学技术高峰时遇到挫折不气馁,敢于向科学最前沿发起猛攻的勇气;亮剑,是在国际经贸战场上斗智斗勇的魄力;亮剑,就是在中华民族崛起的征程中,不管遇到什么样的困难,都敢于面对它、研究它、战胜它,哪怕失败一千次一万次也永不言败的民族魂!

历史已逝,留下的是不朽的精神。曾经有多少英烈用自己的生命与自己的亮剑精神去换取民族的自由,国家的解放。在茫茫黑夜,有无数的李云龙举起"亮剑的火炬",为国家民族的未来照亮了前进的征程;在今天中华民族实现伟大复兴的进程中,我们青年一代更应继承和发扬"亮剑精神",肩负起历史赋予我们的神圣使命!

朋友,我劝你放弃吸烟饮酒,放弃那些无聊的电脑游戏,放弃那些消遣的电视节目,到书店买一本《亮剑》。慢慢品读它,你将发现它会让你落泪,它会让你钦佩,它会让你震撼,它会让你……

(指导教师:阚侃)

重返森林

大港区油田实验中学　李越盛

据说，如果正在哺育幼崽的母狼捡到人类走失的小孩，未必会把他吃掉。出于本能的母爱，她们可能会将人类的孩子当成自己的子女，用狼的方式把他们抚养长大。而被狼妈妈养大的孩子，从此便成了一只“人”形的“狼”，也就是所谓的“狼孩”。

我现在所要与大家分享的，正是一个与“狼孩”有关的故事——《林莽之书》。

《林莽之书》的作者名叫罗德亚德·吉卜林，是一位出生于印度的英国作家。一生的创作非常丰富，其中以《林莽之书》为代表的儿童文学作品最为出色。在1907年，罗德亚德·吉卜林因其在儿童文学、诗歌创作等方面的巨大成就荣获诺贝尔文学奖。虽然由于种种原因，罗德亚德·吉卜林在中国并不为人们所熟知，但是他作品的耀眼光辉并不会因此而褪色半分。

故事发生在西奥尼山的森林之中。一天深夜，刚刚有了新一窝小狼崽的狼夫妇从在森林中极不受欢迎的瘸腿老虎谢尔汗爪下救下了一个人类的孩子，他们把他叫做莫格里。经狼族大会许可，莫格里成了狼群中特殊的一员。

莫格里在狼夫妇的呵护下一天天长大。每天，他都要向黑豹巴希拉、棕熊巴卢等动物朋友学习打猎技巧和在森林中生活的法则。虽然谢尔汗始终在寻找机会置他于死地，但瘸腿的老虎根本不是勇敢干练，又有众多动物朋友相助的莫格里的对手。

但是，这平静快乐的生活没有持续太久。莫格里与其他动物的不同随着他的成长日益显现出来。所有动物在他面前都会不由自主地产生一种敬畏，甚至近乎恐惧的心理。最终，在多种矛盾的催化下，他被狼群排挤出了森林。

离开森林的莫格里进入了人类的村庄，并很快地适应了人类的生活。但是，因为太过与众不同，他又被人类赶了出来。

后来，莫格里设计杀死了仇敌谢尔汗，远离狼群和人类，与四个狼族兄弟一起打猎。又过了多年，他长大成人，结了婚，进入了人类社会。故事也就讲到这里。

读罢全文，我不禁为作者天马行空的想象力和驾驭文字的超强功力所深深折服。森林中的各位居民，或勇猛或胆小，或矫健或笨拙，无一不具有人一般的灵性。他们不只是像在现实中那样为生存而四处奔走打猎，还具有了极高水准的理性和知识。森林中的动物有着自己的行为准则——森林法则。不遵守法则的家伙（比如那只老虎谢尔汗），会被全体森林公民鄙视，毫无尊严可言。西奥尼山的森林，俨然就是一个单纯化了的人类社会。

在森林中，劳动是最重要的事。猎手们只有靠自己的真本领，捕获强壮的猎物才能获得大家的承认和尊重。耍卑鄙手段，或是袭击毫无抵抗能力的猎物，都会被认为是懦夫的表现。这虽然多少违背了现实中的自然规律，但从中可见作者对靠真本事说话的公平社会的向往。

在《林莽之书》中，给我印象最深的动物不是身手敏捷的黑豹巴希拉，不是笨拙可爱的棕熊巴卢，也不是沉稳老练的蟒蛇卡阿，而是一群猴子。他们可以说是整个森林中智力最高的动物，而且还具有一定的社会性，照理说应当是相当成功的森林公民。可是，事实正好相反。他们虽然成群结队共同生活，却毫无组织性，经常起内讧，群体的力量根本无从发挥；虽然拥有很高的智力，却从不曾动手做有意义的事，只会四处游荡，到处做坏事。他们是森林中最不受欢迎的动物。

我觉得，这些猴子影射的或许是我们人类。从自然的角度来看，我们虽然拥有其他生物无法比拟的智力，却几乎从未把它们用来造福自然。我们的智慧，被用来研制武器，彼此争斗，甚至被用来破坏养育我们的大自然。我们已然成为自然界中最不受欢迎的动物。

俗话说，落叶要归根。书中人类小孩走入森林，或许正是象征远离森林，远离自然已久的人们要重新投入大自然母亲的怀抱，与世界上的其他生物重新和谐共处。不过，书中莫格里最终还是离开了森林。难道说我们人类与自然真的是对立的吗？这个问题的答案在不久的将来即会揭晓。

重庆出版社

或许以上我的这些感悟有些主观，不够全面。对每一本书，每个读者的感觉都会不尽相同，甚至相差很大。不过，这一点大家都应该是赞同的：《林莽之书》的确是本难得的好书，不容你错过。

（指导教师：杨二宁）

打开尘封的记忆

天津市第五中学　白然

当久远的记忆被固定于著作中时，我便看见了那个时代的缩影、记忆，作者熟稔于心的情怀以及无所不在的思念。

——题记

其实，我并不知道要从何说起。对于《罗密欧与朱丽叶》，我并不想去用无病呻吟的咏叹或华丽词藻的堆砌去赞扬什么，我只是从中感受到莎士比亚的深邃目光。我懂得了：著作中尘封的不仅仅是属于那个年代的记忆。

《罗密欧与朱丽叶》主要讲述的是欧洲发展的中世纪发生的凄美的爱情故事。凯普莱特家的女儿朱丽叶同蒙太古家的儿子罗密欧相爱了。但凯普莱特家和蒙太古家是世代的仇家，两家不时发生冲突和械斗。而他们两人爱得真挚而热烈，抛开双方家长的极力阻挠，在一座小教堂中结婚了。但是好景不长。罗密欧因为朋友报仇而杀死凯普莱特的侄子泰保尔之后，两个家族之间的仇恨进一步加深了。然后厄运便接踵而至。先是罗密欧被维洛那亲王放逐，后又是凯普莱特要把女儿朱丽叶嫁给帕里斯伯爵。后来，这种感人至深的爱情被神父知晓，他决定帮助两人。他一边让朱丽叶服安眠药佯死，一边派人去给罗密欧送信。可是罗密欧因当地发生鼠疫而耽误了回程的时间。阴差阳错间，罗密欧以为朱丽叶已死，面对苍白安详的爱人，他服毒自杀。当朱丽叶醒来，罗密欧的尸体便刺痛了她的眼睛，她肝胆俱碎，决绝地把匕首插入自己的身体。凯普莱特和蒙太古家因为罗密欧与朱丽叶的死亡而和解，两个家族冰封的仇恨就这样因他们爱的暖风而消融了。

罗密欧与朱丽叶之间不渝的爱情成为了千古佳话。在莎士比亚笔下，他们成为了封建家庭内讧和封建包办婚姻制度的陪葬品。在16世纪中期，这篇著作无疑是高举冲破封建束缚和反对禁欲主义大旗的。莎士比亚利用脍炙人口的民间故事，阐发了当时人们对个人幸福、个人自由的强烈愿望。许多人认为，这是一部悲剧，可是我认为这也可以算做一部喜剧。凯普莱特家和蒙太古家和解的结局，难道不算封建制度向人自身的愿望以及"人文主义"低头吗？这是人们为了幸福生活冲破封建束缚的枷锁的胜利，更是暗示着当时时代潮流的胜利。同时文章中还大力赞扬二人坚贞的爱情。蒙太古说："我可以给你更多的纯金替她（朱丽叶）铸一座金像，只要维洛那一天不改变她的名字，任何一种形象都不会比忠贞的朱丽叶更为卓越。"这是蒙太古，更是莎士比亚对她的高度赞扬。

即使如此，我依旧无比惋惜。何为强大？它可以如仇恨，像一张庞大的蛛网，悄无声息地蔓延，牵动其中每一缕纤丝、每一个环节，看似坚不可摧，可是它经不起真情的浸浴，只一阵风就能使它灰飞烟灭。它可以如爱情，像一座巍峨的高山，吞吐日月般蔓延，颤动周围每一株植物、每一捧沙石，看似默然无为，可是它却经得起仇恨的考验，只一句话就能让它亘古万年。

我觉得，爱情本就是一种脱离了任何物质形态的精神力量。所以它在被泪水擦拭，被痛苦风干，被时间碾压后依旧那么光鲜而永恒。愈经时代的洗礼，爱情就愈圣洁，愈真挚。爱情本是隐晦的话题，在莎士比亚思维智慧的弹跳间成为永恒。如果说照片是对当时情况的反映，那么著作无疑就是时代缩影的记录。莎士比亚用笔对抗了无情而强大的时间，我仿佛能够看见那发黄的扉页上，莎士比亚留下的永久的记忆。

纵然时代相隔甚远，我们同样可以解开心中柔软部分的封印，珍藏着心中最为微妙的感触。让它与著作中无所不在的思念相互碰触，让它被我们最纤细的神经所感动，让它把《罗密欧与朱丽叶》纳为心中永恒的记忆经典。

评语：你的文章以"题记"开篇，带着读者随着你的笔端"打开了尘封的记忆"，走进了莎士比亚的世界。谈到罗密欧与朱丽叶的故事，我感受到了你深深为他们的爱情悲剧而惋惜的情怀，但你并没有停留于悲伤，而是以独特的视角看到了"悲"中的"喜"，阐释了自己对仇恨、爱情的独到看法。全文构思巧妙，语言流畅，情感真挚，见解不凡。

（指导教师：吴妍）

狼来了……

天津市新华中学　黄月

一部厚重的作品封面上，黑漆漆的幕布下，一双绿幽幽的眼睛——那是狼的眼睛。

一部《狼图腾》，唤起了人们对狼性的重新审视，掀起了人们对草原民族精神的讨论狂潮。白热化的局面正在以迅雷不及掩耳之速向世人告示着：狼来了……

作者姜戎以时而雄浑柔情时而苍凉刚劲的笔调，用宏大的叙事诉说了其“文革”期间在草原上的独特经历，将读者思绪带往那片辽阔壮丽的草原，带到草原精灵——狼的面前，通过对狼的狡黠、团结合作，对狼强大的生命力的描述，从根本上颠覆了千百年来传统文化中对于“狼”的偏见和歪曲，向我们展示了一幅“浪漫革命理想与青春生命热血”交织的动人画面。可以说《狼图腾》是一部以狼为主体的史诗，它感染着我，昭示着我，把我引向神圣的精神领域。

我喜欢《狼图腾》，是因为狼是一种骄傲的动物，是一种可以用生命捍卫尊严的动物。人类为了满足自己的贪婪私欲而去掏光狼崽取皮，去抢夺狼捕杀的黄羊，因丧子而满怀仇恨的母狼，因饥饿而日益疯狂的公狼在狼王的旗帜下形成一团熊熊燃烧复仇火焰，烧向人类的军马。面对同样强大的敌人，狼群采用了最残忍、最血腥，同时也是最不可思议的报复手段与对手玉石俱焚：狼纵身跃起，咬透马身最薄弱的部位——肚皮，甘愿下半身被马蹄踢烂，也要豁开马的肚皮，使马的胃、肠、肝、胆、心、肺全部呼噜落地，被马自己的后蹄剁成烂泥。狼，这群草原上的灵物，抓住机会就不放过一丝一毫，一定要杀得片甲不留；死，就要死得悲壮，死得骄傲。它们把“士可杀，不可辱”这句话体现得淋漓尽致。

我喜欢《狼图腾》，是因为狼是草原的王者，是自由高傲的灵魂。它们让草原活着，它们让我们对自己洞若观火。那些随时从书中呼啸而出的精灵般的蒙古草原狼无不使我想到人类世界，想到人性中比羊更甚的懦弱，比狼更甚的贪婪，想到人们随着经济社会发展反而出现的迷茫，没有具体方向，就像很多人赞美的唯美的雾，其实就是灰尘沾上水气的外衣，是一种见不得阳光的意境；进而思考人类历史中那些迄今悬置未解的一个个疑问：当年区区十几万蒙古骑兵为什么能够横扫欧亚大陆？中华民族今日辽阔疆土由来的深层原因？中华文明从未中断的原因，是否在于中国还存在着一个从未中断的狼图腾文化？

我想这也是翻开此书的读者，很难不把它一气呵成读完的原因吧，掩卷遐思，谁能抑制住自己的澎湃激情？的确，锋利的狼牙如同一根根锥子，深深地楔入并咬透了中华文明的发展史，为国人体内注入一股正在燃烧的狼血。

我喜欢《狼图腾》，还因为它是一部深切关注人类生存家园，以灵魂回应灵魂的大书。狼的精神是一种积极的精神，是优胜劣汰法则的生动诠释：以残酷的淘汰，来保持一种相对的平衡。这也许是和谐的另一种解释吧。

作者说，“图腾是中华民族非常宝贵的一个本土精神资源。蒙古民族有个最大的弱点，它在文字上不行。所以它的东西没记载。考古学家非常伤脑筋的事情，草原上连坟地都没有的，蒙古人死后都天葬，喂狼了，什么都没有，干干净净。他来的时候草原什么样，他走的时候草原还什么样。我如果不去调查、去研究、去把它记录下来的话，它就消失掉了。不完成这部作品，我于心不忍，我有愧于这个草原。”

一部《狼图腾》就是一个缩影，映射了大大小小不同的命——一个额伦草原的命，一个地区的命，一个地球的命。看一个草原如何退化成一片黄沙地，就如同看到一片内地的田野如何退化成钢筋水泥的城市，看到人如何在地球上面像病毒一样蔓延繁殖。

如今，睿智而强劲的蒙古狼永远地消失了，三十多年前的茫茫草场及草原上曾奔腾过的数不清的灵性生物，现在已经不复存在。那种失落是赤裸的，那样的内心是空洞的——这居然同样是为了生存。作者在这里做了一个大“劫”，他成功了——我们劫数难逃。

这就是文明的浩劫吧。“狼”来势汹汹，给我们每个人心中留下了一个狼图腾；但“狼”去也匆匆，再过几十年，又有谁会记得祖先信仰过那遥远的狼图腾？……

（指导教师：解春秀）

长江文艺出版社

外文出版社

永不褪色的旗帜

天津大港油田实验中学　郑津杨

《呐喊》是鲁迅的第一部短篇小说集，正如一声春雷，在封建势力的残冬笼罩下，惊醒了国民麻木的灵魂。

合上书本，脑海中浮现出鲁迅那矍铄的形象：犀利的目光，仿佛正逼视着你；紧闭的嘴唇，似乎正要发出愤怒的呐喊；一根根三寸长的笔直的头发，折射出观察的敏锐和思考的冷静。

不错，这就是鲁迅，中国文坛的巨匠，一面光辉的旗帜。

少年求学苦，儿时生活艰。父亲的死给鲁迅很大的打击。立志学医，救死扶伤，他怀着满腔的热忱踏上了异国他乡的土地，希望自己的努力可以报效国家，却发现当时国人似乎不需要一个医生——一个救死扶伤的郎中——那只是医治肉体，可是当时的国人是精神上的麻木多于肉体上的创伤。他曾亲眼看到："(国人)一样有强壮的体格，而显出麻木的神情。"他曾看到头顶发髻的"清国留学生"无所事事，在公园中品赏樱花。于是他便"觉得医学并非一件要紧的事……我们的第一要著，是在改变他们的精神。"

鲁迅不甘于目睹国运的衰败，毅然地归国还乡，弃医从文，笔沾满腔热血，挥毫而书，开始了他"医治心灵"的事业。一篇篇文章既出，引起了沉睡国人的惊醒。

集结成书，命名《呐喊》，其中，不乏有对实事的针砭，对国运的剖析，但也决不乏对中国人民的真挚感情和对中国未来的希冀：

《狂人日记》开白话文之先河，借狂人之口，发自己之言，在若痴若狂中却道出了“那满纸的仁义，中间歪歪扭扭的写着吃人……”这一隐藏在封建礼制下的血腥实情。冷冰冰的话语中，却也有灼灼的热忱，“救救孩子”一语发出，深深的担忧和焦虑可见一斑。

《孔乙己》一文，像一把尖刀深深地刺入了封建糟粕，那一袭长衫，那一身的迂腐，正如摇摇欲坠的封建礼教与禁锢人们的思想，确已经濒死了。

《药》中的老栓，不也正是当时愚昧的国人吗？那围观的看客，不也正是麻木的市民吗？那死去的夏瑜，不也正是不被理解的有志之士吗？那凭空添上的一个花圈，那花草茂盛的坟头，不也正暗示着革命的胜利吗？

《社戏》中一幅幅美好的画面，折射出他童年生活的快乐，更在字里行间流动着他对故乡，对祖国的热爱。

《一件小事》中的人力车夫，正如中国大多数的劳动人民，纯朴、真实、善良，让我们看到他们人性的高大，看到国之希望所存。

《故乡》中的闰土，是作者针砭的麻木的国民，更是他同情的对象，同情他们在动乱年代的折磨和封建观念的侵蚀下承受的沉重灾难，更深情地希望他们走出一条新的路，希望他的后辈有新的生活。

……

文字中流露的“我以我血荐轩辕”的热忱，是真挚的爱国之心，那笔锋，那文字，和腐朽，和糟粕，和禁锢人心的腐朽抗争。鲁迅正如《铸剑》中的黑衣人，热到发冷的地步，一言一字，都如利剑，寒光逼人，直斩入封建桎梏的痛处。

所以有人说，《呐喊》不仅是一部小说，更是一块砥柱，在国人走向麻木的边缘时力挽狂澜；不仅充实了我们茶余饭后的谈资，更让我们引以为戒。一篇篇文章，如春雷，如警钟，当头棒喝，振聋发聩，让中国人走出麻木，走出沉沦的边缘；一段段词句，如利剑，如长矛，一针见血，寸铁杀人，针砭麻木的民族和愚昧的国人，记下了阴暗的社会，也写下了悲惨的人民；文中一件件似乎平常的小事，更映射出他对民族的希望与期待。

所以，没有鲁迅，便不会有警醒的国人，他，唤醒了睡狮，惊醒了巨龙；没有《呐喊》，更不会有振奋的民族，它，让那些御用文人的文字黯然无光，让那些伪善与虚伪暴露无遗。一片片灿若桃花，美如乳酪的伤疤被揭开，医治好国人的沉疴。他以他的无畏勇气，横眉冷对反动派的刀光剑影，斜眉怒视侵略者的狂呼乱叫。他就如磐石毫不动摇，坚毅地阻挡着反动的倒行逆施。

因此，当有人批驳鲁迅被个人崇拜之时，才会有人站出来说：“一个有英雄的国家，如果不知道崇敬，那么这个民族也就离灭亡不远了。”

是的，这本书始终是一位英雄的著作，一块砥柱，折射出鲁迅的冷静、敏锐、热忱。文章中的勇气，始终如一面旗帜，永远地熠熠生辉。

（指导教师：石学敏）

牛虻精神，永世长存

天津市宝坻区第一中学　李芳

世界图书出版公司

曾经影响了几代人的一部传世名著也深深陶醉了我，她就是举世闻名的《牛虻》；曾经感动了亿万人的英雄形象也深深感动了我，他就是具有坚忍、乐观、坚守信仰等精神品质的“牛虻”。

三年前我怀着崇敬的心情翻开了这部由爱尔兰作家艾捷尔·丽莲·伏尼契创作的巨著。小说描写的是十九世纪意大利爱国者为祖国的统一而进行的英勇斗争。小说主人公亚瑟(牛虻)是个出身富商家庭的青年。他天真热情，向往革命，积极参加意大利党的活动，历经磨难，不屈不挠。在一次行动中，不幸被捕，面对敌人的威胁和他生父的利诱，丝毫不为所动，最后英勇就义。主人公在奋斗历程中所表现出来的英雄主义精神，给我心灵以巨大的震撼，我不得不由衷赞叹：牛虻是一个彻底的革命者，是坚强的化身，是我永远学习的榜样。

坚　忍

在被误会挨了女友一个耳光，又得知自己竟是最敬爱的神父的私生子后，陷入了绝望与失望的亚瑟制造了跳河自尽的假象，从此流亡南美，在那儿他度过了十三年的非人生活：在肮脏的妓院洗盘子，在农场当马童，在杂耍班子做小丑，忍饥挨饿，被人吐唾沫，瘸了腿，断了手指头，脸上留下长长的伤疤……可也正是这段经历磨炼了他顽强不屈的意志，使他养成了坚忍刚毅的性格。回国后，伤痛并没有停止，每次旧伤复发时的钻心痛楚，监狱中的残忍待遇更加折磨着他，但他并没有被打倒，他咬紧牙关不吃一片可减轻疼痛但又能麻醉人的鸦片，与病魔抗争到底。他挺过来了，他的名字“牛虻”的含义就是战斗，不停地战斗——我读出了一个默默忍受着痛苦，在任何环境下都不低头而是越挫越勇的坚忍的牛虻。

乐　观

尽管在斗争生活中吃尽了苦，牛虻却没有显露出丝毫的委屈、愤世或是消沉。相反，他对苦难报以大胆不羁的行为与放荡不屑的笑，他用诙谐而一针见血的笔调来嘲笑那些自由主义政客们，抨击虚伪的教会，使他们一看到“牛虻”这个署名便如坐针毡。对待死亡，他表现出的平静更是让人惊叹。他在给琼玛的信中写道：“至于我，对待死亡将怀着轻松的心情，走进院子，就像一个放学回家的孩童。”“他们杀了我，是因为他们怕我，我心何求？”刑场上，敬佩他的士兵故意把子弹射偏，他不禁大笑，还“鼓励”他们射得准一点，甚至在已瘫倒在地时，他还在大笑。我想，他一定是在为那些凶狠的反动统治者内心的恐惧与不安而笑，在为革命成功的希望而笑——从中我读出了一个身处逆境甚至是绝境，而能泰然自若的乐观的牛虻。

信　仰

最让人难忘、敬佩的还有他矢志不渝为解放意大利而奋斗的革命信仰。

朋友的误会、亲人的背叛让亚瑟心灰意冷，但他没有一死了之，他知道自己有责任去“帮助人民和意大利”。是对革命的信仰让他义无反顾地抛弃了贵族生活，走上了让他一生不得安宁的道路，让他矢志不渝地追求光明，追求自由。即使是在社会底层受尽了非人的待遇，即使在黑牢受尽酷刑，他都不曾忘记自己的工作。女朋友琼玛曾问他为什么在南非时不抹脖子自杀，他回答：“如果我死了，我的工作怎么办呢？”是对革命的信仰、热忱帮他度过了一道又一道难关。受刑前他写过：“我知道如果你们这些留下的人团结起来，就会给他们强大的反击。”他始终对革命的成功充满了希望，充满了信心——我读出了一个饱经苦难，但为意大利的自由奋勇抗争的牛虻。还没有一部名著对我有如此大的吸引力，不仅是因为它精巧的构思、扣人心弦的情节，更是因为它所塑造的革命青年牛虻是这么了不起。几年来我一读再读，每一次都觉得有新鲜感,每一次当我在运动场跑道上气喘吁吁时,当我在书桌旁苦思冥想得不出难题的解时,当我被沉重的书本覆压时,当我一次次经历失败灰心绝望时,当我感到无力追寻梦想,刚要降低对自己的要求时,他便会在我的脑海中浮现——那个在人间地狱受折磨却从不说苦的坚忍的牛虻!那个在刑场上还嘲笑敌人的乐观的牛虻!那个敢于承受一切只为完成工作的牛虻!成功的小说塑造出成功的人物不会只待在书里。牛虻,他就生活在我生活的世界里,行进在我生命的旅途中:他挺立的身影,坚毅果敢的目光拂去十八岁的我身上的浮躁、茫然与多愁善感;他所流的血和汗是我保持青春活力积极上进的源泉。成长中的我仿佛常听到他在说:"要奋斗,要战斗!""不论我活着,还是我死去,我都是一只牛虻,快乐的飞来飞去!"

牛虻精神不朽!

(指导教师:喻若兰)

丰韵的文字 游离的内心

天津市耀华嘉诚国际中学　李悦媛

刚入高中，便遇见村上春树（曾被誉为“20世纪80年代文学旗手”的平凡而又出众的日本作家），一见如故，且沉迷至今。有人说这是过分的早熟，而我感到更多的是共鸣，共鸣于他的文字、他的内心，特别是他精心围造出的小小世界，甚是向往、羡慕，每每坠入且流连忘返。最先读到的，是他的《燕尾蝶》，平平常常的文字居然能描绘出不同凡响的事实状态，令人震撼，久难平静。于是一直惦记着拜读他的另一本著作——《挪威的森林》。

2007年12月23日，终于有机会阅读这本书，似乎还怀着些许尊敬的情感，翻开了书的扉页。这本书描写了主人公渡边君，与直子、木月、绿子、永泽、“敢死队”、玲子在青春岁月里的故事，有关友情、爱情、成长的故事。

感受最深的是《挪》的文字，幽雅，丰韵，特别是对景象的描写。这里没有气势磅礴的场面描写，更多的是对情调、韵致和气氛的出神入化的经营。比如：“树梢上的叶片簌簌低语，狗的吠声由远而近，若有若无，细微的如同从另一个世界的入口来似的。”这种景的美，不似红色的艳丽，却胜嫩绿的明快。淡淡的，沁人心脾。又如：“春天的田野里，你一个人正走着，对面走来一只可爱的小熊，眼睛圆鼓鼓的。他这么对你说：‘你好，小姐，和我一起打滚玩好吗？’接着，你就和小熊抱在一起，顺着长满三叶草的山坡咕噜咕噜滚下去，整整玩了一大天。”读他的文章如同进入一座没有围墙的大观园，从任何一处都可以进去，时而通幽曲径，时而茂林修竹，时而雕梁画栋，时而小桥流水，总是令人痴迷、陶醉、沉思。就像文中主人公渡边君阅读《了不起的盖茨比》一样：“信手翻开一页，读上一段。一次都没让我失望过，没有一页使人兴味索然。何等妙不可言的杰作。”

《挪》中的人物，也不是什么传奇的故事或有非凡际遇的人，而是再普通不过小人物。主人公渡边君，经历着平常人经历的平凡，但我们往往能从他身上找到一种共鸣。使人在繁杂多变的世界上找到一片憩息的草坪，颠沛的灵魂终于得到片刻安顿。

上海译文出版社

感受比较深的就是无边无尽、缠绵悱恻的孤独与无奈，这是全书的基调。这里面有渡边君诉说着与直子恋情的无奈，对大学生活的无奈，对“敢死队”神经质的无奈，对永泽虚荣的无奈，对绿子思念的无奈。不然他不会在看完直子的信后有这样的想法：“我把横亘在我与电视之间空漠的空间切为两半，又进而把被自己切开的空间一分为二。如此反复无穷，直至最后切成巴掌大小。”不然他不会说出：“我打定主意，把上大学作为集训，训练自己对无聊的人耐心。”不然他不会思考“身上长眠未醒的‘我自身的一部分’”在精神的废墟上聚拢起零星的希望之光。不然他不会……到最后直子的死亡，“敢死队”和永泽的各奔东西，绿子的离去……只剩下渡边孤单的一个人。

正如许多评论者所说，渡边在把玩无奈，在把玩孤独。我也有同感，只是读着这本书时，常常轻叩自己的心灵，倾听自己心灵的回声，游历在自己的精神世界之中，看到的、感受到的是我自己。这是一种美妙的共鸣，是与《挪》的共鸣，与村上的共鸣，与他的世界的共鸣。

纷乱的尘世到处充斥膨胀的欲望，谁不常常遭到孤独的侵袭？所以从内心来讲，我们更需要沟通，需要交往，以求互相理解，互相包容，营造出和谐的天地。但是，有时寻求理解的努力是徒劳的。与其勉强通过与人沟通交往来驱散孤独无奈，倒还不如在自己的内心世界里独自把玩无奈，把玩孤独。是谁说过，孤单是一个人的狂欢，狂欢是一群人的孤单，我认可。在世人眼中，无用的、负面的东西是需要摈除的，而在《挪》中却成了有用的、正面的对象。一种自我保全、自我经营、自我完善的态度，在自信中慢慢形成，构造出了内心的森林。

村上春树先生的风格我也是很欣赏的，简洁明快，清爽流畅，又独具匠心，韵味绵长，里面又夹杂些颓废，夹杂些奇特，笔下所流露的情感也是充溢了古典和浪漫，这些都是我喜欢的。

当然，有些东西好像与我还有些距离，但当离开这片渴望已久的森林时，我轻轻地说：“我记住你了。”

（指导教师：李璇）

迷失在金钱里的灵魂

天津市大港区第八中学　翟思思

人民文学出版社

> 地下的金子要从矿脉里挖取，守财奴的金子要从他的灵魂里发掘。
>
> ——萨迪

《欧也妮·葛朗台》是法国著名作家巴尔扎克卷帙浩繁的小说中最优秀的一部。 本书是一曲人类金钱欲的悲歌。老葛朗台对破产的兄弟毫无同情之心，对病变的妻子毫无夫妻之爱，对亲生的女儿也毫无父女之情，他那像鹰隼一样的眼睛永远闪烁着贪婪的光，目光死死盯在金钱上。巴尔扎克以犀利的笔触刻画了老葛朗台这个善于谋算，痴迷敛财，又吝啬成性的初级资本家形象。为了钱，可以不要亲情，为了钱，可以没有信仰，活着的每一分钟都是为了“把别人口袋里的钱想方设法弄到自己的仓库里来”。临死还交代女儿要好生保管黄金，以便“将来向自己交账”。贪婪和吝啬使老葛朗台成了金钱的奴隶，变得冷酷无情。为了金钱，不择手段，甚至丧失了人的基本情感，丝毫不念父女之情和夫妻之爱：在他获悉女儿把积蓄都给了夏尔之后，暴跳如雷，竟把她软禁起来，让她“没有火取暖，只以面包和清水度日”。当他妻子因此而大病不起时，他首先想到的是请医生要破费钱财。当在听说妻子死后女儿有权和他分享遗产时，他才立即转变态度，与母女讲和。

读完这本书后，我并没有对老葛朗台滑稽变形的形象捧腹大笑，也没有恨之入骨，相反，我却为之心酸，为之流泪，因为我非常可怜这个无视亲情和爱情，唯金钱至上的不幸老头儿！他对金钱这个生不带来死不带去的身外之物的狂爱，使他忽略妻子，无视女儿，甚至对不起自己——拥有金钱但是他却从来没有享受过金钱,更不用说享受人生了。所以这个迷失在金钱里的灵魂,不仅毁了别人的幸福,也毁了自己的幸福。读完这部作品也使我豁然开朗,不再信奉那个“天下熙熙皆为利来,天下攘攘皆为利往”的信条,明白了金钱固然给人带来权势,但不会带来幸福。生活中有很多东西要比金钱更重要!

此书让我受益匪浅,使我提升了思想境界,净化了心灵,明白了什么才能真正地给生活带来温暖和爱,相信对同龄的你也会有所感悟。时下,金钱万能观正在潜移默化地影响着青少年。有位哲人说过:“正确的东西不去占领阵地,错误的东西就会去占领。”所以,要求我们现在必须树立正确的金钱观,这是我推荐它的原因之一。这部作品虽然再现的是当时法国那些在拜金主义驱使下的人们的心灵变得不再纯洁,人与人之间的感情因金钱而变质,感情变得扭曲。其实,在我们现实生活中也有不少如葛朗台这样的人,他们年轻时整天忙碌着赚钱,当他们老了,回首往事时才发现:虽然拥有了很多金钱,却没有对父母尽过孝心,没有对孩子付出过爱心,甚至自己都没有尽情享受过美好生活。多么悲哀啊!金钱对我们每个人来说确实都是必不可少的,但并不是最重要的。我们应该把金钱看得淡点,世界上有许多东西比钱重要得多,比如血浓于水的亲情,至真至诚的友情,纯洁浪漫的爱情……

本书是巴尔扎克最主要的代表作,是世界文学史上一本不朽的名著,更是引领中学生步入文学殿堂的良师益友。塑造了典型环境中的典型人物是它的显著特色之一,所以读这部作品时,我们就像漫步在索莫城的古色古香街,打量着故事中的平凡人物,感受着他们的各色人生。人物心理描写简洁生动也是这部作品显著的艺术特色,这部作品会对提高我们写作水平大有裨益。这些是我推荐这部作品的原因之二。

从古至今一切迷失在金钱里的灵魂都为了自己的利益,不惜一切代价。他们的野心就像胆汁,假如不受到制止,它就是一种令人奋发的液体;一旦它受到制止,不能顺利发展,它就会变得焦躁,充满虚假。他们缺少爱心、虚心、专心、宽心、耐心,特别是诚心和清心,他们有的只是过分的信心,虚假的哄骗而已,没有一丝道德。做人还是凡事包容,诸事忍让,虚心为人,做事低调,学会选择,懂得放弃,将心比心,保持一颗平常心,不要迷失在金钱的泥沼里才好!

（指导教师:陈丹）

那些不能随风而逝的

天津市实验中学　郑蕊

有这样一本书，它用最沉静的文字记录了一个最为动荡的烽火年代；有这样一本书，它用最细腻的笔触描摹了一段跌宕沉浮的人生岁月；有这样一本书，它用一个女人的成长，告诉我们什么叫做坚强；有这样一本书，它用一群人的挣扎，告诉我们什么叫做勇气；有这样一本书，它用一场战争的洗礼，告诉我们什么叫做社会变迁。这本书就是玛格丽特·米切尔所著的长篇宏制——《飘》。

从1926年到1936年，玛格丽特·米切尔在这本书上花了十年的心血。不过她的心血并没有白费，小说刚一问世便好评如潮。并且在第二年获得了美国文学的最高奖项——普利策奖。它不仅成为美国的文学经典，同时还跻身于世界名著之林。七十年来，它不断被译成各种文字，受到了世界各国读者的欢迎，直至今日仍然畅销不衰。好几代的读者为之痴迷，魅力可见一斑。

这部小说首先是一部关于美国南北战争及战后南方重建时期的历史传奇。《飘》的题材关涉战争，但作者玛格丽特并没有把着眼点放在战场上。书中勾勒了美国南北方政治、经济、文化的异同，是美国历史转折时期的真实写照。十二棵橡树庄园的烤肉野宴、亚特兰大的义卖会、杰拉尔德的葬礼等场面，都生动地展现了南方的社会风情。而对于战争期间等待伤亡名单时的惊恐忐忑，战时医院中伤兵累累的凄惨景象，以及士兵遣返时途中狼狈相的一一描绘，又展示了战争给人们带来的不幸。除此之外，书中有关描写留在后方家里的妇女饱受战争之苦的体验和感受，也给我留下了深刻印象。从战争伊始对战争怀有的崇敬心理、对战争的全然支持，到因战争而带来的失去亲人的痛苦、不得不屈服于失败的命运以及战后立志重建家园的艰辛历程无一不使人动容，对之反思。

这部小说同时还是一幅记录了战争前后不同角色生活的人物长卷。当然，主人公斯佳丽的感情纠葛和生活遭遇是小说的主线。她美丽动人，聪明能干。战前的她不过是个有些骄横任性的庄园小姐，可是战争及其带来的一系列打击几乎让她失去了一切。但是她却没有屈服，独自承担起一切责任，养活家人，养活朋友，并且保住了父亲留下的陶乐庄园，成长为一个独立勇敢的女人。或许她为了生存表现出了她性格中功利、残忍的一面，但想到那些她在战争中表现出的勇气，对家人朋友承担的责任，我们又怎么忍心苛责她呢？到后来，看到她在战后因为战争时忍受的饥饿和恐惧而噩梦连连，我们就更忍不住赋予她同情了。此外，小说中其他人物也都个性鲜明，音容笑貌跃然纸上。梅兰妮善良博爱，外柔内刚，是典型的南方淑女的代表。艾希礼是谦谦君子，却错生在了这个与他格格不入的时代。而瑞德，这个南方望族的叛逆者，勇敢而现实，对于斯佳丽充满真挚的热情，是真正能适应变化的强者。

中国国际广播出版社

这部小说在人物对话上也极富特色。有的妙趣横生，但使人捧腹之余又为之感动。请看瑞德对斯佳丽说的一段话："思佳，没人比我更清楚你经历的这一切，我想让你不必再斗争，我想替你去斗争，我想让你像个孩子一样玩耍，因为你本来就是个孩子，一个受了惊吓的勇敢的孩子，一个固执的孩子。我觉得你现在仍是个孩子，只有孩子才会像你这样固执任性，感觉迟钝。"而斯佳丽父亲曾对她说过的一句话"世界上唯有土地与明天同在"又富有哲理，极其符合斯佳丽父亲民族的性格，并在结尾处，给被瑞德遗弃、站在浓雾弥漫的院中的斯佳丽指明了方向。她决定守在她的土地上重新创造新的生活。她期盼着美好明天的到来。

掩卷之时，我们如同伴着斯佳丽一起成长，一起走过了那曲折的十几年。尽管亲人不在，幻想破碎，世事变迁，她的勇敢坚强却没有改变。我们不能评断她所做的一切有没有对错，但是她那战争和苦难都磨灭不了的斗志却无法不让人动容。当然，跟着作者优美的文字我们也领略了和平和战争时期美国南方的社会风情，无数清晰的画面仍然在脑中浮现。千页长篇，在不断地翻页中不知不觉就到了最后一页。这，就是这本小说吸引力的证明吧。

相信在读完这本书时，你也能感受到战争中个人的渺小，学会在面临绝境时毫无条件的坚强，懂得在世事变化时保持生命的从容，充满前进的勇气。《飘》，那些随风而逝的、飘走的是逝去的生命和困顿的岁月，而永远不会远离我们的却是希望。无论如何，"明天，又是新的一天了"， 斯佳丽对着你微笑着说道。那么，你还在等什么呢？

（指导教师：付雨霓）

命·运

天津市第七中学 何采伦

> 命运是公平的，因为它对谁都不公平。
>
> ——沙漠舟

有人信命；

有人撞运；

有人嘶喊着，扼住命运的喉咙。

那么，什么是命，什么是运，又是什么被我们尊称为命运？

事实上，只有当生活突然和我们想象的不一样时，我们才会把“命运”搬出来——家破人亡的人，没有排解怨气的方法，于是他说，这都是命；中了彩票的人，没有感恩戴德的对象，于是他说，这就是运气；还有那人世间大多数一生走得平淡的人，没有燃烧梦想的时刻，于是他说，这一切都是命运的安排……

这就是我们——信命，又不信命。我们信命，因为很多事情就是在我们没有计划的时候突然地发生；我们不信命，因为很多事情如果完全听之任之就失去了我们活着的意义。

我们活在这里，每喝一口水都有它的理由，所以我们绝不会把生命都交给虚无缥缈的命运来处理。我们要亲自为自己的人生之航掌舵！

总之，知道了什么是命运，在平凡的日子里，我们会做好自己而不去等什么命运的安排——这不算难。

难的是，在我们遇到苦难的时候，也不要自暴自弃地等命运来审判自己。虽然有人说“命运是公平的”，但那是因为“它对谁都不公平”……

这是有着传奇人生的沙漠舟写出的自传——《亲爱的苦难》中的第一句话。

仅仅是这一句话，就让我再也无法放下手中的书。

无数的挫折失败，是命运给他的全部。而他娓娓地讲述，像在复述一个别人的故事——末了，他还不忘叫一声——“亲爱的苦难”。

是苦难，让他有着比别人更多的思考——命运，命运，命运！他时刻提到命运，又时刻与命运作着斗争——

幼年残疾，他因不足一米四的身躯与学业、事业、爱情失之交臂；自幼丧母，他甚至没有感受过什么是母爱；放牛养鸡坐过牢，又开始一点点接触文学，他奋斗着但是奔向三十岁仍然一无所有；还没来得及报恩尽孝，爱兄、父亲相继去世；独闯北京，他一边卖报一边在北大听课；无处过夜，他在颠沛流离中完成文学创作……

就是这样一个人，他以柔弱的身躯一点点改变着命运抛给他的一切苦难。他以切身的感受告诉我们这样朴素而简单的道理：命运，掌握在我们自己手上。即使命运所给予我们的是实实在在的苦难，我们也能够从中得到对我们来说远比幸福有益的东西。

所以也可以说，“命运是什么”“该不该信命”这并不重要了。最重要的是，你已经学会了如何去面对生活，各种各样的生活。在生活面前，我不会再是个弱者——哪怕命运曾经想让我这么做。

亲爱的苦难啊——

只有真正品咂过你的人，才知道命运的确是公平的——公平地——把握在我们自己的手上！因为在苦难面前，号啕大哭或是破口大骂都是毫无作用的。只有靠自己走出阴霾，像沙漠舟那样带着勇气和信心在绝境中行走，你才会发现，其实命运给谁的分量都一样，苦尽甘来是每个人都要经过的历练。没有人可以一帆风顺，早一些经历命运的“不公”，你会为明天的人生多积累一些经验。不要再感叹于命运的不济，那只是懦弱的人为逃避现实压力而选择的借口。

相信它会带给我勇气、信心以及亲爱的苦难！

（指导教师：李淑范）

引领者的世界

天津市耀华中学　于彤

十四岁的少女苏菲某天放学回家，接到了一封神秘的来信——你是谁？世界从何处来？就这样，带着少女的好奇，在某个神秘导师的指引下，苏菲开始思索：从古希腊到康德，从黑格尔到弗洛伊德。漫漫哲学之路上，世界像谜团般在她面前展开。

这便是乔斯坦·贾德笔下的《苏菲的世界》，如爱丽丝梦游仙境般奇异梦幻，如侦探小说般悬念丛生，如一部通史引领我们走过千年之路。本书的作者是挪威一位普通的高中哲学教师，这本通俗易懂的哲学著作却真正使他桃李满天下，让世人理解“爱智”这一哲学最古典的含义，将现代人浮躁功利的心灵浸润在广阔沉静的哲学海洋之中。读罢此书，我最深刻的感受就是其学术化与通俗化相结合的特点，使得我们能够从多元的角度理解这部作品。

首先，《苏菲的世界》是作为一部优秀的通俗小说吸引了我的注意。既然作者希望呈现的哲学思想要以小说这一通俗易懂的形式作为载体，那么小说如不能吸引读者就失去了意义，如同敝舆载不动一车珠玑。还好，这部小说无论是结构还是内容都是吸引人的。作品开篇于一个优美祥和的市郊，苏菲在放学回家的路上，主人公带着少年特有的一丝迷惑和对人生的揣度，将读者的身心缓缓引入了她的世界。不知不觉间，我们已和女主人公一道展开思绪，产生了关于“我们的世界”的五彩斑斓的幻想。然而随着故事情节的展开，种种灵异的事件发生在苏菲的周围，小说的另一条暗线徐徐浮现。在我的疑惑中，情节愈发紧凑，作者的哲学思想也愈发明晰。原来，一名联合国军少校正在为他的女儿席勒写作一本哲学读物，希望能将此作为她十五岁生日的礼物，而苏菲和导师艾伯特正是这书中的人物。恍然间，苏菲突然发现自己的人

生掌控在一个素昧平生之人的手中，她走的只是早已被安排好的路。在这本书奇特结构中，我仿佛看到了主人公在命运之中的挣扎——冥冥之中，是否真的有个力量安排着我们的生活？我们所认知的世界是不是世界的本来面目？是做一只鲜活的木偶，任凭傀儡师傅摆弄？还是妄图冲破命运的束缚，完全展现自我意志？至少苏菲打破了作为“书”中人物的桎梏。在我看来，这种构思与传统文学作品相比具有特别的神奇色彩。当我陷入书中淡淡的不可知论调时，也曾时而迷惘，时而明晰，却又被紧紧吸引着。同时，作者对哲学的理解也融入故事内容之中，使得“小说”不仅作为一个框架，更作为活的生命被赋予丰富的魂灵。于是，在不忍释卷的阅读中，我们早已不知不觉地进行了深入的思考。

其次，《苏菲的世界》是作为一部哲学启蒙读物给予我启迪。对于未曾修习哲学概论者而言，它是最佳的入门读物，因其浅显易懂；对于修习过此门课程但已忘却许多的人而言，阅读此书有助他们重新温习，因其全面清晰。本书是以导师艾伯特向苏菲授课的形式，带领着我领略了古希腊时期的自然哲学、文艺复兴时期的人文主义思想、启蒙时期的理性主义思想、近代欧洲的唯物主义思想等人类历史上的主要思潮。它以小说为载体，并以通俗易懂的语言阐释了哲学思想中的精髓，它使我感到的是哲学的高深而不是暗涩。如果你不想致力于哲学研究，那么《苏菲的世界》也能打开兴趣之门。作为哲学作品，它没有康德著作中艰涩难懂、不解其意的词句；作为小说，它没有果戈毛理那因果关系复杂的长句。我甚至认为《苏菲的世界》堪与《宽容》相媲美。写作于20世纪90年代的它融进了更多现代人对于哲学的理解。20世纪的世界经历了两次世界大战的洗礼，有着浴火重生的面貌，新兴科技迅猛发展，看似平静的表面却隐藏着无可调和的矛盾，现代人在日益紧张的生活中感到迷惑，希望能够求助于哲学。这些因素都使《苏菲的世界》更加贴近读者的世界。

这部作品自面世以来在各国市场上获得良好反响，已经在20世纪90年代被翻拍成了电影。电影使用的镜头语言，让这个世界更加斑斓生动。虽然对于哲学思考的深度没有达到原作水平，但对于我们这样的普通观众来讲，翻拍还算成功，电影版的《苏菲的世界》依然是一部优秀的作品。

掩卷而思，我们仿佛随作者一道，回到了一个可以潜心思考的年代。小说中的艾伯特和苏菲是席勒的导师，他们却都是我们的导师。苏菲引领着我们穿过她小小的世界，去探寻更为广阔的哲学天空。

（指导教师：王立华）

历史的天空，不落的星辰

天津大学附属中学　王佳琳

“读一本好书，就是和许多高尚的人谈话。”

——笛卡尔

泡一杯香茶，寻一丝清明；嗅一缕书香，探一段史话。

——“滚滚长江东逝水，浪花淘尽英雄。是非成败转头空：青山依旧在，几度夕阳红。”

三国时期是一个风云变幻，激烈动荡的时代；又是一个英雄辈出，“武勇智术，魂伟动人”的时代。《三国演义》被称作才子书，是我国章回小说的开山之作，也是我国古代历史演义中成就最高，影响最大的一部作品。元末明初，罗贯中在陈寿《三国志》的基础上结合民间传说进行加工和再创作，以史诗般的气魄写出了这部“七分实事，三分虚构”的小说。

全书中，作者塑造了四百多个鲜明丰满的人物形象。这些艺术形象家喻户晓，深入人心。谈起礼贤下士，知人善任，我们想起刘备；说到威猛刚毅，义重如山，非关云长莫属；想到勇武过人，却性格暴躁，那自然是张飞；而提起“宁教我负天下人，不教天下人负我”这句话，你一定会想起既有雄才大略又残暴奸诈的曹操……

在这些个性鲜明的人物之中，我最欣赏的是蜀丞相诸葛亮和五虎上将之一的赵云。

诸葛亮，一代贤相。他身长八尺，面如冠玉，每自比于管仲、乐毅。仰知天文，俯察地理，中晓人和，是他的才华；明阴阳，懂八卦，晓奇门，知盾甲，是他的博学；运筹帷幄之中，决胜千里之外，是他的谋略；抱膝委坐，未出茅庐，先定三分天下，是他的远见。舌战群儒，显示了他的辩才；草船借箭，展示他的聪明才智；智算华容，智取三城，表现了他的军事才能；挥泪斩马谡，显露他的果断与坚决；六出祁山，七擒孟获，功高于世，声震寰宇。当读到他陨星于五丈原之时，我不禁掩卷悲泣。这时，我终于对“出师未捷身先死，长使英雄泪满襟”有了更深一层的领会。

全书中，我见到了一个智慧过人、有勇有谋的诸葛武侯。他济世救民、再造太平的雄心壮志使我钦佩，他“鞠躬尽瘁，死而后已”的高风亮节令我惊叹，他有感于刘玄德的知遇之恩，临危受命，奋发治国，让我了解到了忠诚的最高境界。

提到忠诚，使我印象深刻的还有赵云赵子龙。赵云骁勇善战，胆略过人，刘备称其一身是胆，军士呼其虎威将军。他见识卓远，力主维护孙、刘联盟；文武双全，刚毅谨细。

赵云单人独骑，在百万曹军之中，怀抱阿斗，冲出重围，砍倒大旗两杆，夺槊三条，杀死曹将五十余人，血染征袍。

刘备出征时，东吴周善欲骗孙夫人带回幼主，告之母亲病重。孙夫人闻之，抱幼主乘舟欲去，赵云赶到，从小舟跳到大船之上，将幼主夺回，他单手提剑，吓得吴军个个胆寒。“昔年救主在当阳，今日飞身在大江。船上吴军皆胆裂，子龙英勇世无双！”

赵云计取桂阳，据汉水以少胜多，蜀军北征之时，以七旬高龄，力斩五将，又建奇功。联吴伐魏前夕，病重卒于家中。赵云忠心护国，“青史书忠烈，应流百世芳”。

书中诸如此类忠义之事不胜枚举。从中，我看到了先人的“忠义”观念，这“忠”，不仅是对明主的知遇之恩回报以披肝沥胆的赤诚，更是为国为民尽心尽力的拳拳之心。这种精神为后世英雄所传承。大江滚滚东去，英雄们却在历史上留下了自己的名字，留下了这一段传奇，他们在百姓的心里树起代表仁义、忠诚、勇敢、刚强的不朽的丰碑。

香茶入口，令人神清气爽；读罢三国，我不禁掩卷深思。那一个个让人心驰神往的艺术形象宛如浩浩银河中熠熠生辉的星辰，照彻了历史辽远深邃的天空，令人目眩神迷。从他们身上，我们汲取了勇气、智慧与力量。今天，《三国演义》不仅在中国文学史上占据重要一席，也成为全世界人民共同的精神财富。同学们，让我们一起来读《三国》，品《三国》，共同感受它的艺术魅力吧。

（指导教师：孙丽薇）

活出真实的自我

人民文学出版社

天津市蓟县擂鼓台中学　王立民

也许是受到做教师的母亲的熏陶，从小时候起，我就很喜欢读书。尤以为得意之事，便是在墨香四溢的书房里，于漫漫长夜中捻亮一盏孤灯，在柔和的灯光下细品茶茗，看“赵子龙单骑救主”、“孙悟空大闹天宫”，朦胧中仿佛自己成了故事中的主角，感受他们的喜怒哀乐。其中妙处，想必只有真正爱书的朋友才能体会。

《水浒传》是一部伟大的著作。作者施耐庵，原名耳，后名子安，字耐庵，元末明初人，我国古代著名小说家，代表作《水浒传》。这是我国古代最早描写农民革命斗争的长篇白话章回体小说。

《水浒传》，又名《忠义水浒传》，是代表我国古典小说最高成就的四大名著之一。全书描写了北宋时期，以宋江为首的108名好汉，被官府逼迫，齐聚水泊梁山，反抗暴政，后受朝廷招安，大破辽兵，剿灭叛党，最终遭奸人陷害的英雄故事。在这部书中，塑造了108位有血有肉的好汉形象，全书情节跌宕起伏，语言形象传神，无情地揭露了封建社会的腐败与黑暗，从而也深化了本书“官逼民反”这一主题。

略一算来，《水浒传》已读四遍有余。第一次翻看时，就被小说中人物的行侠仗义所吸引，渐入佳境，心驰神往；108位形象各异，性格不同的好汉依次出场，齐聚水泊梁山，公然反抗朝廷的暴政，不由得令人大呼痛快。

感受最深的是作者刻画人物形象的造诣之深、技艺之精，别的且不说，单是那豪气冲天、大碗喝酒、大块吃肉的梁山108位好汉在作者笔端就各有不同。同是有武艺的军官，同是依附官府，也都凭自己的本事谋职，不与贪官污吏同流合污，但在逼上梁山中，鲁智深、林冲和杨志，却是各有因由。鲁智深的疾恶如仇，富有正义感；林冲的扶弱济贫，忍辱负重；杨志的精明能干以及后来对功名的绝望，都使我们为之感动，为之鸣不平。既然是英雄，大多豪爽、豁达、侠肝义胆。给我印象深刻的李逵和鲁智深都是豪爽之人，脾气急躁，但做起事来却都是粗中有细，一个细得天真烂漫，有如孩童；一个细得豪中见智，老练成熟。金人瑞老先生在他的评论《读第五才子书》中写道："别的书看过一遍即休，独有《水浒传》只是百看不厌，无非为他把一百八个人性格都写出来。"

读完这部书，最令我感动的是一个"义"字，同样这个"义"字也是贯穿始终的精魂所在。"义"字，在他们眼里是哥们义气，有福同享，有难同当；为了义，一大批军官，诸如花荣、秦明、关胜、呼延灼等甘愿背上"反贼"的罪名，落草梁山。为了义，阮小七拍着自己的脖颈说："这腔热血只要卖与识货的。""义"，还在于好汉要聚义，单个的英雄只是匹夫之勇，一人之智，聚在一起才能有龙虎之势，才能成就大事业；为了义，在官军大举压境的情况下，梁山好汉能够精诚团结，陆战两败童贯、水战三败高俅。同样也是为了义，昔日英雄最终分金买市，伙受招安，更在辽国入侵之际，站在反抗侵略者的最前列。然而，也正是这个义，成为他们最终悲剧命运的根源。悲哉，痛哉！

《水浒传》在语言上也很有特色。这也是我喜欢这部作品的原因之一。运用形象的语言，极力刻画人物形象。在第九回《林教头风雪山神庙　陆虞侯火烧草料场》中有这样的描写：林冲往市井买酒前，先将草屋里的火炭盖了；而当他回到草屋时，发现两间草厅已被雪压倒，此时他恐怕火盆内有火炭延烧起来，搬开破壁子，探半身入去摸时，火盆内火种都被雪水浸灭了。这些充分表现了林冲谨小慎微的个性。

而我在感受情节的同时又不得不关注作者笔下百姓生活的疾苦。施耐庵，生活在元末明初，正是群雄四起、争霸中原的战乱年代，正所谓"兴，百姓苦；亡，百姓亦苦"，百姓艰辛的生活自是不会少见。第十六回杨志押送生辰纲，路过黄泥冈一带，恰逢天气炎热，有诗云："赤日炎炎似火烧，田间禾苗半枯焦。农夫心内如汤煮，公子王孙把扇摇。"这充分表露了作者对贫苦百姓的关怀和对王公贵族的蔑视与不满。

书是人类进步的阶梯。一本好书不仅可以在闲暇之余陶冶你的情操，也可以增长你的见识。愿更多的人加入到读书者的行列，一起品味书中的美妙。

（指导教师：延玉伶）

触摸灵魂的归宿

天津市南开中学　尹晴

总觉得《神曲》是从天而降的，是神的使者送给人类的一部天书，让人类在理智与人性的考验中有机会触摸灵魂的归宿，为那些或贪婪，或软弱，或自私，或虚伪的心灵寻找到光明的出路。

本书的作者——但丁，生活在中世纪斗争激烈的佛罗伦萨。他曾积极参加城邦的政治活动，并于1300年当选城邦的行政官。仅仅时隔两年，但丁被红衣主教逢尼法西八世所陷害，判处终生流放。此后的二十年中，他辗转各地，过着颠沛流离的生活。正是这种流放生活，使但丁广泛的接触现实，创作出了不朽的著作——《神曲》。

《神曲》是一部一万四千多行的长诗，包括《地狱》、《净界》、《天堂》三部分，叙述了诗人在他心目中的导师、理性的化身、古罗马大诗人维其略的带领下梦游地狱，又在女神贝亚德引导下游历天堂的经历。诗人与亡灵们谈论国家的兴亡盛衰，听他们倾诉自己的悲苦哀怨，揭露他们的丑行恶俗，总结出人类到达理想境界的途径。《神曲》结构宏大，内容丰富，涉及意大利政治生活和精神领域的各个方面，堪称浪漫主义与现实主义相结合的杰作。

虽然已经过去七百年，岁月的风沙并未侵蚀《神曲》的时代意义，或许可以说，诗人但丁是个卓越的预言家，早在七百年前便预知了当今时代的社会现实，正因如此，《神曲》的不朽在七百年后的今天唤起了众多昏昏欲睡者的共鸣。

《地狱》一章在《神曲》中的地位尤为重要。什么是地狱？地狱又在哪里？诗人以梦游者的身份，在开篇为我们解释了这一切。地狱的大门上刻着："你们走进来的，把一切的希望抛在后面吧。"鲁迅所说，希望是本无所谓有，也无所谓无的，诚然，但人若没了希望，生命便丧失了存在的乐趣，灵魂也将如同在漆黑中郁郁独行的影子，感受世间最大的悲哀——心死。但丁首先踏入的，就是这泯灭了希望与光明的地狱。

地狱里没有懦夫，在诗人的眼中，他们既被圣洁的天国所摒弃，又不为尚有自夸之处的罪恶之徒们收容。勇敢，在那个时代与现在同样显得珍贵，正如丘吉尔所说，“那是人的本质”。然而，地狱的一层里却住着大哲学家苏格拉底，这位生前一直在思考灵魂与肉体有何关系的圣哲，终于得到了完美的答案；还有错谬连篇的亚里士多德，同样因为自己的愚钝而来到这里。地狱的二层关着荒淫之人，三层关的是犯了贪食罪者，四层则关着浪费者，五层惩罚怒者，六层……诗人按照宗教的观念来安排亡灵的归宿，但并未按照教会的标准来决定自己对灵魂的态度。他同情真诚相爱的男女，他赞扬敢于指导人们追随太阳，寻找绝无人迹之地的奥德修斯，他崇敬古希腊罗马的文化巨匠……

《地狱》在内容上突破了现实主义的枷锁，却将现实融合在对另一个世界的异想中。侮辱了自然的灵魂要在滚烫的沙上行走，占卜者只能看着身后前进，伪君子们戴着表面光鲜的铅帽，贪官污吏在沥青池中倒立，伪造金币者肢体比例失调……这些看似带有浓厚因果论味道的内容，正是作者揭露社会现实的有力武器。现实中的我们，能做的也只剩下安分守己地干好自己的本职工作：教师为人师表，诲人不倦；学生虚心求教，刻苦学习，为人诚实守信，生活勤俭节约……在语言上，《地狱》同样有着当代惊悚小说的韵味，如果说，“忽然从棺材中坐起的灵魂”让人嗅到了恐怖的味道，那么“钻通了喉咙，一手提着头，摆得像个灯笼”的描写确是触目惊心。

北京燕山出版社

走出黑暗，诗人顿感自由的可贵。然而世之奇伟瑰怪非常之观，常在于险远。天堂既在“世”外，更非一蹴而就。途中的净界山，便是对诗人意志与人性的考验……或许当经历了从卑微到崇高，从恶到善的我们，看到天堂的时候，也会像诗人一样平静，不再为理想的实现而欢呼雀跃。天堂之中，灵魂像群鸟翱翔，幸福如同玫瑰在盛开，智慧成为插在脊背上的翅膀，如同柏拉图描述的

《理想国》，似乎已超越了陶渊明的“桃花源”……

见到神的一刻，诗人的梦醒了，他感叹道：“是爱也，动太阳而移群星！”

从《地狱》中的但丁，到《天堂》中的诗人，称谓的变换让我感受到作者对于“诗人”的尊敬，而他对于梦的定义，却让人实难认同，因为我从未如此感受过梦的真实。

回想现实生活，我们应扪心自问，每天的生活中我们是否在诠释着人性的美丽，我们是否在帮助他人的过程中寻找到快乐，我们是否把快乐分给大家……

读过《神曲》，作为学生的我们不得不去寻那净界山下的灯芯草，认真走完未走完的人生路。

（指导教师：程滨）

最美是善与爱

天津市大港区油田第一中学　韩悦

如果说于和煦散文中能感受温馨，于热辣杂文中能感受睿智，于凛冽小说中能感受豁达，于善变戏剧中能感受丰富，那么，泰戈尔，我便于你的明朗诗歌中感受到了浪漫、震撼和净化心灵的神奇。

轻轻合上扉页，我听到了自己的叹息，如浮云散去的天空，心中顿觉澄澈。

世间什么最美？原来唯有善与爱泛着人性永恒的光辉。

目光中流露善良的泰戈尔，你一定知道诗人徐志摩这样评价过你："如果作家是一个能以语言震撼读者内心并且提升读者灵魂的人物，我就不知道还有哪一位比你更能论证这一点的。"言语中饱含爱意的泰戈尔，你或许也聆听过冰心先生这样忘情的赞誉："泰戈尔！谢谢你以快美的诗情，救治我天赋的悲感；谢谢你以超卓的哲理，慰藉我心灵的寂寞。"

哦，慰藉人心灵的巨人，你一定也用诗歌慰藉了自己。童年时代稚嫩的笔触已无法掩盖天才的遐想，少年时代十四行诗流溢笔端的华彩更让人叹服。从此，你便背起诗囊前行，游走在古典与通俗之间，雍容又朴实；穿越于浪漫与现实之中，从容而洒脱。六十年，用诗歌托起自己伟岸身躯的巨人——泰戈尔，看到了夕阳的辉煌！

不知从何时起，你那快美的诗情，清新的语言，深刻的哲理于我心底开始蔓延，一股强大、坚韧的力量深深地吸引我，感动我，折服我。

读你的诗，陶冶了我赤子之性灵。

你的英文散文诗集《吉檀迦利》（"吉檀迦利"在孟加拉文中的意思是"献诗"）是一部向神敬献的"生命之歌"。传统的颂神诗因你流溢的对祖国前途的关怀以及对人生理想的探索追求而闪耀着熠熠光芒。你那至为敏锐、清新、优美的语言，充满诗意的思想也已融入西方文学的肺腑。因为善与爱，你无愧于诺贝尔文学奖的殊荣。

“光明，我的光明，充满世界的光明，吻着眼目的光明，甜沁心腑的光明！”“在那里，知识是自由的；在那里，话是从真理的深处说出；在那里，心是无畏的，头也抬得高昂。”爱国家、爱正义是你生命的主题。1905年，印度掀起民族解放运动的第一个高潮，你积极投身运动，创作了许多爱国诗篇，《吉檀迦利》就是这一时期的杰作。1919年，印度再掀民族解放运动高潮，为寻找民族解放道路，你走遍五大洲。在日本侵华战争前夕，你更以一片赤子至情愤然提笔写下诗歌《敬礼佛陀的人》，鞭笞魔鬼的“善心”，从道义上声援中国。世界需要人类相互友爱，生命需要人类的善良。善良友爱，就是世界的光明，就是生命的光明。如此高昂的旋律，奏响了时代的最强音，为我的人生指明了航向，陶冶着我的赤子之性灵，教我如何不为之吸引？

读你的诗，提升了我纯真之气质。

你的散文诗集《新月集》是为早夭的爱女和幼子而写。你用“新月”意喻儿童，因为他们有颗善良的心。他们像新月那样纯洁而宁静，美好又纯真。这种美好纯真，阐释了人性中的善良。诗集1903年在伦敦出版后，成为世界儿童文学的珍宝，也影响了中国新月派诗人的创作。

“我要自此岸至彼岸，渡过来，渡过去，所有村中正在那儿沐浴的男孩女孩，都要诧异地望着我。……妈妈，如果你不在意，我长大的时候，要做这渡船的船夫。”这是怎样纯真无邪的憧憬与向往？在孩子心中，河的对岸是一片新奇而美妙的世界，他只想做一个船夫，快乐地在此岸与彼岸之间渡来渡去。读着这样的诗句，任何躁动的心都会趋于宁静；读着这样的诗句，我仿佛又看到了童年的自己，回忆起那一段善良单纯的岁月，有糖果的蜜甜，有风筝的陪伴。童稚的语言，童稚的心事，让我重拾童年的欢乐，提升了我纯真之气质，教我如何不为之感动？

读你的诗，开阔了我无涯之胸襟。

你的感性诗集《飞鸟集》，记录了你的内心历程，犹如旅途之鸟留下的一个个脚印。尽管鸟的足印有些散乱，但跃动的生命，前进的方向都有迹可寻。它不只是格言，还是形象的、感性的、意味无穷的散文小诗，以进化论和朴素的辨证观点揭示了生命中的真理，就像娇艳的花朵并没有因光鲜亮丽的外表而沾沾自喜，反倒感到苍白空虚，因为她憧憬的是丰硕的果实，充实而有意义。也许我们不是完美的人,但一颗有爱的心也能绽放绚丽的花朵,结出饱满的果实。

“根是地下的枝。枝是空中的根。”“鸟儿愿为一朵云。云儿愿为一只鸟。”“如果你因失去了太阳而流泪,那么你也要错过群星了。”“当我们是大为谦卑的时候,便是我们最接近于伟大的时候。”“不是槌的打击,乃是水的载歌载舞,使鹅卵石臻于完美。”“鸟翼上系上了黄金,这鸟便永不能再在天上翱翔了。”……首首小诗,篇篇经典,句句精彩。洋溢着博爱的诗句,为我远航的船只,张起哲理的风帆,开阔了我无涯之胸襟,教我如何不为之折服?

读你的诗,坚定了我执着之信念。

你的哲理诗集《园丁集》,以优美清新的诗句,歌颂了纯真的爱情,抒发了对理想的追求。你甘愿做一个“为爱情、为人生培植美丽的繁花的园丁”,这种执著努力,真切地诠释了有爱最美。

“我将在七叶树的枝间推送您的秋千;向晚的月亮将挣扎着从叶隙里吻您的衣裙。”“我心绪不宁。我渴望着遥远的事物。我切望而又清醒,我是一个异乡的异客。我心绪不宁,我是自己心中的流浪者。”“我等着观望,直到你的身影转过夜的阳台。于是,我心满意足地返回。”清新的意象饱含深情,给我的人生以启迪,告诫我生命中应有所坚持,相信人间最美的真爱。如此精美的诗句,坚定了我执着之信念,教我如何忘却?

还有你的《采果集》,依然以乐观的情绪,高唱生命之歌,进一步探讨生命的本质——最美是善与爱。

感受你诗歌的魅力,那优美如画的意境,那把玩不尽的韵味,那独出机杼的题旨,那浓郁隽永的情思,细细品读,真是别有一番滋味在心头。

虽然你生活在痛苦的时代,但你的哲学和思想却是快乐的,光辉的,博爱的。走近你,我们会更智慧,更接近真善美。

最后,泰戈尔说:“让这句话作为我的结束语:我相信你的爱。”

读懂了你,最终是为了读懂我自己:做好人,发现善与爱,拥抱善与爱!

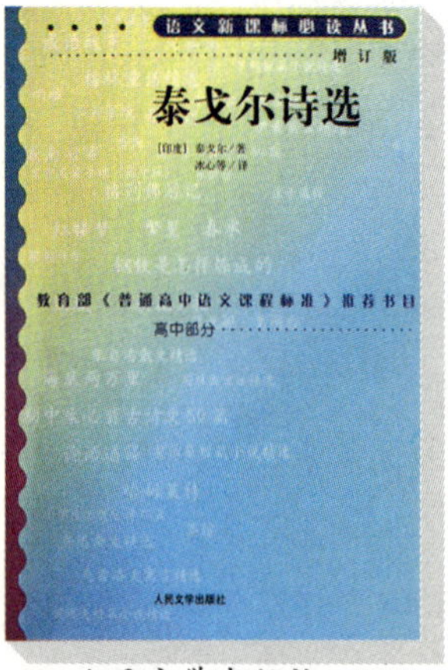

人民文学出版社

(指导教师:张爱武)

青春沉淀下的似水年华

天津市第五十五中学　侯晓桐

一本好书真正的价值并不全在于它本身优美的语言、华丽的词藻、跌宕起伏的故事情节，更多的在于它所能给予读者的“真实意义”，那才是一笔最宝贵的精神财富。

——题记

在我们人生的不同时期，对于同一本书的领悟也会有所不同，就像我读《汤姆·索亚历险记》一样。和它结缘时，我是一个刚刚步入青春期的懵懂少女，对于青春历险充满了无限的憧憬和向往，因此总是会大胆地幻想一些不切实际的事。当然，成为一个像汤姆一样的“坏孩子”也曾经是我的梦想。现在想来，当时的自己竟全然不知这本书在未来将会带给我的这些美好的感触。

《汤姆·索亚历险记》讲述了汤姆·索亚在成长过程中的点点滴滴。但不同于其他故事主人公的是，汤姆有着常人难以想象的勇敢和激情。故事是透过孩子纯洁的眼睛向我们讲述的。汤姆对于“历险”始终充满着无限的好奇与渴望。追求梦想，他也有与众不同的方式。那就是，和一帮同甘苦的好朋友一起，通过扮演海盗、强盗等来实现自己的梦想。展示给我们的，是一个不一样的社会形态。不再有勾心斗角的纷争，群雄逐鹿的奸诈，保有的只是那份来自青春年少的简单的纯洁。带一点孩子气的冲动和顽皮，又富于想象力，对于任何事物都充满着求知的好奇，这样的少年充满着青春特有的活力和勇敢。有人可能会觉得这样的活力根本就是哗众取宠，是荒唐的冲动，这样的勇敢简直就是无理取闹。然而，这样的汤姆不正是青春涌动的潮流下，那一个个热血少年的典型吗？可以肆意挥霍着青春时光，尽情张扬着少年的活力。即使在平凡的人生中，也能创造出只属于他们的那份不平凡的快乐。读后让人身心舒畅，犹如饮下清甜的甘露，清澈爽朗，直达心灵的最深处。

虽然整个故事中既没有惊心动魄的搏斗，也没有侠骨柔情的激昂，但是那平华质朴的语言，就如同一块古玉，透射出一种独有的莹润光泽——“平凡的华丽”。正是这份平凡的华丽深深地打动了我。

初次阅读时，觉得那简直就是一种近乎于荒唐的冲动。然而，随着时间的流转，三年后的我却觉得那份朝气就像是我们遗失在成长路上的感动，让人不由自主地产生一种热切的向往，仿佛有种冲动：想要时光退回到那些无拘无束可以尽情嬉笑打闹的日子。然而，时间的流逝，成长路上的历险，并不会因为我们的驻留而停歇半分。是啊，青春年少的我们就像汤姆一样，对于这酸甜的滋味爱不释手，即使会有所不甘，就像菠莉姨妈强迫汤姆在烈日炎炎下刷篱笆围栏一样，然而我们会用和汤姆一样的鬼马精神来化解每次的危机，仿佛只要这一秒不失望，下一秒就会有希望！

一个鬼马的汤姆就像“萤火虫”的光芒，闪烁在我们心中的那片乐土上，无限放大，点亮这部文学巨著，让世人瞩目。然而，这极富教育意味的文学作品却全然没有同时代其他文学作品的呆板说教，它带给我们的，是诙谐的清新之感以及沁入心灵深处的安慰。那是一阵清风，可以抚平我们坎坷成长路上的所有冰冷和悲伤。作为水手出身的马克·吐温在看清这个和平世界下的种种虚伪之后，向往着人与人之间纯洁的感情，希望为世人保有一个如童年一般的美好世界。以使读者即使身在这个喧嚣的世界中，内心深处也还可以拥有一个只属于自己的空间，在这里人们那颗疲惫躁动的心得以安抚。

所以，不论你是同我一样处于青春期的少男少女，还是已经步入中年的叔叔阿姨，我相信，这本书会将你的记忆之门轻轻推开，令你回想起那些灵魂深处最纯洁的过往——纯洁的笑容，纯洁的眼神；同样纯洁的是：你童稚的心。不论什么时候，只要你想，这份纯真就会在你的世界里完美地呈现，为你平凡的生活带去一丝来自童年时代的天真气息。我想，这也正是作者希望给予我们最宝贵的精神财富吧！

（指导教师：梁颖）

现代的《儒林外史》

天津市第二南开中学　冯葳

围在城里的人想逃出来，城外的人想冲进去，对婚姻也罢，职业也罢，人生的愿望大都如此。

——杨绛

我要推荐的一部作品是《围城》。作者钱锺书先生博闻强识、学贯中西，他给人们留下的作品数量不多，但凭着他丰厚的文学功底，丰盈、灵动的才气，给中国现代讽刺幽默小说带来了新的内容和新的风格。

小说《围城》向我们展示了战时中国以方鸿渐为代表的一批接受了西方文化思想的知识分子在生活、工作、婚姻恋爱等问题上遇到的矛盾纠葛，以及由此表现出来的猥琐灵魂和灰色人生，反映了抗战初期上层知识分子的活动和生活，具有很大的社会意义。

我认为《围城》应该被称作是一部社会小说。"围城"的含义，用作者的话说，就是婚姻好比一座被围的城，已婚的恰好是处于被围的城中，极力要冲出城去，而未婚的则如攻城的勇士，拼命地想冲进城去。但是实际上，小说所反映的内容要远比这个解释更为深广，它象征着当时的人生"一无可进的进口，一无可去的去处"的绝境。就像在全书的结束部分，方鸿渐在经历了教育、爱情、事业和家庭的失败后，这样感叹"就是条微生虫，也沾沾自喜，希望有人搁它在显微镜下放大了看的。拥挤里的孤寂，热闹里的凄凉，使他像许多住在这孤岛上的人，心灵也仿佛一个无凑畔的孤岛。"

在人物的刻画方面，小说对方鸿渐的描写是细腻婉转的，给我留下极深刻的印象。方鸿渐并不是一个形象光辉高大的人物，他无能、懦弱、意志不坚定，思想不能免俗，但是他不卑鄙，有自知之明，在无奈中还想保持一点点尊严。他虽然是平庸的，却是无害的。所以钱锺书先生对方鸿渐的处理比较复杂。方鸿渐的所作所为虽然没什么值得称道的，但是也绝不进行任何刻意的贬低，有时作者会借他表达自己的某种看法。比如方鸿渐在出国镀金时尚的驱使下，抱着获取功名的想法走出了国门，但他并没有学到任何专长，只是最后从爱尔兰人手中骗得一张假的博士文凭。读到此处，我以为钱锺书先生会对方鸿渐欺骗的行为大加批判，然而他却仅以“也许是中国自有外交或订商约以来唯一的胜利”一句话轻松幽默地带过。再比如方鸿渐鄙视西洋文明，在他看来：“明朝天主教士带来的科学现在早过时了，他们带来的宗教从来没有合时过。海通几百年来，只有两件西洋东西在整个中国社会里长存不灭。一件是鸦片，一件是梅毒，都是明朝所收的西洋文明。”看到这里，我不禁哑然失笑，从这两个比喻中，我们看出的其实是钱锺书先生对所谓“先进文明”的鄙视。还有，方鸿渐痛斥妻子孙柔嘉是“资本家走狗的走狗”，他拒绝了大官僚的千金小姐苏文纨那类似于“自作多情”式的许爱，他厌恶对方的虚伪，他瞧不起花旗银行买办张先生的爱女“我你他”小姐的崇洋与拜金。他爱的，是在他看来单纯可爱的学生唐晓芙。可以看出，他是一个具有一定民主主义思想的爱国知识分子。方鸿渐的悲剧，正反映了那些比较正直而不失热情的知识分子在当时特定的社会“围城”中的必然遭遇。

《围城》中其他人物，比如满口仁义道德、满腹男盗女娼的遗老李梅亭；道貌岸然、老奸巨猾，口称维护教育尊严，却是酒色之徒的伪君子高松年；虽然混迹学界，却以在情场上施展手段、争强斗胜为己任的大家闺秀苏文纨……形象生动地反映了20世纪半殖民地半封建社会的中国土地上滋生出来的知识分子的“灵魂空虚和精神病态”。

而作者所特有的辛辣幽默、讽刺，在小说中也有了集中的体现。作者讽刺以现代文化观照中国传统文化的某些弊端，如方鸿渐的父亲推荐给儿子的线装书中说：“中国人品性方正所以说地是方的，洋人品性圆滑，所以主张地是圆的。”作者讽刺苏文纨自命清高却伪装和蔼可亲：“她脱下太阳眼镜，合上对着出神的书，小心翼翼地握住孩子的手腕，免得在自己衣服上乱擦，问他道：‘爸爸呢？’小孩子不回答，睁大了眼，向苏小姐‘波！波！’吹唾沫，学餐室里养的金鱼吹气泡。苏小姐慌得松了手，掏出手帕来自卫。”还有书中被苏文纨拒绝的赵辛楣称方鸿渐为“同情兄”，初看之际，我以为赵辛楣因对方鸿渐抱有“同情”之心方如此称呼，往后看才恍然大悟，赵辛楣称“同跟一个先生念书的叫‘同师兄弟’，在同一个学校的叫‘同学’，同有一个情人的该叫‘同情’。”这样贴切而幽默，不能不让我们抚卷失笑的同时钦佩钱锺书先生语言的运用自如。诸如此类，都不难看出作者深厚的文学功底和丰富的知识储备，但更加让人钦佩的是他敏锐睿智的头脑。

我曾读过钱锺书先生的《谈艺录》和《宋诗选注》，实在无法把那古雅的文言与以上这些奇特的比喻、含蓄的幽默联系起来，简直不敢相信出自一个作者的手笔。杨绛女士说：“《管锥编》《谈艺录》的作者是个好学深思的钟书，《槐聚诗存》的作者是个‘忧世伤生’的锺书，《围城》的作者呢，就是个‘痴气’旺盛的锺书。”

对于我们高中生来讲，我们或许无法全面认识“围城”所代表的种种无奈。但是作者熔道德、风俗、人情的批判于一炉，几乎每写一事，与此相关的中外典故、妙比譬喻、理论学识、生活印象，都齐汇笔下，新意迭出，显得格外俊逸跳脱。特别是作者对人性的剖析，不仅使小说有着入木三分的思想力量，更无时无刻不在警醒着我们，我想，《围城》的价值或许就在此处。

（指导教师：卢冬梅）

心灵深处的震撼

天津市第十七中学　林晶

> “这是中国第一部写实主义的成功的长篇小说。”“1933年在将来的文学史上，没有疑问的要记录《子夜》的出版……”
>
> ——瞿秋白《〈子夜〉和国货年》

看过了太多朦胧缥缈的爱情诗，读过了太多催人泪下的抒情散文，也感受过太多特立独行的随笔，我曾经为之感动，也曾经随着作品流泪。但不久之后就都烟消云散了。当走过了韩寒，走过了郭敬明之后，我突然想换个感觉，读一些有分量的作品。妈妈说：“那就读一读茅盾的《子夜》吧。”

茅盾，是我很熟悉的一位作家，初中老师就已经给我们讲过，我们也都滚瓜烂熟地背过了——茅盾，原名沈德鸿，字雁冰，是中国共产党的第一批党员。北大预科毕业后，年轻的茅盾就接编了《小说月报》，并把它成功地革新为进步作家发表新文学作品的重要阵地。他的作品非常多，《子夜》就是其中的一部。这部小说不仅影响了中国几代读者，而且被译成十几种文字，产生了广泛的国际影响。日本著名文学研究家筱田一士认为《子夜》是一部可以与《追忆逝水年华》和《百年孤独》相媲美的杰作，因此推荐它为20世纪十部必读的世界名著之一。

虽然背得很熟，也感受到了《子夜》在文学史上的地位，但我从来没有看过。子夜？我想应该是午夜吧，一天里最寒冷又最黑暗的时刻。好一个沉重的书名，却拥有如此深远的影响，该是一个什么样的故事呢？我怀着一种神秘的好奇心，一口气读完了整本书。

不读也罢，读过便震撼了。

我震撼于小说所描绘的广阔的社会画面。从工厂到农村，从经济到政治，从家庭到社会，纷繁复杂的社会内容无不涉及；从农民到地主，从学生到知识分子，从工人到资本家，从军人到买办，从少妇到交际花，形形色色的人物无不反映。让我们足不出户就能够全面地观察社会众生相，了解社会，了解历史。

我震撼于民族资本家吴荪甫，他立志拯救民族的命运，却为了一己之私，竟然从工人身上榨取资本。他企图吸尽工人的血汗来弥补自己的损失，面对工人的反抗。他居然利用军警来镇压，而且使用各种阴谋诡计进行破坏。这让我们既看到了他作为民族资产阶级的雄心与魄力，也让我们看到了他作为资本家的心狠手辣。

我震撼于买办金融资本家赵伯韬，震撼于他的荒淫无耻、骄横跋扈和阴狠狡诈。他为了自己的利益，不惜牺牲民族和同胞的利益。在金融市场上，他施展奸险狡诈的伎俩，大搞流氓行为，打击和扼杀民族工业的发展，破坏社会赖以发展的生产力。从他的身上，我看到了人性的贪婪与无耻。

我震撼于地主阶级的代表冯云卿，为了获取投机利益竟然能出卖女儿的身体，讨好赵伯韬。让人看到了人性的丑恶和被金钱扭曲的灵魂。

我震撼于唯利是图的杜竹斋。他居然在妻弟生死存亡的关键时刻，不是伸手拉一把，而是倒戈转向了对手赵伯韬一边。使得妻弟吴荪甫彻底破产了。他使我们看到了人与人之间关系的冷漠，看到了被金钱锈蚀的亲情是如此脆弱，如此不堪一击。

我震撼于中国的民族经济，即使拼命奋斗、挣扎，仍然不能改变全盘失败的命运。吴荪甫的破产，意味着民族资产阶级救国的梦想失败了。它告诉人们：在帝国主义统治下，中国民族工业是永远得不到发展的，半封建半殖民地的中国是永远不可能走上资本主义道路的。

我震撼于风起云涌如火如荼的农民起义和工人罢工运动，工人和农民终于走上了历史的舞台，给死气沉沉的中国增添了一抹亮丽的色彩。它让我们看到了民族的希望，祖国的未来。

我终于知道这部小说为什么叫《子夜》了，“子夜”即夜半子时，是黎明前最黑暗的时刻。正是小说所反映的军阀混战，农村经济破产，工商业发展受到阻碍,工人遭受残酷剥削等现象。作者正是运用了象征的手法暗示了在旧中国黎明前最黑暗的时候,工人、农民、民族资产阶级都处在水深火热之中。同时“子夜”也暗示着黑暗过去就是光明,它也表达了作者对中国人民即将冲破黑暗走向黎明的坚决信心。

《子夜》是如此震撼人心的小说,我建议大家有机会一定要读一读。我相信它不仅能使你的心灵受到震撼,还能引发我们对现在社会现象的思考,培养我们的理性思维,《子夜》将会成为你永远的精神食粮。

(指导教师:郑书风)

人民文学出版社

拂去阴霾，让阳光射进来

中国对外翻译出版公司

天津市咸水沽第一中学　朱少萌

当久远的记忆被固定于著作中时，我便看见了那个时代的缩影、记忆，作者熟稔于心的情怀以及无所不在的思念。

——题记

Oliver Twist是书的名字，也是主人公的名字，翻译成中文叫做《雾都孤儿》。其实我并不很喜欢这个题目，因为我不想把“孤儿”定义在一个孩子的身上，这是对宝石的一种亵渎，也是对灵魂的一种蛊惑。书的作者是查尔斯·狄更斯，同样地，他也生活在伦敦——一个19世纪时人们理想的天堂。在那里，他痛苦地度过了自己的童年和青年时期，所以我想他是足以贴近故事的心脏的。

故事展现的是一个孤儿在伦敦生活的场景，一个十岁的孩子受尽了不该受到的一切，但也尝到了上帝赐予的圣果，并歆享着幸福的生活。

Oliver Twist(奥列弗·推斯特)是一个左手没有戴戒指的母亲生在济贫院的孩子，当他背负着耻辱与母亲的“离去”而出生时，似乎也注定了他的命运会如此的多舛。

奥列弗长到九岁时被带入了班布尔先生的济贫院，在那里，所有的孩子都要靠做工来养活自己，而繁重的劳动换来的只是每天得到一碗汤，只有到了特殊节日才额外获得6克面包。一个高个子的孩子告诉其他孩子说，除非他每天晚上能再喝一碗汤，否则说不定哪天他就会吃掉挨着他睡的孩子。说这句话时，他眼中露出凶狠贪婪的光，孩子们都相信他会这么做。时间一步一个脚印地蹭过，奥列弗经历了很多很多，他要被送去爬烟囱，他被送进了棺材铺，他逃到了伦敦，他又被迫成了小偷……看到这些，你是否会怀疑一向万能的上帝是否在此刻迷糊了双眼？这也是我曾怀疑过的。当然，在晦涩的生活中偶尔也有一丝阳光冲破伦敦的雾障，照到奥列弗的身上。来伦敦的路上，那个好心而贫穷的老妇，勃朗尼先生家几天的舒适生活，慈祥的贝德温太太，当然，还有梅里一家。这些甚至可以说是一种天大的恩赐，也是他生命的转折。

故事的结局是含着微笑的，坏人得到了惩罚，好人得到了阳光般的生活，奥列弗得到了一大笔财产，同时也知道了他不堪的身世。但他并没有为此而驻足片刻，而是积极地过着属于自己的美好生活。

这已经是我第二次拿起这本书了，上一次看它已经是两年前的事情了，这次又见到这本书，又看到这个名字，却有了不同的感受，似乎对那白皙的脸和瘦骨嶙峋的身材又有了新的认识。我的心像在风中，缠绕，飞舞，飘远。作为一个喜欢孩子的人，我认为无论上帝给这个孩子一个怎样美好的结局都是不公平的。因为没有任何人与他商量，就让他来到这世界；因为没有人告诉他这世界多灰暗，就让他饱受了痛苦；因为没有人让他享受过自由，而让他一味地忍受。一切的一切都充分证明了上帝对奥列弗的不公平，因为他还只是一个孩子而已。但他依旧积极地素面朝天，虽然那天空苍白得像他的脸，但总有一束阳光能穿过伦敦厚重的雾气，射到奥列弗的心里。

沏一杯淡淡的香茗，看着茶叶在沸水里游弋，像一群快乐地游戏的孩子，又让我想起了奥利弗，呼吸间才知道香气早已像孩子们天真的笑溢满了整个屋子。拿着这本书，坐在窗边，回忆起自己小时候，又看看窗外孩提时代的他们，过着专宠甚至骄奢生活的他们却不知道在遥远的19世纪有个孩子需要他们的帮助，一直都需要……

都说茶能明目，这是我所相信的，但我更相信的是读此书能明心，让你正视，一个与你同龄的孩子，一个与你的妹妹同龄的孩子，一个与你的孩子同龄的孩子是怎样在暴风雨后重生的。它会告诉你什么是坚强、坚忍和坚持，并在你今后的道路上画上浓重的一笔。当你被发酵着的焦躁折磨着、怨恨着的时候，请拿起这本书吧，它会马上让你心如止水，跟着它的脚步飘向远方，让你知道在那遥远的地方有这样的孩子需要你，一直都需要你……

（指导教师：赵丽丽）

据实写幻，幻中见实

天津市第三十五中学　刘鑫

《西游记》是我国古代四大“文学名著”之一，是吴承恩在明朝编写的，当时社会经济繁荣，但政治日渐衰败，百姓过着困苦的生活。作者对当时的社会现象非常不满，于是透过文字提出批评。

《西游记》共一百回，60余万言，讲述了唐僧、孙悟空、猪八戒、沙僧和白龙马在经历了九九八十一难之后，最终取得真经的故事。

《西游记》中的故事情节是虚拟的，但是唐僧取经确是历史上的一件真事。大约在唐太宗贞观初年，年仅25岁的玄奘到天竺游学，他从长安出发，途经今中亚、阿富汗、巴基斯坦等地，遇到了很多艰难险阻，经过长时间的不懈努力，终于到达了印度。在那里玄奘学习了两年。贞观十九年他回到了长安，带回佛经657部。后来玄奘口述西行见闻，由弟子编写了一本名为《大唐西域记》的书，共十二卷。但这部作品讲的内容太过单调，没什么故事情节，他的弟子慧立、彦宗又在此基础上撰写了《大唐大慈恩寺三藏法师传》，为他的经历添加了传奇色彩。从此取经故事广为流传。吴承恩就是在吸收民间传说、话本和戏曲内容并借鉴了《大唐大慈恩寺三藏法师传》有关内容及相关文献的基础上经过艰苦创作完成了这部令中华民族为之骄傲的伟大文学巨著的。本书的写作属“据实写幻”。

《西游记》究其写法，则是“幻中见实”。该书开辟了神魔长篇章回小说的新门类。书中将辛辣的讽刺和严肃的批判巧妙结合，又影响了讽刺小说的发展，从而也登上了古代长篇浪漫主义小说的高峰！鲁迅曾说：“它是一部寓有反抗封建统治意义的神话作品。吴承恩本善于滑稽，他讲述妖怪的喜怒哀乐都近于人情，所以人人都喜欢看。”

《西游记》中的人物个性鲜明。唐僧的身世是虚拟的，他是佛祖的第二个弟子金蝉子投胎转世，由于父母凄惨、离奇的经历，自幼在寺庙中出家、长大。他为人善良，既聪明又能吃苦。在成年后被唐太宗选中去西天取经，在途中收了三个徒弟。孙悟空本是花果山灵石迸裂孕育出来的一只石猴，顽皮、好动。在西牛贺洲灵台方寸山拜菩提为师，习得72变本领。但是因大闹天宫，被佛祖压在五行山下五百年，后被唐僧救出，故拜他为师，一路上护送唐僧，尽心尽力。猪八戒原是天宫中的天蓬元帅，因调戏嫦娥被玉帝打入凡间，变成猪相，一路上与孙悟空你打我逗，但却又是孙悟空除妖的好帮手，是个既自私却又讨人喜欢的人物。沙僧本是天宫中的卷帘大将，因在蟠桃会上打碎琉璃盏，惹怒王母娘娘，被贬下界，在流沙河为妖，后被唐僧点化收为徒弟。

就我个人而言，我最喜欢看《西游记》第四十五回“三清观大圣留名　车迟国猴王显法”。在这一回中，师兄弟三人的性格特点显现得淋漓尽致，尤其在比赛的时候，场面描写更为精彩。面对妖怪的一次次挑战，兄弟三人不畏艰难、勇于斗争，每到最关键的时刻，我都为他们捏一把汗，但最后他们都能巧妙地化解并取得决定性胜利。在我看来，这一回是写得最好的，不仅体现了师徒四人的性格特征，而且还让我们看到了他们团结、勇敢、正直，敢于与恶势力相抗衡的大无畏精神。

从整部小说来看，师徒五人之所以能够完成取经大业，修成正果，其中最主要的原因就是他们有着一个统一而坚定的目标——取回真经，而且为了实现这一目标能做到团结一致、永不言退。这不禁使我产生了一个想法——我们不妨把取经的过程看做是人生奋斗的过程。在这个过程中，我们首先要为自己确定一个目标，一旦确立了目标就要坚定不移地付诸实践，我们的目标就一定会实现。有道是“精诚所至，金石为开”。《西游记》在幽默、风趣、生动的外表之下蕴含着深刻的人生道理，它不仅给人以文学、艺术上的享受，还给人以精神上的滋养与教益。

我为能够读书而感到幸福，更为能读到如《西游记》这样的经典而自豪。最后我要说：读书，真好！

（指导教师：张鹏）

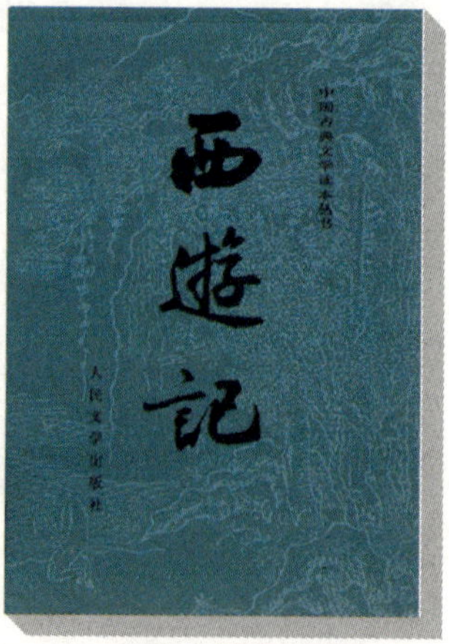

人民文学出版社

心灵的净化家园

天津市静海县瀛海学校　李茂霞

哈尔滨出版社

朱自清，原名自华，号秋实，后改名为自清，字佩弦，原籍浙江绍兴。是现代著名作家、学者、民主战士。从20世纪20年代中期起，朱自清致力于散文创作，作为散文大家，他的名字永远和中国现代散文的历史写在一起，以其“真挚清幽的神态”屹立于“五四”散文之林。本书收录了朱自清先生的25篇散文名篇：记人记事的散文，像《背影》、《冬天》、《给亡妇》、《儿女》等记述的都是极平常的事件，却能以记写的真实、感人的真挚打动我；写景状物一类，像《桨声灯影里的秦淮河》、《荷塘月色》、《春》、《罗马》等，能将描写的景物真切的表现出来，让我有身临其境的感觉；后期的议论散文，《论别人》、《论自己》，把自己对人生的独到感悟表达得淋漓尽致。特别是《论气节》一文，更是作者的坦诚自白，他晚年拒绝接受美国的救济粮，在拒绝宣言上签字，表现了博大的民族气节。这无一不是值得我们学习的。

朱自清的散文被誉为“白话美术文的典范”，他是现代文学史上用白话创作散文的先行者之一。直到今天，他的散文仍然是公认的现代散文和现代汉语的楷模。朱自清的散文构思缜密，笔触细腻，语言优美，具有很强的艺术感染力。但朱自清散文的最感人之处，还在于他写出了情致。所谓“情致”是指散文具有个人风格的味道，有与别人不同的感人的力量。叶圣陶老先生也曾经评价说：“每每重读佩弦兄的散文，就会想起倾听他的闲谈的乐趣，古今中外，海阔天空，不故作高深而情趣盎然，并且表达的恰如其分，或浅或深，味道极正而且淳厚。”他用“至诚”的态度，表现自己的真实情感，这是朱自清对散文创作的认识和经验总结，也是他的散文成功的关键。读朱自清的散文，我们可以从中窥见他的灵魂，感受他的至情至性。

一、从人性、伦理、道德上，抒写自己博爱意识。如《背影》、《儿女》、《给亡妇》、《冬天》、《哀韦杰三君》、《我所见到的叶圣陶》、《怀魏握青君》等多表现父子、夫妻、师生、朋友间的感情。朱自清从作为儿子、丈夫、父亲、老师、朋友所应有的伦理、道德及仁爱之心出发，检点自己在人伦关系中的生活细节，对自己的粗疏、随便、懈怠，表示深深的自责和无尽的悔恨。从散文字里行间我能感受到作者的一颗诚挚、广博的爱心。在当今这个时代，阅读它能增强人们，特别是我们青少年的博爱意识，让每个人更加了解、理解、热爱自己身边的每一个人。

二、用悲剧心理关照和描写人生，伴随着他"爱"的饮泣，使散文散发着人道主义的温馨气息。如《桨声灯影里的秦淮河》哀伤沦落风尘的歌妓；《执政府大屠杀记》哀痛被无辜杀害的爱国学生和民众；《生命的价格——七毛钱》忧思五岁小女孩将一生失去"生命的自由"；《阿河》哀惜一位被社会遗弃而被卖来卖去的青年女子……作者真挚的同情、理解和人道主义精神在文中都有体现。读罢，我们的感情仿佛总能得到一种升华，心灵总能得到一种净化。

三、带着一种怅然却并不消极的心态去感悟时光。如《论自己》、《匆匆》，朱自清和大家一起共勉：相信自己，靠自己，随时随地尽自己的一份力量感悟人生。

一个人在其一生中，阅读一些文辞优美、思想性强的散文，不仅可以提高文学修养，而且还能启迪心智、陶冶情操和领悟人生，它能为我们迈向光彩亮丽的人生架起一座知识的桥梁。每当我捧起朱自清的散文，心灵仿佛总能得到一种净化，感情仿佛总能得到一种升华，细致的故事情节牵动着我的心，真切的景物描写感动着我的心，赋予哲理的人生观、价值观鼓舞着我的心。他的散文给我带来了巨大的感染力，让我真正体味到了人生，品尝到了人生中的"五味"，我要感谢朱自清，更要感谢他的散文集。

（指导教师：董霞）

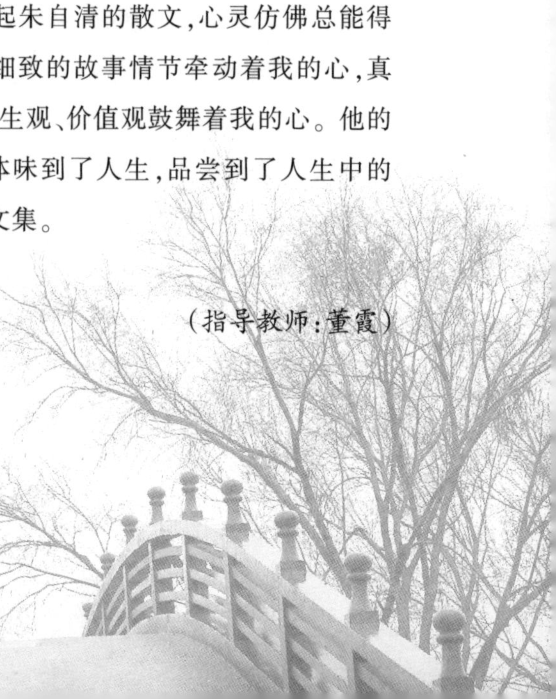

其他文化类

在《爱的教育》中成长

天津市汉沽区第六中学　牛灏

深夜，静静的房间中，我读起了一本普通的书。它是一本小说，普通的封面，普通的名称，甚至连主人公也是一个普通的四年级小学生。可正是因为普通，言语间才静静地流淌着激动人心的爱与关怀，使我的心久久不能以正常的节拍跳动。

这本小说就是埃·德·亚米契斯1888年创作的《爱的教育》。亚米契斯1846年出生于意大利的一个小镇，自幼酷爱学习和写作，是一位多产作家，是意大利民族复兴运动时期的爱国志士。二十岁时他从军校毕业，加入军队，开始写一些具有爱国风味的短篇故事。四十二岁时，亚米契斯写出了他最畅销的书——《爱的教育》。

小说的结构很独特，所有的故事是通过一个叫安利柯的男孩以日记的形式慢慢讲述出来的。透过文字，一个个有关的细节常常唤起我的回味：我仿佛看到了书中那几个活灵活现的小家伙，并体会到了他们成长中的点点滴滴的快乐与悲伤。从小安利柯的字里行间，我可以感受到，他是那么热爱他生活中的一切。他有慈祥、可亲的母亲，母亲用独特的教育方式让自己的孩子感受到爱与被爱；拥有创造力与想象力；感知大千世界的不可思议；并且具有一种信念，即使面对逆境，在不幸与灾难中也能发现美的存在。而书中小主人公的倾心倾力，也换取了朋友对他们的情深义重。

我慢慢地品味这本书，其实它已不再是一本普通的书，而是一个多彩的世界、一个充满爱的绚丽的大舞台。在这个大舞台上，上演着父母与孩子之间割舍不断的爱，上演着师生之间朝夕相处的爱，上演着同学之间真挚无私的爱，更上演着小主人公对祖国无尽的热爱。因为那一缕缕的爱意，使他们笑容满溢；因为那一丝丝的关怀，使他们健康成长。他们的世界里洋溢着幸福的痕迹——这就是爱的力量！

我应该感谢《爱的教育》重新赋予我的这个美好的世界。在书中，我看到了这个世界，应该也是人类苦苦寻找的那种相知、理解、温情和爱。在生活中，我感受到了父母的关怀、朋友的祝福、老师的叮咛、同学的友爱……真的感谢《爱的教育》，是它给我第一次爱的洗礼，也让我第一次真正地领悟爱的含义。其实，在我们周围，爱时刻存在，只不过它不像我们眼中看到的花草树木那样明了。它就像空气一样，时刻萦绕在我们周围，需要我们用心去体会才能深切感受。

英国作家克拉顿·布洛克曾说："教育应当使我们懂得如何永远充满爱心和对什么充满爱心。"读完《爱的教育》，我也受到了爱的教育，我明白自己的最大收益是——懂得了爱，学会了爱。我真正懂得了在感情世界里什么是最可宝贵、最值得珍重的。我要向爱我的人深深地鞠一躬，用生活中挥洒的汗水和泪水作为爱的洗礼，迈进崭新的爱的世界！

（指导教师：孙志红）

当代世界出版社

不向命运屈服的英雄

天津市九十六中学 李晓旭

中国致公出版社

日子平平淡淡地流逝，就像冬季的风没有一丝留恋。很长时间我都不明白，为什么成长中的伤痛和挫折永远无法被纯洁和美好替代。我只知道那些美好离我越来越远，而我也越来越迷茫……后来，我无意中在姐姐的书柜里发现了一本书，是它启迪了我，让我重新认识了人生，让我看到了生活的绚丽多彩，生活中不仅有光明还有黑暗，黑暗过后又是黎明。它就是著名作家罗曼·罗兰的巨作《贝多芬传》。

怀着无限的感动看完这部巨著，我是那么真诚地想对贝多芬说："一杯酒在胸膛燃烧着另一杯酒，你的叹息，使一溪清流落英缤纷。你的心情随风景而去，苍茫可知。你不止于静穆，因为你伟大，无数曲伟大的创作，铸就了你的永生。"

罗曼·罗兰在书里告诉我，贝多芬生命里的辛酸是常人难以想象的。他出生于一个贫寒的家庭，父亲性格粗鲁，经常酗酒，母亲是个仆人。他从小就饱受着父亲的毒打和命运的捉弄，17岁就担负起照料全家的责任。而我现在同样17岁，真的无法想象17岁的肩膀怎么扛起生活的重担。

童年时代的凄惨命运没有摧断贝多芬这株嫩弱的幼苗，反而使他青年时的性格更加倔强和坚强。22岁的他毅然离开故乡来到音乐之都维也纳，寻找自己的音乐之路。他踏实学习，刻苦钻研，他蔑视一切权贵，热爱人民，体恤劳苦大众。正因为这样的性格，他碰到了无数的困难，也受到许多人的排挤。然而他没有放弃，他虔诚地学习，再加上他的天赋，终于使他走向了成功。

从贝多芬身上我知道了生活不是地质勘探，不能向下看，而应永远向上看向前看。我也知道了生活中很少有直线，却有太多曲线，而只有靠倔强不屈、坚毅勇敢才能把一道道曲线变成一条条直线！

贝多芬生命里的幸福是如此的短暂。正当他情绪高涨、连续创作了《英雄交响曲》和《热情奏鸣曲》等为人熟知的作品后，痛苦与折磨却再次迫临于他。他的耳朵日夜作响，听觉越来越弱，他独自一人暗守着这可怕的秘密。雪上加霜的是，他深爱着的未婚妻由于自私、爱慕虚荣，嫁给了一个伯爵，他被爱情遗弃了。他饱受着肉体与精神的双重折磨，而始终没有放弃自己的追求。

贝多芬最终受到了世人瞩目，但与幸福齐头并进的则是更大的打击。他先前的听觉衰退恶化为完全失聪，然而音乐家贝多芬却是笑着独自面对这一切，他摆脱了病魔的纠缠，战胜了无尽的阻碍，驱散了黑暗的阴霾，用纸和笔谱写了一曲曲壮丽的人生乐章。他以别具一格的创作风格扭转了维也纳当时轻浮的创作风气，他创造了历史，在音乐的长河上留下了一道永久的彩虹。

贝多芬在尽情创作之时，身体也衰弱到了极点，1827年死神终于降临到这位伟大的音乐家头上，先前那些痛苦与磨难、那些成就与辉煌都留给了世人去品尝，而这一刻，他静静地给自己的人生画上了一个完整的句号。

对于贝多芬，说是音乐家不如说是英雄，一个用音符作枪、以创作为箭，在人生战场上浴血奋斗的英雄。罗曼·罗兰的《贝多芬传》留给世人永恒的记忆，那便是镶嵌在书中的不屈之魂。这部书简直就是一轮红日，照亮了我前进的道路，我心中的迷茫渐渐烟消云散。《贝多芬传》像所有的好书一样，用那些或美丽、或忧伤的故事给了我们的人生以新的起点。

“天使的姿态，不如没有翅膀的飞翔更接近天堂”，当历程幻化成文字，抒写成对人生信仰的那份笃定时，迷茫的前途被一片生命之花映得异样美丽！

（指导教师：任少华）

青春的精魂——北大之声

天津市宝坻区第四中学　于俊红

很荣幸能把这本书推荐给与我同龄的朋友们，在仔细阅读牛晓彦编著的《北大杰出女孩给青少年的15个忠告》的过程中，我常常不能平静。

“北大是无数青少年生命中挥之不去的情结，也是全天下父母望子成龙、望女成凤的依托。”作为21世纪富有蓬勃生命力的青少年，朋友，你是否拥有勇于承担的使命感？你是否拥有青松寒冬傲雪的坚毅？你是否饱含踏响时代强音的豪情？你是否同样的怀揣着美丽的梦想……听听她们给我们的忠告吧。

渐渐地，“北大”这个代名词在我的脑海中愈显神圣，或许在我每次读到北大时的激动中，或许在我学习奋力拼搏的动力中，我已经隐隐约约有了这样一种感觉，北大是特殊的，与它调侃的日子里，我了解了北大艰辛的发展历程。“作为新文化运动的中心和‘五四’运动的策源地，作为中国最早传播马克思主义和民主科学思想的发源地，百余年来，北京大学始终站在时代前列。”“爱国、进步、民主、科学的精神和勤奋、严谨、求实、创新的学风在这里生生不息、代代相传。”“从沙滩到燕园，从红楼到未名，百年北大伴随风雨前行，那些惊天动地的宏伟目标业绩与寂寞沉潜的学术思索渐渐地汇聚成一种可歌可泣的壮美，悄悄凝聚成一段梦魂牵绕的回忆……”听了这么多，你是否对北大有了些许的敬慕了呢？我有，真的！

忠告1：“梦想就是力量。”很有震撼力，她会使一位因一次小小的打击而彷徨迷茫的人明白：“既然上帝给了我们搏的本能、搏的机会，既然不想造就鸡的羽翼而想练就鹰的翅膀，何不放手一搏？为梦想而搏，为生命而搏。”我们宁可做一个被海浪洗礼的弄潮儿，也不要做一个不敢启航的懦夫！忠告3：“北大不相信眼泪。"是啊，奥斯特洛夫斯基说的好："人的生命似洪水在奔腾，不遇着岛屿和暗礁难以激起美丽的浪花。"这让我们遇到挫折并不可怕，生活中的挫折和磨难，给人以打击，给人带来悲伤和痛苦，但也能使人奋起，成熟，变得坚强起来！昨天的挫折会为今天铺路，明天的灿烂定会抚平今天的痛苦，生命因挫折而精彩。北大女孩，她们风华正茂，挥斥方遒；用纤纤玉手指点江山，激扬文字，见地之深刻，思想之睿智，会让我们在不知不觉间受到无限的启发。她们的智慧之美正如羽泉的歌："你的美无声无息，不知不觉让我追随，你在我眼中是最美，每一个微笑都让我沉醉。"忠告你：人可以没有美丽的容貌，但不能没有智慧的头脑……所有这些，自然是书中"忠告10"和"忠告15"的内容了。

作为一本给人忠告的书，固然不会缺少建议、提醒与告诫。忠告4指出："学习一定要讲方法。"这让我明白：课上45分钟"黄金时间"的重要，认识到了科学、合理的学习方法的奇妙与功效，读书笔记，使我每在阅读某些地方时的一隅之得一闪之念都悄悄载入尘封的档案。每每回味，都觉得无比新鲜与甘甜。尔后忠告5警示我们："永远要做时间的主人。"是啊，"逝者如斯夫，不舍昼夜"。当时间把生命的时针指向花季，朋友，你是否感觉到些许的紧迫与压力，是否学会了珍惜，呵护时光老者呢？"不积跬步无以至千里，不积小流无以成江海"。点滴时间的积累，在你功成名就、回顾往昔时，你会觉得这是一笔巨大的财富。谚语"No pain no gain"诠释了追逐梦想是个幸福而艰辛的历程。生命历程中充满许多未知，等待我们去面对、去克服、去占领，勇气、耐力、渊博的知识以及生活的历练都将成为我们走向美好未来的铺路石。在这过程中，我们将面临无穷的压力。忠告6的温馨提示："坦然面对所有压力。"把压力变成无穷的动力，推动我们走向梦想的领地……此时当我们再次听到北大时内心是否也有了一种莫名的悸动了呢？

每每读到北大，都会心潮澎湃，仿佛灵魂又受到了一次的洗礼，每次都会有特殊的顿悟。当然，我们并非每个人都会成为燕园中那朵初绽的蓓蕾；抑或未名湖的那股源头活水；抑或千林万木中的一条新枝；抑或那只展翅离开燕园的鸿鹄。但是我们年轻，满怀青春豪情，努力为生活创造更多的奇迹与感动；因为我们意气风发，手执生命的画笔，渴望生命中无比坚强的力量，祈望坚毅的锻炼。

让我们一起读读北大吧！读北大，让我们的行囊承载了飞翔的梦想；读北大，让我们的征途弥漫着智慧的馨香；读北大，让我们共同摸索不寻常的激越；读北大，让我们尽情挥洒青春的热血。

在此，我把这本昭示着青春的精魂，饱含着人生大智慧的《北大杰出女孩给青少年的15个忠告》推荐给我最亲爱的朋友们。

（指导教师：封薪博）

石油工业出版社

原来，成长也可以如此美丽

天津市第五中学　温浚涛

与烦恼无关，与苦难无关，与一切一切的丑恶、狰狞无关，这里有的，只是干净、温暖、能够照耀到人内心深处的阳光。还有阳光下美好的成长。这就是我读完《窗边的小豆豆》这本书之后，最深刻的感受。

刚刚看到这本书的时候，我还恍恍惚惚的以为，自己掉入了一个童话世界呢！大片大片素净的纯白底色，上面有一个可爱的小孩子，双手支颐坐在窗边，远处好大一片连绵的青山。整个画面就那样突兀地表现出一种纯真，一种梦想的氛围，就好像是无拘无束，梦境一般的自由。

翻开这本书，我立刻进入了一个虚幻的世界，但在作者朴实平淡的文字下却又显得那么真实可信。是的，这应该是我们所向往的成长历程，所羡慕的童年故事。主人公小豆豆是一个渴望自由，不希望被约束、管教的小孩，自主意识极为强烈。在大人的眼中，他始终是一个"不听话"的孩子，无论家长和老师说什么，他都不会去听，不会按照他们的话去做。最终，小豆豆被送进了一所以处理"问题小孩"而著名的幼稚园——"巴学园"。这里有宽容和蔼的园长先生，有充满了解放和自由的学习模式，有优美的自然环境。在园长先生和老师们的帮助下，小豆豆适应了巴学园自由自在的学习风格与方式，最终顺利毕业。这段经历，教会了小豆豆勇敢乐观地面对生活。这对小豆豆以后的成长，起到了非常重要的作用，影响了他的一生。

故事是这样的简单，没有曲折跌宕的情节，没有个性鲜明的人物。整部书的风格沉稳平缓，不疾不徐，娓娓道来，就如同一位睿智的诗人，舒缓悠长地吟唱出一首首充满哲理的诗篇。但是，却有无数的读者被这个故事所吸引，关注着小豆豆的健康成长。该书在2004年曾一举摘取日本畅销图书第一名的桂冠，无数人争相购买。书中所描绘的自由自在的“巴学园”式的教育风格虽然出自作者的虚构，却引起了日本各界人士的关注，甚至间接引发了日本教育界的第二次革命，影响不可谓不深远。

那么，也许有人会问，为什么这本书会有如此的魅力，吸引了这么多的读者呢？一千个人心中有一千个哈姆雷特，不同的人也许会有不同的理由去喜欢这本书。对于我来说，这本书中所描绘的如梦似幻般的学习环境，自由自在的学习风格，温和平淡的人物形象，都是我喜欢这本书的原因，然而最为吸引我的，还是主人公在“巴学园”的这段特殊的经历。

长久以来，我都有一个梦想：背起旅行包去远方流浪。那是一种精神上的放松，心灵上的净化。但是，现实中有太多的沉重负担压在身上，作业，考试，或许还有突如其来的朦胧感情。这是成长道路上一定会遇到的崎岖坎坷，丛林荆棘，是成长所付出的必要代价。我认为，我们每个人都有责任跋山涉水，披荆斩棘，同样也都有权利在身心俱疲的时候选择停下脚步，换个地方去看看美丽的风景。在我眼中，小豆豆在“巴学园”的那段特殊经历，不啻于一场特殊的流浪。他一直在反抗来自外界的束缚，并且成功地逃脱，得到了真正的自由。对于被种种条框枷锁所束缚的我来说，小豆豆是成功逃亡的胜利者，是值得羡慕的旅人。

看完这本书之后，我突然产生了这样的愿望：假如我们的学校也像“巴学园”一样，那该有多好啊……上课不再是枯燥的“一个老师讲，一群学生听”，而是每个人都能自由发表自己的意见，旁听者们还能吹声口哨表示自己的赞赏；下课的时候也不用在纸堆里写呀算呀的，而是可以跑出去看看山青，赏赏水秀，听听鸟语，闻闻花香；作业可以用“幽默的语言，好玩的文字”来完成；考试也不再用白纸黑字的试卷，而变成了一个个够新鲜、够有趣的“任务”……这样的愿望，如果能够成真，那会是多美妙的一件事啊！成长的烦恼，会在一瞬间烟消云散，取而代之的是每一天都新鲜有趣的生活。不用说，在这样的生活中，每天都不会感到厌烦，不会失去青春应有的活力与生机。烦闷与浮躁将会离我而去，与我挥手作别；想象力和热情将会成为离别很久，又突然登门拜访的老友。每天重复的前进路线，换个方向，前面的天地将会更加广阔；每天单调的生活色彩，换种方式，呈现出的颜色会更加绚烂。成长，将会变成一个美好的，没有遗憾的过程。这是一个值得守望的梦想。

在故事的结尾，主人公从学园毕业，学园为孩子们举办了盛大的毕业典礼，学园的教学方式也得到了更多人的认同。然而故事还没有结束，等待“小豆豆”的，还有漫长的人生旅程。有过“巴学园”这段特殊的经历之后，主人公以后的成长历程，则会更加令人期待。记得有一位作家曾说过，好书分为几个境界：令人欲罢不能；令人会心一笑；发人深省，令人沉思；震撼人的灵魂等等。《窗边的小豆豆》这本书对于我来说，已经到了震撼灵魂的地步了！那么，这本书会吸引你到什么程度呢？也许，只有当你看过这本书之后，才能体会的到吧。

（指导教师：柳旭）

南海出版公司

万般皆下品 唯有读书高

天津蓟县杨家楼中学　高艳丽

内蒙古人民出版社

抽一枝柳条，折一束桃枝；品一杯清茶，看一本好书。这便是我的追求。但何谓好书？在似懂非懂之中，我遇到了良师——林语堂先生的《读书的艺术》。

林语堂先生，福建龙溪人，原名和乐，笔名毛驴、宰予、岂青等。在1912—1967年的55年间，他的足迹遍及了上海圣约翰大学、清华大学、美国哈佛大学、德国莱比锡大学、北京大学、厦门大学、香港中文大学等多少年轻人梦寐以求的殿堂。林语堂是中国现代史上一个有着鲜明特色的散文家，他的散文幽默闲适，平淡中见深长，在散文中独树一帜。

《读书的艺术》是林语堂先生诸多文化典籍中的一部，该文集是一部融会中西文化的百科全书。这本书由56篇作品组成，涉及读书的技巧与方法、读书的好处等。此外，有些作品也反映出林先生的人生观及爱国主义情怀。通过对《读书的艺术》的研究，我获益匪浅。作者那诙谐的语言、幽默的风格、睿智的视点让我沉迷其中，仿佛使凝滞的时光如涧底的暗流，兀自流走，使脆冷的心房获得一层湿润的胞衣，仿佛拥有了无穷的魔力。

阅读其中《论读书》一文，如饮窖藏多年味道醇厚的美酒，让人久久不能忘怀。我很赞成它的随性读书的观点，读书可以不固定时间，有那种心情的时候便随时拿起书来读。林先生主张读书的目的在于："开茅塞，除弊见，得新知，增学问，广识见，养性灵。""读书的意思是使人较虚心、较通达、不固陋、不偏执。""读书的主旨在于摆脱俗气。"他强调，"读书需有胆识，有眼光、有毅力"，读书应"处处有我的真知灼见，得一份见解是一份学问，除一种俗见，算一份进步，才不会落入圈套，满口滥调，一知半解，似是而非"。的确，如果是一本好书，你就可以立刻接触到世界上最健谈的人。林先生的散文，总能在平易近人、和蔼亲切之中获得教益,得到不俗的见识。

春天不是读书天,夏日炎炎最好眠。

等到秋来冬又至,不如等待到来年。

一个人不好读书,一年四季都有不读书的正当理由。每每我由此念,如饥似渴地去读一些有意义的课外书籍,妈妈总把“玩物丧志”硬扣在我头上。但家长们,这样并不能说服那些叛逆的学子们。

《读书的艺术》中的说理散文《玩物不能丧志》以诙谐幽默的语言及发人深省的寓言故事令人在愉悦之中接受了教育。在这一点,我觉得林语堂先生似乎比家长更了解孩子的心理。他不仅国学功底扎实,而且西学造诣也出类拔萃。在这篇文章中,林先生将中西方对于“玩”的理解作了深入分析。如中国人对“鸟”的感情和英国人对“狗”的喜爱。虽然关于林先生对“狗”的评价我并不太赞同,但他的笔法、心胸、见地、思念却令我深深折服。他所说的“玩物不能丧志”给人一种耳目一新之感,如黄沙万里中突现的绿洲,令人心灵为之一振。

我本身是个乐观主义者,但问我什么时候最快乐,我却无从答起,因为我不曾把那最快乐的时刻记下来,因为当这种时刻来临时,我不愿为着要记录而打断来之不易的它。林先生《人类的快乐属于感觉》一文,让我对快乐又有了一番新的理解:“这个世界中,快乐往往须从反面看出来,无忧虑、不受欺凌、无病无痛便是快乐。”的确,我们把快乐的定义规定得太苛刻,忽略了最简单而又最准确的答案。其实我们无时无刻都应该是快乐的。例如,夏日远行,口渴喉干,看见一泓清泉,潺潺的流水声已经使人觉得清凉快乐;甚至是在一个周末,一番学业上的忙碌之后,和同学们坐在一起,海阔天空地谈笑一阵,对于现在的我来说,也是最大的快乐。《人类的快乐属于感觉》一文,还了我们一片快乐的天空,教会我知足者常乐。

读林先生的作品,一字一句都值得仔细推敲、思考。我好像已经能够了解那些对艺术痴迷的人的心态了。《论读书》中说:“听君一席话,胜读十年书。”如果那是一本好书,他便立刻接触到世上最健谈的人。我此时方有此感,看林先生讲政治、谈理想、论佛理;听林先生讲智慧、论伟大、辨真伪;学林先生品生活、谈娱乐、话幽默。

偷得浮生半日闲,走进《读书的艺术》,走进知识的海洋。

(指导教师:张宝香)

哈佛的回声

天津市塘沽区滨海中学　王芳飞

我跟在风的后面奔跑，我随着雨的飘落哭泣，我仰望山的雄伟慨叹，我绕着太阳不停地旋转……

除了这些，我还能做什么？我又能够做些什么？随波逐流，随波逐流啊！

这是之前的我。

一次偶然的机会，我读到了《哈佛女孩刘亦婷》。此书的作者是主人公刘亦婷的父母张欣武和刘卫华，两人都在成都市某杂志社工作，他们把自己的理想和希望寄托在女儿身上，精心培养她。在这本书中他们介绍了对刘亦婷从出生到升入大学进行培养的过程。所谓的培养并非机械化地做题和背记，而是依据孩子的特性和潜能来因材施教。他们认为这样才能更好地开发孩子的潜能，实现更有价值的人生。

终于，在父母的精心培养下，刘亦婷同时被四所美国大学录取。她的学习经历和突出表现一次次感染着我，使我逐渐改变了以往的思想，树立了坚定的信念，拥有了前进的动力。从此我更深信艾尔维修的一句话：“即使是普通的孩子，只要教育得法，也会成为不平凡的人。”

在《哈佛女孩刘亦婷》中，对我影响最深刻的是她高中阶段的学习过程，尤其是刘亦婷自述的学好英语的方法：

一、心理素质影响学习效果。在同一位老师的教诲下，智商不相上下的学生，学习效果却有着天壤之别，这个“落差”往往是由心理素质的差异造成的。所以要有自律能力，按照科学原则严格要求自己，培养自己的素质能力。

二、看、写、读、听、背——多管齐下效率高。眼、手、口、耳、脑综合运用，才能更好更深地在大脑皮层上留下不易磨灭的印象。

三、学会活学活背单词。单词的背诵并不只是针对纯粹的单词，而是要紧扣句子和课文，多背课文会激活记忆力的强度，这样慢慢地就有了学习语言最重要的语感，而且记忆力也会越来越强。

四、复习间隔合理，可以省时高效。

五、明确英语学科的文化性。把英语作为一门文化来学，多积累一些西方的文化常识，多了解西方的文化现象，就如同学习汉语一样，要全面地理解和感悟。

看到这，我的心为之一动，这就是我一直寻觅摸索却又未曾在意的学习方法呀！这真是走出迷惘期，顿悟在“星空”下呀！《哈佛女孩刘亦婷》唤醒了我对英语尘封已久的激情，使不懂语法而畏惧英语的我充满信心，决定重新开始。因为我相信刘亦婷的心得会助我一臂之力。我也相信她的经历会影响像我一样曾经迷惘的青少年们。我更坚信：有付出就有回报！

由此，我又想起一部名著——《钢铁是怎样炼成的》。它用另一种方式诠释付出才有回报这个道理。正是由于付出，保尔从一个普通而平凡的人成长为一位共产主义战士；正是由于付出，刘亦婷从一个平凡的小女孩成长为被四所美国大学同时录取的大学生。

即将升入高三的我更加强烈地感受到哈佛回声的力量。哈佛虽不是向每一位学子张开双臂，但那是莘莘学子们一个美好的梦，一个美好的大学梦，是给人以动力的目标，给人以勇气的支柱。我们不一定追求哈佛，但一定要追求努力付出后的顺其自然。因为“世上无难事，只要肯攀登”。让我带上《哈佛女孩刘亦婷》，在今后的学习生活和社会实践中，以饱满的热情和必胜的信念来面对一切。只要有一分希望，就要付出百倍努力。不抛弃、不放弃任何一个努力的机会。因为做得到和做不到，就在于你自己是否执着！

作家出版社

哈佛的回声充满诱惑。

哈佛的回声充满力量。

哈佛的回声让我们振奋。

哈佛的回声让我们奋橹扬帆驶向远方……

（指导教师：范林童）

中国商业出版社

心灵瑜伽

天津市第一零二中学　侯美羽

考试没通过，受到父母责骂；老总不高兴，拿你当出气筒；和朋友吵得不可开交……人生中有这么多的不如意，你还能保持一个好心情吗？我想，这时，你可能皱着眉头对我摇头吧！其实，保持好心情很简单，就从放下开始。

曾经有人说我是黛玉的翻版，虽没有林妹妹的容貌和才华，性格却极为相似：多疑、自卑、孤僻。其实我不太了解我自己，可是对黛玉却了如指掌，我只是个学生，还不想过早的离开这个世界。很幸运，一个偶然的机会读到了周传林所著，中国商业出版社出版的《好心情·从放下开始》这本书，于是，我开始改变。

这是我最自豪的事情，十几年的性格似乎在瞬间改变了。

以前，遇到忧虑的事情，会自己一个人胡思乱想，把问题放大再放大，更甚于杞人忧天。

考试没考好，总觉得别人以一种异样的眼光看着我，好像自己是过街的老鼠——人人喊打。《好心情·从放下开始》教给我消除忧虑要"找一个知心的朋友来倾诉，或者积极地投入生活，把忧虑忘掉"。现在如果觉得烦闷，会向朋友倾诉，考试没考好，就会更加认真学习，心情变得更加舒畅。

以前，被老师家长批评了一两句，就觉得"天下每人不识君"，自己被所有人伤害得千疮百孔，会把忠告当作耳旁风，甚至会顶嘴。而现在看到父母那因为我而日渐增多的白发，我发觉自己并没有资格去生气，我会说，爸爸妈妈，相信我，我会努力。于是我开始努力，当看到父母满意的笑容时，我也开心地笑了。我知道，我做对了。

以前和朋友吵得不可开交时，会冷战几星期，而现在会忘却暂时的矛盾，去转换话题，“哎，上次你带我去的那家书店在哪儿，我又忘了。”一句简单的话，会使朋友先一愣，再去嘲笑我是个路痴，同时两只手不知不觉又交到了一起，一切豁然开朗，让别人羡慕我们这对欢喜冤家。

就是这样，我因为一本书而改变，即使难以置信也不得不信。

当我走出阴霾，迎向阳光的那一刻，才发现无缘无故地因为并不存在的事情而烦闷，这种行为是多么的荒唐！

因为无论如何父母是爱我们的——学习累的时候，水果、营养品端在面前；星期一早晨醒来校服干干净净放在床前；放学回家，饭菜热腾腾地摆在桌上……有那么多不能辜负的、期待我们快乐的高贵灵魂，为了这些，也不能随意把自己的心安放在痛苦、烦闷和绝望里。

世上有99%的美好和1%的黑暗，为了1%的黑暗，牺牲掉世上99%的美好，我不愿意。就算世上有99%的黑暗，我也不愿意牺牲那1%的美好。放下心中的苦闷，开开心心每一天才是正确的，不是吗？

有时候，因为惰性，因为懦弱，甚至因为流行，就那样放纵自己，沉溺在黑压压的负面情绪里。

有时候，以为自己控制不了自己，以为这个世界就这样了，不能给我快乐，不能给我希望，甚至连个快乐和希望的理由都不愿意让我们找到。

有时候，沉溺在哪个伤口里。死死地捂住，让它在里面反复结痂，溃烂，结痂，溃烂……

拒绝任何人的窥视，也拒绝阳光的射入。不敢也不愿揭开伤口来上药。

有时候习惯了或者私下里愿意躲在哪个角落里，不去争取，不去面对，不去放弃。毕竟消极永远都比积极来得容易些。

许许多多的“有时候”，无法回避。失望、疑惑、黯然神伤固然避免不了，只是不能让这种情绪持续太久，沉溺太深。因为快乐、幸福是我们的终身追求！每次对自己无能为力的时候，快乐潜伏着，沉寂着，但却像火种一样躲在一个角落，只等聚集了足够的能量，再度熊熊燃烧！

作者周传林教我们：“建立心灵的防火墙——为自己培养一些好习惯，可以在遇到坏心情的时候及早走出来；在生活中，最致命的创伤来自我们自己的心灵深处。”“如果你背对着整个世界，整个世界也会背对着你；生活在快乐里，并不是难以实现的梦想，更不是天方夜谭。”“只要你去放下，体会人生的真谛，让生活过得快乐其实很容易。”书中正是以这种通俗易懂却又富含哲理的语句和一些典型的案例引导我卸掉精神的枷锁。

等明白了每一次全力投入都是让生命更加丰富的养料，每一次理性的妥协都是成长的坐标，快乐的睿智也就慢慢充满了我们人生旅途的每一步。

生命之中或许有许多的挥之不去，只是我们终将坦然：不该留下的随风而去，该留下的伴我们一生。这渐渐地成了人生的经验，学会丢一些，不再被重负压垮。

拿得起是勇气，放得下是度量；拿得起是可贵，放得下是超脱。鲜花掌声能等闲视之，挫折、灾难能坦然承受。“人生最大的敬佩是拿得起，生命最大的安慰是放得下。”当迷雾消散尘埃落定的那一刻，你会发现这一切原本只是自己放不下。

每天放下一些，每天成熟一些，每天塑造一个全新的自我——敬请阅读《好心情·从放下开始》，她会给我们阳光、给我们快乐，让我们受益终生。

（指导教师：杨廷莉）

珍惜拥有

天津市蓟县第四中学 刘金铃

人民日报出版社

“书犹药也，善读之可以医愚。”汉代文学家刘向这样说。

的确，读一本好书就是与一颗伟大的心灵对话。那种心与心的碰撞，足以洗涤你心灵上积久的尘垢，吹散你头脑中囚禁多时的迷雾，照亮你前方的漫漫长路。读书，不仅能让你增长知识，陶冶性情，还能帮你砥砺心志，感悟人生。

一直以来，我总抱怨自己不够幸运。为什么我智商不够130？为什么我没能拥有玛丽莲·梦露那般迷人的风姿？为什么我的天空阴晴雨雪共存，而不总是绚丽的彩虹？

在我迷茫不知所措时，我无意之中获得了它。是它，在引导着我，鼓舞着我，使我抬起头来，摆正心态，面对人生：拥抱阳光，也直面风雨。是它使我明白了一个简单而又深奥的人生命题。它就是熬过了87年无光、无声、无语的孤独岁月的弱女子——被称为19世纪奇人之一的海伦·凯勒创作的《假如给我三天光明》。读了这本书，让我觉得自己就是上帝的宠儿。

这本书的字里行间，无不洋溢着海伦·凯勒对生活的热爱，她用热情的态度劝诫世人应珍惜眼前拥有的一切。她祈望拥有三天的光明去感受这个世界，来熟悉身边的一切。然而这对她也只是一个凄美的奢望。书中说，如果由于某种奇迹，她可以睁眼看三天，紧跟着回到黑暗中去，她将会把这段时间分成三部分：

第一天：“我”能够发觉欢笑、悲哀和其他许多明显的情感。所以，我要看人，他们的善良、温厚与友谊使我的生活值得一过。

第二天：我将向世界、向过去和现在的世界匆忙瞥一眼，我想看看人类的进步的奇观，那变化无穷的千古万年。

第三天：我将在当前的日常生活世界中度过，到为生活奔忙的人们经常去的地方去。

三天光明，对于耳聪目明的我们来说无异于短暂一瞥，而对于双目失明的海伦·凯勒来说，却是可望而不可即的。对光明习以为常的我们，三天光明时光，可能会在漫无目的的游玩中恣意挥霍；而对于海伦·凯勒而言，我们的举动可谓豪奢。然而，我们却又清楚地看到，这位“盲、聋、哑”的弱女子，面对着生命中难以逾越的重重关山，没有怨天尤人，也不彷徨沮丧，她依然对生活充满了渴望，并在这种渴望中出人意料地快乐地生活着。对于充盈于整个世界的光怪陆离的景象，我们这些肢体健全的人，却无暇沉思甚至不曾留意，一概认为是理所当然的。也许人们已习惯这样，极少去珍惜所拥有的事物，而对于那些高不可攀、遥不可及的事物却总是充满渴望。

我们大多数人几乎意识不到自己对生活的懒洋洋的态度。只有聋人才珍惜听觉，只有盲人才懂得体会重见天日的种种幸福。我曾想，如果每个人都患过几天盲聋症，这也许是一种幸福。黑暗会使他更珍惜视觉，哑默会使他更喜慕声音。甚至有时我竟天真地认为，如果我们生活中的每一天都像明天就会死去那样地度过，才会是最好的生活。这样一种态度可以尖锐地强调生命的价值，我们每天都会怀着友善、朝气和渴望去生活。

我们的学生时代，正值生命的花季。也许我们没有超人的才华，但可以有出众的耐力；也许我们没有姣好的容貌，却有着健全的体魄；也许我们没有显赫的家世，但仍可以调动全部的心智与毅力；也许我们的生活不是一帆风顺的，但惟其如此，才能品味到人生的真谛。

《假如给我三天光明》一书中，海伦·凯勒以一个盲聋哑人的独特视角，谆谆告诫人们：肢体健全，是一种何等的幸福，珍惜造物主赐予我们的一切吧！珍惜我们的每一段生命历程吧！让我们生命中的每一天都在快乐与幸福中度过！

珍惜拥有！

（指导教师：朱小振）

书里花香几时了

天津市第七中学　曾音

三毛的《梦里花落知多少》,是我最喜欢的书之一。

第一次读它是在安静的家中,二十三篇看似毫不相干的散文却在这本书中达到了最完美的结合。每一篇的语言看似平淡朴实,却随时会震撼你的心灵。正如一个个淘气的贝壳,它们会时不时地夹你一下,刺痛你的心灵,却又一不小心露出它们内心深处那颗最圣洁的珍珠,与你产生心灵的共鸣。

本书的作者三毛生活得一向潇洒自如,却一次又一次地接受着残酷命运的无情鞭打,于是她将这些坎坷和得到的感受真实生动地记录在自己的作品中,使其浸满着清苦的泪。正如有人说过:"心情不好了,需要眼泪了,就看看《梦里花落知多少》,果然,眼泪总是无一例外地淌出来。"尽管三毛经历了太多的风风雨雨,她仍然怀揣着一份懂得感恩的心,在追求爱、希望与幸福的道路上蹒跚地前行着。

三毛的故事让我学会了心痛、感动与坚强。她与她的丈夫荷西在无数次的欢笑与感激中共同生活了六年,但不知是上天的嫉妒还是命运的捉弄,荷西在一次偶然的事故中永远地离开了三毛。这使一向坚强的三毛变得无助,变得茫然,变得疯狂,她无法想象失去了另一个的日子将是什么样的岁月。失魂的她只能抱着自己亲手为荷西做的墓碑,一边让泪眼仰望星空,一边回忆着那些曾经拥有过的快乐……

"如果你只有三个月的寿命,你将会去做些什么事?"这是一年多前荷西曾问过她的一句话。

"傻子,我不会死的,因为我还得给你包饺子呢!"

这些记忆中的甜蜜,此时却像冰冷的刀子,深深地刺痛着她早已碎成片片的心，使她越发疯狂地认为这一切只是一场噩梦，荷西只是睡去了，梦醒后一切都会重来……

然而，睁开眼，一切依旧，她看到的是自己憔悴的母亲，沉默的父亲，此时的她也沉默了，独自咽下了这份苦水，为的却是不让更多的人为她难过。终于，她将这份爱升华为了坚强。

这就是感动着我的三毛，有着一份浓得化不开的痴情，并且无私地热爱着她生命中出现的每一个人。书中的情景，使我心痛着三毛的伤痛，感动着她心灵的舞动。也许三毛并不知道，她的无私已经蔓延到了每一位读者，因为她的文字使我们在无形中懂得了有一种热爱叫做坚强。此时的坚强对于我来说似乎又笼上了时代的光芒。面对突如其来的汶川地震，我心中的三毛便成了坚强的化身，指引我更加坚强地面对祖国的危难，更加坚强地奋斗在属于自己的前线——学习。此时的我真想把这本书也介绍给灾区的孩子，让他们学会这种为爱而生的坚强。

三毛的故事也让我懂得了生与死的内涵。在她悲痛万分时，曾对父母说："如果我选择了自己结束生命这条路，你们也要想得明白，因为在我，那将是一个更幸福的归宿。"谁知，这句话却深深地刺痛了父母的心。对此三毛十分愧疚，终于，她在文章中发出了这样的感慨："我愿在父亲母亲丈夫的生命光环里做最后离世的一个，如果我先去了，而将这份我已尝过的苦水留给世上的父母，那么我是死不瞑目的，因为我已明白了爱，而我的爱有多深，我的牵挂和不舍便有多长。"的确，她想开了，她要做一只暂时的不死鸟。而我也被她的文字打动了，一个有责任感的人，是没有死亡的权利的，他应当珍惜自己的生命，不能让爱他的人受伤。

三毛的故事更诠释了真情，真情其实就是渗透于平凡生活中的炽热感情，真情来源于平凡，也体现在朴实。而三毛恰好做到了这一点，她丝毫不加装饰的语言却能撩动人们内心深处那根最细但音调最高的弦，给人以更深的震撼。也真的感谢三毛，她使我学会了体味身边的真情，使我完全沉浸在真情的海洋中，感受着收获的幸福与温暖。

此时的我想起了书中的一首短诗：

记得当时年纪小　你爱谈天我爱笑

有一回并肩坐在桃树下　风在林梢鸟儿在叫

我们不知怎样睡着了　梦里花落知多少

这仿佛就是三毛不平凡的一生，花虽落，留给我们的却是“书里花香几时了”。那份深沉的油墨气息与淡雅的精神香气，包含着感动，包含着心痛，包含着坚强，包含着生死内涵，更包含着真情，让我在不知不觉中接受了一次心灵的洗礼，香气的熏陶，灵魂的升华。

合上书，思绪依然随落花飘飞，也许坚强、感动、真情仍不能把这本书的美诠释得淋漓尽致。那就让我把它介绍给你，分享最美的快乐。

（指导教师：李奇悦）

哈尔滨出版社

云南人民出版社

中国学子的精神家园

天津市大港区第一中学　刘雅丽

很少有人不知道杨振宁、邓稼先、朱光亚、李政道的名字，很少有人不为西南联大——一所在中国半壁江山沦陷的情况下，在抗日烽火中诞生的联合大学，为中国和世界培养出如此众多的优秀人才感到震惊。而《精神的雕像——西南联大纪实》是向我们展现了在跌宕起伏的岁月中，一群满腔热血、刚毅坚卓、舍身为国的爱国者及他们永垂不朽的精神的雕像。

《精神的雕像》是一部长篇纪实小说，全书16章，29万字。该书作者李洪涛，生于1963年，现为云南电视台编导。《精神的雕像》是基于真实的历史资料和真实的人物命运而展开想象和进行细节描写的，因而显得更为真切和感人。

生长在和平盛世的我翻开这本书时，油然升起无比的崇敬，真正感受到历史脉搏的跳动，内心掀起了无法平息的浪潮。在山河破碎、血雨腥风的日子里，中国知识圣殿中的精英们，演绎了一个个雄浑、悲壮、激荡、感人的传奇。战火纷飞时他们徒步千里，炮声隆隆中他们耕读不辍，讲课赶上暴雨敲打铁皮屋顶只好“停课赏雨”。吃着掺有老鼠屎的“八宝饭”，坐着只钉一块木板的“火腿椅”，联大人顽强地活了下来，像一棵棵在瓦砾中生出的倔强的小树。小树在狂风暴雨中生长，参天，入云。西南联大先后培养出各类人才8000余人，其成才率之高，做出贡献之大，在世界上实属罕见。

就是这样一群英才，他们以最强烈的敬业敬学精神，顽强执教，刻苦学习。

曾读到，当时还是西南联大学生的邓稼先，一边上学一边当电灯匠养活自己。一天晚上，他在酒店偶然遇上了美国航空队的一位机械师，这位机械师不屑地说："中国大学物理系的学生，只会在大街上修电灯泡。电灯是十九世纪的工业，中国没有现代工业，更没有现代物理。"

邓稼先听到这里，不卑不亢地回答："先生，只要再给中国20年时间，太平洋那边最先进的东西，中国人都能造出来。"

也仅仅相隔20年，1964年10月16日，在中国新疆戈壁滩上震惊世界的一爆，实现了当年19岁的小电灯匠在小酒店里对美国机械师的预言。20年间和20年后，无数邓稼先一样的联大人也像那戈壁滩的原子弹和氢弹，在世界自然、人文和社会科学领域的天空上爆出了声声巨响，发出了属于中国的强音。

读着这样一个个或令人骄傲、或令人触动、或令人热血沸腾的故事，坐在明亮灯光下重温那代人的求知道路，我心潮起伏，无法平静。曾经多少次在题海扑腾中迷失了方向，曾经多少次在书山攀登时心生倦意。而现在，多年来一直漫无目的的我，第一次认真审视自己的学习。我不止一次地暗暗发问，学习为了什么？联大人告诉我，学习不仅仅是为了自己。从他们身上，我看到了刻苦学习更为崇高的动机，那就是为了祖国的强大，为了振兴我们可爱的中华！我想所有我的同龄人都应该读一读《精神的雕像》这本书，这样不仅能让我们了解历史，铭记中国在上世纪三四十年代，有着怎样一群艰苦卓绝而又自强不息的知识分子，更能让自诩学有长进的我们深刻地理解读书的目的，探求人生的意义，珍惜现有的学习环境，为了远大的志向而奋斗不息。

"中国不是法兰西，因为中国永远没有最后一课！"多么激荡人心的铮铮誓言。如今，闻一多那铿锵的声音远了，入滇泥泞的红土地上联大人的脚印淡了，但是，社会对联大精神的呼唤却越来越多，越来越强。今日的我们拥有太多优越的学习条件，良好的学习环境，却独独缺少了联大人对精神的执著坚守和对知识的热切渴求。望着他们的背影，踏着他们的足迹，我们便能稳住脚跟，便能放远视线，便能为求知路上的下一步找好坐标、汲取力量。读一读《精神的雕像》吧！让我们在西南联大精神的鼓舞下一步一步地走下去，一直，一直，向着前方！因为前方，永远矗立着西南联大的精神雕像！

（指导教师：李善玉）

传世经典

天津市津英中学　闫蕾

《论语》是一部儒家经典著作，约成书于战国前，它集中体现了春秋战国时期大思想家孔子在政治、伦理、哲学、教育等方面思想。自汉至清，《论语》都是读书人求仕做官的必修课本，成了士大夫知识分子的思想言行基础，而且影响到整个社会生活、伦理道德，并渗透到政教体制、民间习俗和心理习惯中。两千多年来，人们不断地研究《论语》，认识、发掘其思想，源远流长，经久不衰。

《论语》只有12700余字，虽简明扼要，但内涵却很丰富，从治学、从政、修身、养性乃至交友之道等方面，孔子都有深刻的见解。我们阅读《论语》，不仅要注意到孔子说了些什么，还要认真思考孔子为什么会这样说，这就需要了解一下孔子的个人经历。

孔子3岁丧父，少时家境贫寒，15岁立志于学，做过管理仓库的“委吏”，和管理牛羊的“乘田”。他虚心好学，30岁时，博学多才的孔子成为当地较有名气的一位学者，并在阙里收徒授业，开创私人办学之先河。他曾周游列国长达40年之久，一直宣传自己的主张，相传有3000名弟子。孔子是开创教育办学的鼻祖，更是厚德弘学的典范。

在孔子的人生理论中，非常向往原始社会末期那种温情脉脉，带有血缘关系和牧歌风味的人生境界，极力推崇以“君子”为象征的人格理想，并设计了达到人格理想的途径，实行“仁”“忠”“恕”和“孝悌”的行为准则，“知其不可而为之”的处世态度。主张统治者对人民“道之以德，齐之以礼”，从而再现“礼乐征伐自天子出”的西周盛世，即他一心向往的“大同理想”。

“仁”作为孔子的核心思想，在《论语》中出现了104次。孔子提出“克己复礼”，要人们以克制和礼让的态度调和社会矛盾，不断反省，循礼而行，达到“仁”的境界。但“仁”绝不仅是修养问题，它还是人与人相处之道，孔子进一步提出“仁者爱人”的思想，“己所不欲，勿施于人”，孔子希望建设的正是一个充满仁爱的社会。我们今天常说，天时，地利，人和是国家兴旺、事业成功的基础，特别是在我们努力创造和谐社会的今天，人与人之间的和谐显得尤为重要。由此可见，孔子的仁爱思想具有重大的现实意义，时至今日仍可借鉴。

孔子身为一名杰出的教育家，在教育方面也有很多精辟的言论。他特别注重因材施教，强调把握时机，进行启发式教育，力求学生能做到举一反三，触类旁通。作为一名高中生，我更留心孔子在治学上面的观点。我明白了要有“敏而好学，不耻下问”的学习态度，“温故而知新”的学习规律，“学而不思则罔，思而不学则殆”的学习方法，并把它们与自身的情况相结合，经过不断摸索，制定出一套真正适合自己的学习方案。

此外，《论语》当中还有不少为人处世的格言警句，对我们学习和生活有极大帮助，极富哲理性和启发性。例如：

“人而无信，不知其可也”——做人却不讲信用，不知他怎么可以立身行事！

“逝者如斯夫！不舍昼夜。”——孔子一方面感叹时光易逝，往事不在；另一方面以水为喻，勉励我们进德修业，都应该像那永不止息的河水一样，孜孜不倦，不舍昼夜。

“无欲速，无见小利。欲速则不达，见小利则大事不成。”——图快反而达不到目的，贪图小便宜就办不成大事。无论个人事务还是国家大事，都要反对急功近利，所谓“风物长宜放眼量”也就是这样的意思。

这些至理名言，即使在今天，也值得我们认真思考。

总之，《论语》作为中华民族重要的精神遗产，值得大家认真阅读，仔细品味。仔细研读此书，必会让你耳目一新。短小浅显的篇章，却蕴涵着许多人生的哲理和处世的大道理，加深了我对人生的理解，并能将它与今天的生活联系起来，使它们成为我人生道路上的指明灯，让我走得更轻松，更洒脱。虽然“半部论语治天下”的话有些夸张，但精读细研这一千古不朽的名著，一定能使我们受益无穷。

（指导教师：杨晓君）

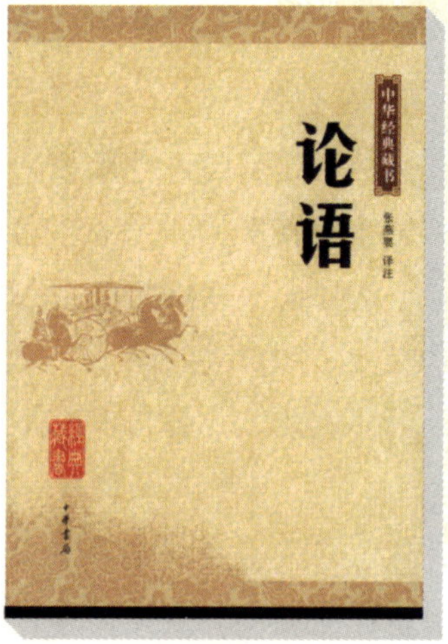

中华书局

解读经典诠释人生

天津市大港区第一中学　刘家序

复旦大学出版社

我原本对中国传统文化特别是四书五经没什么兴趣，后来，在老师的“逼迫”下，看了一遍南怀瑾大师的《论语别裁》。在读的过程中，我已经沉醉于中国传统文化的巨大魅力中不能自拔。虽然我对南先生的观点不能完全赞同，但我不得不说，这本书依然堪称一部巨著。他的最大作用就是将原本晦涩难懂的古典语言通俗化，让更多的民众明白了中国传统文化的博大精深和巨大魅力。

既然读一个人的书，就不能对作者毫无了解。南怀瑾先生1917年生于温州。自幼接受私塾教育，少年时即遍历诸子百家，兼及拳术剑道，同时苦心研习文学书法、诗词曲赋、天文历法、医学养生诸学，并深得其精要，是目前少有的国学大师、禅宗大师。1949年到台湾后，执教30年，桃李满天下。正如他自己所说：“上下五千年，纵横十万里，经纶三大教，出入百家言。”然而，就是这样一位经纶满腹的老人，却十分谦虚，正如一位读者所赞：“文章分明正道来，却拟谦辞作别裁。旁征博引醉书客，润身齐家济吾侪。”

接下来谈一下我对这本书的感受吧。《论语别裁》向我们揭示了《论语》这本书的价值，无论在任何时代、任何地区，只要不加以曲解，始终具有不可摧毁的价值。后起之秀，如笃学之，慎思之，明辨之，融会有得而见之于行事之间，必可得到自证。

这本书首先从“学而时习之”开始，从“什么是学问”入手，使我们更加深刻地认识到《论语》的深厚内涵，也从一个侧面说明了《论语》被后人歪曲误解所带来的后果。书中提到，“学问”并非简简单单地指的是学识，有的人没有学识，但是，他懂得人情，做事做得对，话说得对，他就有学问。同时，书中还阐述了人们对学问的两种不同认识，并结合孔子当年的实际情况，用辩证的思想从两方面思考，最终向我们说明《论语》是一本教人做人的书。

《论语别裁》使我们感到《论语》并不神秘，它不过是一部记载人的行为规范和行为准则的文献而已，就如同我们的《中学生日常行为规范》一样。同时，《论语别裁》还让我们感受到了《论语》的神圣，它是我们先人的智慧结晶，是一朵永远富有生命力的思想之花，是我们中华文化的重要组成部分。所以，我们必须学习并掌握《论语》的思想精髓，并应用到我们的日常生活与学习当中。

有人感叹爱过才知情重，醉过才知酒浓，而我说读过才知书的生命力无穷。当你静下心读完《论语别裁》，就会知道什么叫“一篇读罢头飞雪”，什么叫“几千年多少英雄血”。不由你不感叹中国历史的厚重与伟大。另外，南先生在阐述古代文化时处处体现着他忧国忧民的思想，联系到现实社会，用通俗、诙谐的语言告诉了我们《论语》对我们的现实作用。

（指导教师：陈俊梅）

苦难造就人才

天津市宝坻区第一中学　王靓

我上初中时读过一本书，这本书紧紧地吸引了我，震撼了我，它深深地荡涤着我的心灵，使我学会从苦难中顽强地站起来，拼搏进取，永不放弃。这本书就是法国著名人道主义作家罗曼·罗兰的《名人传》。傅雷曾这样评价它，你只要打开它，生命的烈火就会扑面而来。

《名人传》第一部分《贝多芬传》，第二部分《米开朗琪罗传》，第三部分《托尔斯泰传》，分别讲述了这三人各自苦难坎坷的一生。他们是世界音乐界、雕塑界、文学界的巨匠。大家看到的往往都是他们光辉灿烂的一面，其实他们成就的后面是无尽的艰辛和苦难。没有人一生能够一帆风顺，这本书为我们广大的中学生如何在逆境中勇往直前、自立成才，树立了榜样。

读完贝多芬这一部分，一种敬佩之感在我心底油然而生，我不得不为他那不屈不挠面对苦难的精神所折服。他的一生经历了太多苦难。童年时为了维持生计被逼学音乐，十几岁失去了至亲至爱的母亲，在爱情中也屡屡失意。但他以坚强的毅力投入到音乐的创作中去，写出了一系列辉煌的作品。后来他又不幸耳聋，这对于音乐家来说是致命的打击……我无法形容他到底有多么不幸，但我知道：他是一个心灵伟大的音乐大师。他也曾孤独过，痛苦过，绝望过，可他凭借着自己的不屈不挠，勇敢地战胜了所有的苦难！世界没有给他欢乐，他却在生命的日日夜夜里谱出了许多不朽篇章，使许多同他一样遭遇的人找到了心灵的慰藉。与命运的斗争，他胜利了，这场胜利非同寻常！最终，他携着《欢乐颂》安静地离开，给世界却带来了无限的欢乐！

《米开朗琪罗传》中描写了一个英雄式的天才，让我为之喜悦，又为之痛苦。令我记忆犹新的是，米开朗琪罗在生命的最后一刻仍旧创造着自己喜爱的艺术，为之无怨无悔地付出着。米开朗琪罗尝遍了一个人一生中可能遇到的所有灾难，他看到了自己故乡的沦陷，他看着一个又一个自己所爱的人离去。他在精神上不断自我斗争，甚至厌恶自己，却无力改变。于是他全身心投入于雕塑中，那些作品正体现着他的灵魂：哀愁的《哀悼基督》，淡漠的《睡着的爱神》，充满着轻蔑与悲哀的《大卫》。

最后，我怀着崇敬的心情阅读了《托尔斯泰传》，原来他也没有逃脱命运的捉弄：他从小丧失父母，经受过人间最底层的遭遇。他的内心也曾惶恐不安、孤独失望过。但是他有博爱之心，他相信爱的力量，相信信仰的力量，他从不以斗争的方式来对付对手。他不为人理解，可他没有放弃创作。他也是经历了超越常人的磨难才成为伟人的，他可以不发表作品，但他不能不写作。无数磨难成就了他一部部享誉世界的巨著。我被他的博爱与执著深深感动着，被他的顽强与坚持所震撼着。他的经历告诉我，重要的不是我们遭遇了什么，而是我们面对苦难时要不断地去战胜它而不退缩。

纵观三人，尽管他们经历不同，但他们在肉体和精神上都经历过种种磨难，正是这些磨难成就了他们的辉煌。他们是平凡的，平凡得像所有人一样遭遇着苦难；他们是伟大的，他们用一生诠释了该怎样去面对苦难。

读一本好书，就好像与高尚的人谈话。《名人传》正是这样让我受益匪浅的好书。如果说有些书只要翻一翻即可，那么《名人传》则要深入地去读，去体会。只有置身其中，我们才能体会到在那个时代那种条件下他们的顽强，才会为他们取得的成功而喜悦不已，才会被他们深深地感动，才会像他们那样，坚韧不放弃，不等不靠地书写着自己的人生。所以说，《名人传》不仅可以丰富我们的历史与文学知识，更可以帮我们树立正确的价值观人生观。

阳光总在风雨后，乌云漫天别躲闪。请相信：我们定会等来雨后的彩虹！

（指导老师：周建玲）

中国对外翻译出版公司

花城出版社

人生的导游

天津市静海县独流中学　李煜阳

那是去年一月份的时候，没有上课铃催促的我还是习惯性的早起。偶然走进书店发现了《培根随笔集》。打开朴实的书认真地读了起来。万万没有想到，这本其貌不扬的书中竟包含了一个深邃的世界！直到现在，每次打开它时，都仿佛在聆听一位睿智的老人侃侃而谈，让我受益匪浅。

《随笔集》仅有230余页，共58篇散文，却包含了培根一生思想的精髓。它涉及了政治、宗教、经济等影响人类生活的方方面面的内容。作为一名学识渊博且通晓人情世故的思想家，培根对他谈及的问题均有发人深省的独到见解。我总是一边阅读一边思考，希望自已能与弗兰西斯·培根在思想上产生共鸣。书中语言简洁，说理透彻，警句迭出。

“真理或许可贵如在光天化日下最显璀璨的珍珠，但绝不可能贵如五彩灯火中最显辉煌的钻石和红玉。”是啊，在现实的利益与权势的诱导下确有不少人不再追求真理。在这些人眼中又有哪条真理比得上他们手中的物质呢？那些深植于心中的假象不正迷惑着他们远离显而易见的真理吗？培根还说：“最令人无地自容的恶行莫过于被人发现其阳奉阴违，背信弃义。”背弃真理而走进虚假的幽巷，虽能获得一时的便利，但绝不比康庄大道来的受人景仰，而一旦被人发觉自身的虚假，那斥责之声必会如洪水般卷来。我想若金钱与权势不从人心中走出，若人们不能在迷失前得到劝告，那绕真理之轴而转的和谐社会就不会出现。

关于胆略培根也有其独到的见解。他说:“胆大于决策有害,但对执行决策有利。”且不论这句话正确与否,只说他这一分为二的思想方式就显得宝贵。培根对胆大并未完全否定,更没有完全肯定。而是根据胆大所处的环境,提出在需慎行的决策中胆大有害,而在需果断的执行中胆大有利。在我看来,这种思想很可取,因为所有事情都不是绝对完美,若想用一个答案解决所有问题是不可能的。

对友谊,书中更有鲜明的观点。“在没有爱心的地方,熙攘的人群并非伴侣,如流的面孔无非是条画廊,而交口攀谈是铙钹作声。”“朋友乃另一己身。”我个人是十分赞同这一看法的。朋友让我们远离可怕的孤独,如果没有真正的朋友,我们将面对的是一种纯粹而极其可悲的孤独。就如一句谚语所说:“一座城市便是一片荒野。”在这种无友谊的荒野上行动,比死亡来得更加恐怖。

培根说:“所有情感中最令人神魂颠倒者莫过于爱情和嫉妒。”在我看来,二者都会引起人的欲望,尤其后者往往会使人误入歧途,一旦某人妒火中烧,那么道德与法律恐怕也难以将其约束。“嫉妒是一种爱游荡的感情,它总在街头闲逛,不肯呆在家中。”嫉妒者必对被妒者了如指掌,因为“不肯呆在家中”的嫉妒是那些爱探他人隐私者在街头闲逛而得来的。怎样规避这妒火呢?培根有一个好办法:“聪明人宁可吃点亏,而给嫉妒者一点实惠,有时故意在与己关系不大的事情上让对手占占上风。”如此,给嫉妒者一个展示的机会,满足他的虚荣心,那妒火将不浇自灭。

培根对消费的看法也很有见地,当我读到:“欲振兴家业者断不可轻视小节,须知减少零星花费通常比屈尊而求小利更为体面。”一句时,大有相见恨晚的感觉。我就常常不假思索的买东西,这些东西多数都是几天后便无用处可随意丢弃之物。而每次买完后都会有些“经济问题”。如果真如培根之言,减少这些无用且松散的花销,我就不会再抱怨零用钱太少了。我想这也是我同龄人的通病吧。我们要及早学会理财,养成理性消费的习惯。

《随笔集》不是一本纯说教的书,《随笔集》就像拿着地图看景点一样,它就是多彩人生的游览图,指引着人生的方向。培根确实是我人生中的一位合格的导游。

(指导老师:张淑丽)

读书之思

天津市第一百中学　孙毓奇

“功名富贵无凭据，费尽心情，总把流光误。浊酒三杯沉醉去，水流花谢知何处。”这是《儒林外史》开头的几句。

《儒林外史》是我国清代一部杰出的现实主义的长篇讽刺小说，主要描写封建社会后期知识分子及官绅的活动和精神面貌。

全书故事情节虽没有一个主干，可是有一个中心贯穿其间，那就是反对科举制度和封建礼教的毒害，讽刺因热中功名富贵而造成的极端虚伪、恶劣的社会风俗。吴敬梓出身仕宦名门，父亲逝世后，家族内部展开了争夺财产和权利的争斗。经过这次纷争，他无心做官，并对虚伪的人际深感厌恶。当时，由于时代的局限，作者在书中虽然批判了黑暗的现实，却把理想寄托在“品学兼优”的士大夫身上，宣扬古礼古乐，看不到改变儒林和社会的真正出路，这是应该加以批判的。

“学而优则仕”，正是这句话害了一批又一批的读书人。他们废寝忘食地读书，从黑发垂髫考到白发苍苍，周进，梁灏，范进……无数人陷入科举之中不能自拔。鲁迅先生称封建礼教为吃人的礼教，那么称封建科举制度为害人的制度也不为过了。

读书，强调的是一个求知的过程。王国维说得好，读书分为三个境界：“昨夜西风凋碧树，独上高楼，望尽天涯路”是立志；“衣带渐宽终不悔，为伊消得人憔悴”是奋斗；“众里寻他千百度，蓦然回首，那人却在灯火阑珊处”，这才是真正的成功。我认为，读书最关键的在于“取其精华，去其糟粕”，批判的吸收，然后再转化为自身的力量。可惜，有些读书人数十年如一日地读书，却忽视了其真正意义，把读书当作了取得功名利禄的工具。

当然，“世人皆醉我独醒，举世皆浊我独清”的人不是没有。楔子中写到的元末画家王冕就是其中的一个。他从小因家境贫寒在牛背上博览群书，自学成为名笔。从朝廷行文到浙江政司，都要征聘王冕做官，他却隐居于会稽山。在功名面前心如止水，也只有王冕这些儒林中的凤毛麟角了。

几百年后的今天，翻开《儒林外史》细细品读。时而叹息，时而莞尔。吴敬梓用诙谐的语言，把封建社会科举制度的腐朽黑暗面刻画得入木三分。后人亦有"慎勿读《儒林外史》，读竟乃觉日用酬酢之间，无往而非《儒林外史》"之叹。

初看《范进中举》时虽惊异于作者的独具匠心，却对作者的真正用意不甚明了，直到翻开《儒林外史》浏览了整个故事之后，才有了明晰的理解。《范进中举》讲的是近花甲之年老童生范进终于中举，欢喜至疯，最后被平日最怕的老丈人胡屠户一巴掌打清醒的故事。纵观全文后感触颇多。

中举对范进是好事，苦考了几十年终于出头，从他发疯足以看出那时的读书人对功名的痴迷。但他们的痴迷并不是为了治国之道，而是纯粹的个人利益。范进中举前后判若两人，中举前低三下四，中举后便有了大老爷的官腔。甚至在为母亲守丧时，在筵席上大用荤酒。中举后不出几日，良田美宅应有尽有。这就是科举制度的祸害，利欲熏心。

中举对胡屠户来说，也是意义重大。他前倨后恭，说："(范进)虽是我女婿，如今做了老爷，就是天上的文曲星，是打不得的。"如此便把一个势利小人的嘴脸刻画得淋漓尽致，他正是那些中了科举功名荼毒的市井小人的代表。

还有那些乡绅，都在第一时间忙不迭地为范进送金送银，正是他们为政府传播科举之毒推波助澜。

作者还具体描写了临死伸着两指头，唯恐两个灯芯废油的严监生，强抢人猪、用云片糕当药讹诈船家的严贡生兄弟俩，举着科举饭碗的名士们，科场屡屡落败的不时挤出几句经典的马二先生之类的人。

书中充斥着讽刺的意味，这与作者生活背景很有联系。吴敬梓慷慨好施，被曾经煊赫的家族看成败家子。他后半生十分潦倒，旁人几次三番劝他参加科举他都不应。因贫困，他无法取暖，常同朋友绕城行走还"歌吟啸呼，相与应和"，并称其为"暖足"。就在这样的背景下，吴敬梓创作出了这一长篇讽刺巨作，惟妙惟肖、淋漓尽致地描绘了这一幅儒林群丑图。

闭上眼睛，也许会不由自主地问：自己会不会像书中的哪个人物？会不会一样迷失自己的方向？人到底要以怎样的心态处世？路，到底应该怎样走下去？

(指导教师：王香婷)

哈尔滨出版社

激活你体内每一个细胞

天津市东丽区四合庄中学　王园园

群言出版社

黄色给人以无限遐想，本书便采用了夺目的绚丽黄色作为封面，又被一枚似有似无的指纹附着，浑圆醒目的书名盖在了指纹上，这便是我极力向大家举荐的一部书——《潜能》。这是一本比其他同类书籍更加给人以智慧的经典著作，因为它并没有向你吹嘘什么罕见的主张和令人匪夷所思的高深哲理，它提出的法则使人们简化了对人生的理解却丰富了生活的多样性，显示了作者独到的见解，传递出了自己最恰当的诠释，这些都是我们无法抗拒的“精神美食”。

《潜能》的作者罗伯特·科利尔提出了许多让千万人开阔视野的全新概念。他1885年出生于美国路易斯，幼时违背家人的意愿，前往弗吉尼亚寻求自己的命运，后来到了纽约，在他叔叔创办的出版社工作，他总结出自己实践销售的实战技术法则，取得了惊人成绩。《潜能》影响和改变了几代西方人的思想与生活，本书由万涛翻译，群言出版社出版。本书前言部分向我们列举了6个例证阐述了大多数伟人和颇有成就的人都是在不利的条件下开始自己的人生征程的。 全书被清晰的划分为4章26篇，给我们极为经典的精神法则。

一、让我体会到了信念的魔力，很神奇。在这本书中我看到了一个权威理念：“无论它存在于显要的位置上还是被安置于卑微的位置，都可以给你带来极大的麻烦或是极大的满足。”我们要激活体内的每个细胞，并且在年轻时代没有什么不可能。最可贵的也是最伟大的莫过于相信自身天赋的魔力！本章列举了诸多事例，告诉我们信念是伟大的力量。文章中拿破仑与美国第18任总统的故事叫我们时刻记住:摇摆不定的人就如海上的波浪。被海风吹来吹去,这样的人到头来总是一无所成。南非的凯姆伯雷金矿和著名的科摩斯托克铁矿的故事向我们展示了:机会就像空气中的氧气,它是那么的富足以至于我们可以毫不费力地呼吸到它。鲁塞·康威尔的故事告诉我们,人类若是失去了勇气,便失去了一切;杰西·B·瑞顿豪斯的故事说明了,我们向人生探索什么样的待遇,人生就给予我们什么样的待遇。没有信念的人也就没有成功的欲望,也就不会有大的成就,没有信念的人将注定一生碌碌无为。你的成功取决于你的信念。

二、给我精神的力量。同样,事例与自己的理解构成了本章的结构。文章中引用的《圣经》和《旧约全书》等几部名著中的经典内容,无非要说"赞美是打开美好生活之门的钥匙",幸福来自于给予。让我体会到如何把握自己的命运,只有了解自己改变自己,努力加上毅力才可以战胜一切。其中有寓意颇深的短篇故事,例如美国第18任总统尤里西斯·辛普森·格兰特他每战必胜,公众称他为"无敌尤利西斯";又因他接受李将军投降,结束4年内战,被称为"阿波麦托克斯英雄"。正因为具有了精神的力量,他成功了。读过这本著作,让我发现哲理其实就是这么平凡,它让我明确地做出了一天的行程和每步计划。轻松地让一切如愿以偿又不脱离现实。

三、让我充分挖掘自身的能量。"人生来都是平等的,自由的,在给予我们的所有东西之中唯一可以用来营造生活的工具就是思想。任何一个人用来营造生活的材料都是一样的,这种材料就是创造力。"本章中的每句话都让我受益匪浅。

四、给我提出了有效地激发潜能的定律。从全书的结尾篇里,我看到了"良好的开端是成功的一半"。在这里我看到了所描绘的天堂,让我有一种要做一个思想者,做一个命运的主宰者的力量。全书无数强有力的事实使我体会到:只要你想到并相信就可以实现这一朴实真理。

半个世纪过去了,《潜能》依然畅销各国,我迫切地希望你看到这本书,因为它能让你反思过去,畅行未来,叫你进入完美的全新时代。

(指导教师:于杨)

行千里始于跬步

南开大学附属中学　刘子璇

“每天进步一点点，未来就会更加精彩；每天自信一点点，成功就会不请自来。”一位单亲母亲写给在异乡留学的儿子的每周一信，成为我案头每日必读的宝书。全书将近二十四万字，读来却不觉其长。因为这些亲切感人的家信，或让我对学习有新的兴趣，或让我对自己有充分的信心，或让我对未来有新的憧憬。这本宝书就是《每天进步一点点》。

这本书的作者吴章鸿妈妈培养出一个杰出的青年钢琴家——吴纯。4岁半启蒙，16岁远赴乌克兰留学的吴纯，在留学期间共获得15项国际钢琴比赛大奖，被誉为“来自中国的钢琴天才”。持续7年的每周一信，都是吴妈妈与儿子的心灵沟通。信中，她把许多新奇故事和哲理性文章附上自己独特的点评展示给儿子。这让我在受到启发的同时，还感受到了博大而无私的母爱。正如书名所说的那样，每天进步一点点，7年的积累使得吴纯在学习、为人、处事等各个方面都非常优秀。可以说，儿子的优秀与妈妈的启发是有极大关系的。吴妈妈在指导孩子“脱颖而出”方面主要突出了下列七点：第一，不怕吃苦，要经受住各种磨难的考验；第二，踏实肯干，并且要干别人不愿干的事，干别人没想到干的事；第三，勇于面对新的环境，善于交际、沟通，学会化陌生为熟悉，化敌为友；第四，建立自己的朋友圈，因为人脉资源是一个人走向成功的最重要的资源之一，它有时甚至比能力更为重要；第五，了解自己，找准自己的位置，发挥自己的优势，打好手中的牌；第六，不打无准备之仗，不放过任何一个稍纵即逝的机会；第七，以全部精力经营自己的事业，经营自己的人生，为自己打造人生品牌。

从这位母亲对儿子的谆谆教诲中，我读到了乐观与自信。在人生的漫漫长路上，或大或小的挫折和打击就像路面上的石子一样随处可见。走在这条坎坷之路上，虽然可能绊倒、摔伤，但也时刻有鸟语盈耳、花香扑鼻。办法总比困难多，快乐总比痛苦多。生命的韧力让风尘仆仆的路人在旅途中越来越坚强与自信。英国的伦敦塔原是囚禁政治犯的监牢，在一间囚室的石墙上，有位犯人刻下了这样一句话：“杀人的不是逆境，而是遇到逆境时那种消沉烦躁的心情。”吴妈妈用生动的故事告诉我们，听天由命、自暴自弃是人生最大的陷阱。我们一定要有一种积极向上的心态，永远不放弃自己，就没有什么苦难能击倒你，所以打倒你的不是别人，正是你自己，战胜自己也就是战胜一切。

吴妈妈的信中还提到了吴宇森的动作大片。“暴力美学+英雄不死”是动作大片长盛不衰的秘密。然而，当我们从纷繁复杂的武打镜头中跳脱出来分析情节，总能发现其中的弱点。那些反派无论总数是多是少，非要一个一个依次与英雄对战。“要是他们一起上，英雄还能永生吗？”吴妈妈抓住我们心里的疑问，打了一个有趣的比方。我们就是不死的英雄，而困难就是总数不定的反派。在任何一个时段，英雄面对的反派只有一个。而我们面对的困难也只有一个，因为困难总是一个一个地到来。只要克服了一个个来到眼前的困难，成功就离我们越来越近。我们也能成就英雄不死的神话。

“你生来就是做冠军的。想想吧，数以千万甚至亿计的精子参加了巨大的战斗，然而其中只有一个得了胜利——就是构成你的那一个！在母亲的子宫里成长的近十个月，每一时刻你都面临着流产甚至成为怪胎的挑战，只有这一切的战斗皆获大胜，才能最后如愿，塑造出无与伦比的你！”吴妈妈告诉我们，既然每个人都是一场“超级竞赛”的优胜者，我们何必还要背上自卑的包袱呢？我们要从心底真正树立一个坚强的信念：我有能力做到最好！我一定能成为生活的强者！

处在人生的花季雨季，总是看见窗外的绿肥红瘦，烦恼和忧愁也接踵而来。而这本宝书就像是春日午后的一杯香茗，用略带清苦的幽香，驱走了我内心的浮躁和忧郁，把我从懒散倦怠中唤醒。

“每天进步一点点，未来就会更加精彩；每天自信一点点，成功就会不请自来。”亲爱的朋友，一年之计在于春。快点翻开这本宝书，为自己的春天打开一扇窗；反复品读这本宝书，祝你早日迎来生命的春天！

（指导教师：赵妍）

北京少年儿童出版社

谁与争锋

天津市第四中学　张芳萌

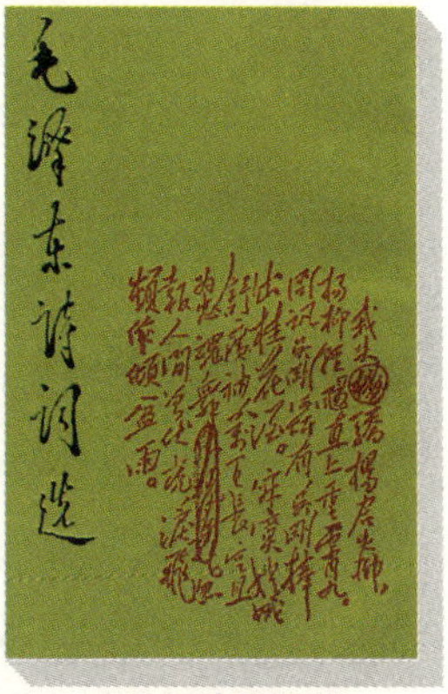

人民文学出版社

一位诗人赢得了一个中国。

——题记

听，“待到山花烂漫时，她在丛中笑”是何等的洒脱；看，“一桥飞架南北，天堑变通途”是何等的雄阔；想，“萧瑟秋风今又是，换了人间”是何等的激昂。

不错，这是毛主席的诗，这是毛泽东的诗。我有幸能在青年时代就拥有了一本《毛泽东诗词选》。《毛泽东诗词选》一书收录了毛泽东诗词共50首，内容丰富，大气磅礴。这些诗词跳动着时代精神的脉搏，激荡着时代感情的潮汐，抒写了无产阶级革命家崇高的品质与博大的胸怀。在我的青春道路上，给我以人生的指点。

我们没有理由不读毛泽东的诗词。

毛泽东雄才大略，为一国领袖，但你可知他的本色是位倚马千言的诗人。

论大气磅礴，曹操当之无愧，但在我看来却逊毛泽东一筹。不错，曹操有“登高必赋”的豪情。不是有“对酒当歌，人生几何”的豪迈为证吗？不是有“周公吐哺，天下归心”的胸襟为证吗？但是能真正做到戎马倥偬仍不能废咏的又有几人？除了毛泽东，再没有人写得出“谁敢横刀立马，唯我彭大将军；”再没有人写得出“雄关漫道真如铁，而今迈步从头越，从头越，苍山如海，残阳如血”。毛泽东的诗博大恢宏，一泻千里。他的诗词似狂傲的海浪，似浩远的苍穹，似直挺的修竹，直指世间万象，毫不犹豫。

众所周知，李煜因才华横溢、文辞优美而著称。一句“问君能有几多愁，恰似一江春水向东流”唱彻大江南北，叹惋之意绵延不绝。不知不觉中流淌了几百年，哀怨了几百年，久久不肯释怀。但同样是离别，同样是柔情，“重比翼与云翥”、“凭割断愁恨缕”婉转中蕴藏坚定，叹咏中不乏豁达。毛泽东的诗词就是这样，摒弃了古人的千篇一律，即使是难得一见的婉约，也因他独有的才情画出了中国古体诗中一抹浓重的色彩。

我们没有理由不读毛泽东的诗词。

毛泽东的诗词总是那么具有感染力。他的诗词不单是文学作品，更是吐纳风云、评说春秋的伟作。细细品味，他的诗词蕴藏着太多的精神内涵。

在我看来，毛泽东的诗词中有一种旷达的精神内涵。古往今来，寓情于景，乐对人生的诗文不胜枚举。想那《赤壁赋》中“逝者如斯，而未尝往也；盈虚者如彼，而卒莫消长也”的名句，彰显了苏轼旷达乐观的人生态度。但当你看到毛泽东的诗句：“不管风吹雨打，胜似闲庭信步，今日得宽馀，子在川上曰，逝者如斯夫！”才忽然明白，什么是气势轩昂，什么是飞扬情志。

奇想更是毛泽东诗词的精神内涵。你知道李白未登天姥而梦游天姥，可你是否知道毛泽东未到昆仑而写昆仑，而且写得这样有力，真实可感：“横空出世，莽昆仑，阅尽人间春色。”你知道《庄子·逍遥游》中云：“水击三千里，抟扶摇而上者九万里。”可你是否知道毛泽东早年就吟出：“吾行吾为发浩歌，鲲鹏击浪从兹始。”这是大气，这是自信，这是毛泽东的广阔胸怀。

战争年代，毛泽东的诗词犹如鼓点，强劲有力，震碎了敌对势力手下媚骨文人出卖民族的玻璃谎言，带领中国人民走向革命的胜利；当今时代，毛泽东的诗词犹如一缕春风，净化了无数青少年的心，鼓舞中华儿女建设祖国的斗志；就是在将来，毛泽东的诗词也会如澎湃的海潮激荡中华儿女的心胸，引领我们奋斗、向前。中国文人骚客何其多，谁又能具有如此的影响力？毛泽东的诗词一出，谁与争锋。所以我真诚地将《毛泽东诗词选》一书推荐给大家。

“恰同学少年，风华正茂”，让我们感受伟人的才情与胸怀，“到中流击水”，做时代的弄潮儿。

（指导教师：王文娟）

管好自己，把握人生

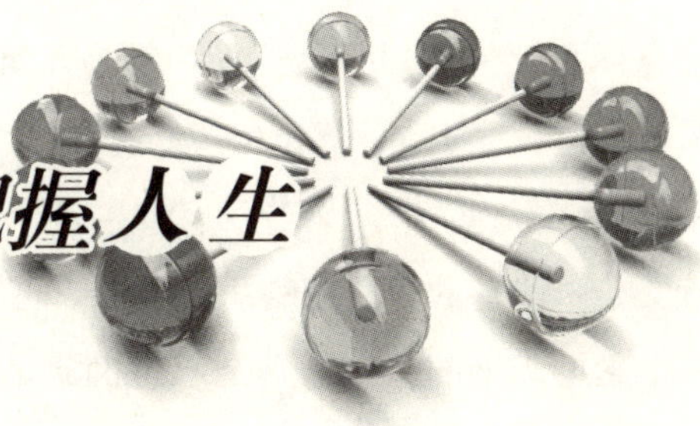

天津市第二南开中学　宋晓辰

人生像是一只出海的船，面对静谧的慈祥和汹涌的霸道相互交迭的环境，只有自己把握住方向，才会驶向成功的彼岸。

——题记

这是我在看过卡耐基的《如何管好你自己》之后的深刻感受。

想要成功，首先要学会管好自己，这是先决条件。每个人都在为成功而努力着，但成功往往只是少数人的结局。《如何管好你自己》这本书就为我们展示了各种方法以及人生道理，教会你怎样管好自己。

卡耐基在第一章就明确了这样一个观点：管好自己方能创造成功人生。

怎样做才算管好自己呢？管好自己首先要认识自己。很多时候，人的眼睛可以清楚地看到他人身上的闪光点或是不足之处，而看自己时却像是被蒙上了一层纱，模糊不清。以前，我总是极力否定自己，感觉似乎每件事情都不能尽善尽美，我只看见了身上的不足，于是自信心渐渐跌落到了谷底。认为生活像一口朽井，毫无生机。这样的我，如何在各方面取得成功呢？一次心情不好的时候，偶然看到这本书，便如同在漆黑的夜晚看见了灯火一样，被它吸引。我反复琢磨里面的字字句句。很快，我就像一个迷失方向的孩子重新找到了回家的路一样，看到了自己的问题所在——没有好好认识自己。这是我读这本书所得的第一个感悟。

人要有清醒的自我认识，然后就是树立目标。设定恰当的人生目标，也是自我管理的一个方面。人有目标,人生才会变得有意义。生活有斗志,成功才会离你更近一步。然而,这一切都是建筑在健康之上的。这是我从书中得到的另一个感悟。身体是革命的本钱。是啊,那些阔绰的房子,豪华的轿车,奢侈的服饰,全都是些“0”。倘若没有健康这个数字“1”的存在,一切将变的没有任何意义。卡耐基的巧妙比喻耐人寻味。健康包含了两个方面,一是身体上的,另一个是心理上的。快乐则是心理健康的良药。保持良好的心情,笑着面对生活,你会觉得生活着就是最大的幸福。

读此书的第三个感悟是,“学习是提升自己生命的内在需要”。认识学习,学会学习,终身学习,这三步是学习的关键。把学习当成是一种享受时,学习将变得主动,自己也会收获快乐和更多知识。我们每天都在努力学习,是为了在自己长大后收获一份成功的事业。搞好事业,是管好自己的又一个重要方面。当事业走入低谷时,要有“东山再起”的勇气和信心;面对竞争要有惟我独尊的气势;当挫折来临时,要学会在逆境中坚持。搞好事业,擎起自己生命的支柱,实现自己的人生价值。对于这一点,卡耐基有着透彻的认识:“管好时间,才可以实现自己生命存在的价值。”

中国图文出版社

与以前曾让我痴迷的网络小说、玄幻故事不同,这本书,让我学会了思考人生。对于人生,卡耐基在书中呈现给我们的是一种跳出万山圈子的觉悟,展示着一种水到渠成的成功。这是我读这本书的第四个感悟。

一本书令我有如此多的收获,是让我迫不及待地把它推荐给我的朋友们的理由。的确,它不同于小说的虚幻,也不同于哲理书的隐晦,它以独特的风格,深深吸引着我,如清泉,如清风,如浮云,沁人心脾,清爽宜人。

朋友们,当我们通过这本书,学会灵活地控制自己的那艘航船时,成功离我们还会远吗!

(指导教师:闫丛维)

不屈的灵魂

天津市第八十二中学　张俊峰

南方出版社

由冯能保、朱良志主编的《宋词三百首》是一本很值得一读的好书。

作者冯能保1964年到山东大学任教，历任皖南大学中文教研室、安徽师大艺术系助教、讲师、副教授等职，主要从事艺术理论的教学和研究；北京大学哲学系教授，博士生导师朱良志主要研究中国美学和中国艺术。《宋词三百首》遴选的300首优美作品，全面展示了宋朝的时代特色和生活风貌。除原作外，另附有注释、词解、词评、背景说明，力图将“词中有画，画中有词”的文学灵魂完美地展现出来，加之独特的版式设计，为读者提供了丰富的想象空间和审美情趣。

《宋词三百首》不算很厚，但每当我捧读它时，总感到沉甸甸的。书中那一首首拈提古今、蕴意深刻的诗词让我爱不释手，那一篇篇慷慨激越的爱国诗篇，更撩得我心情振奋，情绪激昂。像岳飞的《满江红》、李清照的《凤凰台上忆吹箫》、欧阳修的《诉衷情》、陆游的《卜算子》《关山月》等诗词，每次诵读，我都激动不已，仿佛触摸到作者的灵魂。我的心随着词人的感情或悲愤，或忧郁，或高歌，或叹息，直至泪花盈盈，潸然而下。

《宋词三百首》中折射出的启发生命智慧视野的光芒使我应接不暇。我多次通读全书，感悟着先人的智慧与不屈的灵魂，在品味传统文化经典中不断提升着个人的精神境界，先人的诗句在不知不觉中已深印脑海，同时也提高了我对诗词的认知和鉴赏的能力。这种能力不仅反过来促使我对课本中的诗作有了更全面、更新颖、更深入的理解，而且作文时语言上的古为今用也变得轻而易举了。

在《满江红》中,“壮志饥餐胡虏肉,笑谈渴饮匈奴血”,岳将军的神勇锐不可挡。如此凌云壮志却被昏庸皇帝的十二道金牌逼回临安,英雄难以再倾力保家卫国,纵然是“白了少年头,空悲切”的哀叹令人心酸,也敌不过朝野中奸佞小人的流言蜚语,最终只能背负着“莫须有”的罪名饮恨长辞。但那句“待从头收拾旧山河,朝天阙”的豪言壮语激情四射,永远震荡着人们的心灵,回响在大地山河之间。这首词让我看到了岳飞精忠报国的铮铮铁骨,他那不屈的灵魂澎湃着我的一腔爱国热血。

陆游的诗作《关山月》,渗透着诗人浓烈的爱国激情,读后给我留下了不可磨灭的印象。

在这首词中,作者用写实的笔触写下了“朱门沉沉按歌舞,厩马肥死弓断弦”两句诗,揭露了南宋统治者纵情享乐,不思复国的罪恶。作者同人民一样,“遗民忍死望恢复,几处今宵垂泪痕” 。整首诗字里行间流露出作者对忍辱苟安、醉生梦死的统治者的万分悲愤,也使我对南宋统治阶段的卖国行为有了更深的了解。每当我读这首诗时,就仿佛身临其境般见证了南宋的金戈铁马、战火四起和百姓的流离失所,倾颓的历史像一面镜子照出了南宋统治者的丑陋灵魂。在当今经济大潮的冲击下,越来越多的人急功近利,而热爱文学的人似乎显得寂寞了,但更是值得嘉许的,因为有不屈的灵魂激励我勇往直前,我是幸运的。

奔跑在词的海洋中,我品味出李清照“寻寻觅觅,冷冷清清,凄凄惨惨戚戚”的悲哀苍凉;理解到“才下眉头,却上心头”的离愁感伤;体会到苏轼“大江东去,浪淘尽,千古风流人物”的豪放大气;感受到曹操“酾酒临江,横槊赋诗”的豪情壮志。

在这些字字珠玑的词作中苏轼的词读后更令我内心为之震撼。是拣尽寒枝终不肯栖的寒鸦么?是举杯邀明月的饮者么?是穿越了十年生死痛苦一场的痴汉么?东坡,从你的词中,我看出官场的险恶并没有消磨掉你高昂的意志,生活上的清贫并没有毁蚀尽你那乐观向上的心境!伴着涓涓细流,聆听习习古风,故国神游中苍银白发与皎洁月光交相辉映。苏轼,你用自得其乐的笑容,让我懂得了在困难中逆境里应保持奋勇向前之心,你那不屈的灵魂铸就了中华民族不朽的丰碑。

《宋词三百首》中也不乏“无情不似多情苦,一寸还成千万缕,天涯地角有穷时，只有相思无尽处”的婉丽词句，将初秋之景与闲愁物我合一，巧夺天工。但我最喜欢的依然是“烈士暮年，壮心不已”般大气磅礴的爱国诗篇。每当我诵读这些诗词时，总是情不自禁地沉浸其中，我的思绪在大漠孤烟中奔驰，精神在长河落日中洗礼，文学水平亦在潜移默化中得到提高，这正是我喜爱并推荐《宋词三百首》的原因。

掩卷而思，心情久久不能平静，眼前总是浮现出一个个爱国诗人的身影，耳畔不断回响着一首首悲壮慷慨的爱国诗篇。我知道这些伟大的诗人词人连同他们的伟大诗篇将伴随我一生，使我终身受益。

（指导教师：潘艳祯）

史学之巨作，文苑之奇葩

天津市第四十五中学　倪博洋

中华书局

司马迁的《史记》总结了上自传说中的黄帝，下至汉武帝时代，我国三千多年发展的历史，在我国史学、文学领域都有极高的地位。

司马迁(约前145—约前86)字子长，夏阳(今陕西韩城县南)人，西汉著名史学家、文学家、武帝时太史令司马谈之子。他10岁能读古书，20岁奉父命出游，游踪南尽福建、两广，中遍长江流域，北及黄河上下，沿途访古迹、察风俗、采传说，积累起大量一手材料。武帝元封元年(前110)父故，弥留之际嘱迁完成一部中国通史。3年后，司马迁袭父职为太史令，得读皇家馆藏大量书籍。于是便遵父亲遗嘱，开始撰写《史记》。5年后，因驸马贰师将军李广利抢功，陷李陵兵败投降匈奴，司马迁揭露真相为李陵辩解而获罪下狱，受宫刑。司马迁痛不欲生，但为完成父亲遗志，他忍辱负重，在狱中坚持著述，出狱后尤加发愤，终于完成了我国第一部通史——《太史公书》，后称《史记》。

鲁迅先生对《史记》有过高度评价——“史家之绝唱，无韵之离骚”。“治学先治史”，是鲁迅先生对求学青年的建议。我虽不敢自称为求学青年，但确遵先生的建议，下功夫读了《史记》，收获颇丰，感触颇深，因此向大家推荐这部书。

司马迁创作《史记》并无前例可援，按现在中学教材所讲，此前史书，有编年体如《春秋》《左传》，有国别体如《国语》《国策》，而他另辟蹊径，开创了崭新的记史体裁——纪传，在一个相对广阔的历史背景下，表现人物一生的成败。正是这种创新精神，才产生了我国第一部纪传体通史，才使几千年前那么多的人物栩栩如生地活跃在今天我们的面前。《史记》从历史的角度证明了敢于并善于创新对一个民族是多么重要，只要你把《史记》与其他体例的史书比较着读一下，就能深刻体会到这点。

司马迁突破时代局限，对自己笔下的“小人物”给予了热情的歌颂。如书中包括的《游侠列传》和《货殖列传》等，记载了当时所谓“末流”的情况。班固评论司马迁说：“序游侠则退处士而进奸雄，述货殖则崇势力而羞贱贫。”（《汉书·司马迁传》）班固站在等级观念立场上对司马迁的记史态度给以否定，这恰恰证明司马迁高出一般史家之处。后代记史者，多称农民起义军为贼寇，而司马迁为陈涉立《世家》，以王侯视之，足见司马迁独立的人格个性。鲁迅先生批评其后史书“多为帝王将相续家谱的”，正是对封建文人屈从皇权贵族缺少独立个性现象的惋惜，这也正是我们学司马、读《史记》的意义所在。

司马迁实事求是的态度及支持学术自由的思想很值得我们借鉴。司马迁从实事求是的角度出发，“其文直，其事核，不虚美，不隐恶，故谓之实录。”（《汉书·司马迁传》）即使写当朝开国皇帝，既写刘邦经营天下的雄才伟略，也写他“不事家人生产作业”“好酒及色”（《高祖本纪》）的败行。又如对项羽、李广等报以同情却也写其坑杀降卒，相信天命等过失。由此我们感受到的就是一个个有血有肉的历史人物。司马迁虽推崇孔子，将其列入世家，却没有完全陷入儒家的窠臼，反而也杂录其余诸子，“迁喜杂说，不顾道所可否”（苏洵《史论》），没有全部遵循儒家的价值观，甚至将他欣赏的哲学思想著作排在儒家经典之前，“论大道则先黄老而后六经”（《汉书·司马迁传》），而且还将其父司马谈的《论六家要旨》引于《太史公自序》内，以待异说。这种解放的思想，海纳百川的胸襟也是我们应推崇的。

司马迁“究天人之际，通古今之变，成一家之言”（《报任安书》）的志向，和“实录”的精神，使他能尊重自然和社会自身的发展规律，基本反映了原始社会，奴隶社会及封建社会早期的原貌，从书中我们能较真实地了解到那个时代人的精神、思想及生活状况。他的史评也可以借鉴为我们现在的治学方法，如“原始察终，见盛观衰”（《太史公自序》），我们完全可以活用为解决历史问题、政治问题及人与自然关系问题的思路。

秦汉时期是我国语言文字发展的一个重要时期，其时很多文字之本义正在消亡，而新的义项尚未孳乳，如《说文》中说“倪，俾也”。到秦汉时文学作品就几乎不这么用了。《史记》作为此时史传中的代表，引用先前史书文献时，对其中个别难解字句皆用当时口语“翻译”过来，自成一家。“迁之辞，淳建简直，足称一家”（苏洵《史论》）。因此《史记》语言浅易，适于我等初窥国学之辈阅读。

该书不仅对于我们学习有益，而且对于我们为人处世也有帮助。书中为我们树立了不少为大家所熟悉的道德偶像，这里不再举例；同时一些人物的缺点也足可引以为戒。

总之，《史记》一书裨益良多，不敢私之，特推荐给有志国学者分享。

（指导教师：耿寿轩）

生命的选择

天津市第一中学　崔明程

我要推荐给朋友们的书是毕淑敏的《我的五样》。这是“毕淑敏散文精品丛书”系列中的一本，是作者从文以来的精品散文作品集，包括《佯笑》、《我的五样》、《风不能把阳光打败》、《今世的五百次回眸》、《提醒幸福》等篇章。对于正值豆蔻年华的我们来说，通过这本书，可以让我们从中了解人生的价值，少一份不切实际的幻想与彷徨，多一份面对现实的理智。这些文字的灵感都是来自作者的生命感悟，用爱与宽容串联起一个生命的足迹。通过这些文字带给我们的智慧，点亮我们的生活。

读这本书源于老师让我们做的一个心理游戏：桌面上只有一张白纸、一支笔，没有其他东西。然后，静下心，写下你生命中，最宝贵的五样东西。“我的五样”是游戏的名字，也是我要推荐的这本书中的一篇文章。

于是开始了生命的选择。每写完一样，下一样就更加弥足珍贵，从自己以前得到的又失去的，再到现在自己所拥有的、追求的……

和睦，善良，快乐，家，追求。

顿时一种充实感围绕在心头。好奇心驱使我看了看同桌的答案：“父母”，是啊，突然觉得自己很不孝，为什么没有选择写父母呢？他们可是你在这个世界上最亲最亲的人啊！他们难道不宝贵么？然而单是一想到他们会先我而去，等待我的是生离死别，永无相见，心里便不愿意写下他们。“电脑”，是啊，为什么没有写它呢，现在学习这么紧张，我离不开电脑。学习累了可以玩游戏放松一下疲倦的身心，以后工作学习都要用到的。但转念一想，万一有一天停电了或者病毒入侵，电脑便无可依傍。

思维跳跃得很快，仍没有办法确定这围绕在我生命中的五样是否值得。正不知将手中的孤球，抛向何处，老师的一句话救了我。她说，这生命中最宝贵的东西，不必从逻辑上思索推敲是否成立，只需是你情感上的真爱即可。于是确定了我的五样——和睦，善良，快乐，家，追求。

然而这个游戏并非到此结束。老师这个时候说：“现在你们要舍弃这五样中的其中一样，你要记住，一旦舍弃，就代表着永远的失去，彻底的割舍。”开始了无奈的选择，抛弃哪一项都是那样的不舍，可仍然抛弃了那对我来说，相对可以接受的——“和睦”，深深地把这两个字涂黑，直到看不见为止。老师又说：“请将剩余的四样之中，再舍弃一样，仅剩三样。”我已猜到这个游戏的过程。面对着已经有一个黑色印记的纸，又犯了难。我将一样一样地，将生命中最重要的东西舍弃掉，直至只剩最后一样。

舍弃了善良。因为现在拥有着，舍弃善良为了认识到社会的尔虞我诈和勾心斗角，毕竟有些时候，对别人的善良就是对自己的残忍。

舍弃了快乐。舍弃到这一步，仿佛人生已经没有了色彩，不由得心情沉郁。但仍想着，失去快乐，还有着自己的追求，还有比快乐更值得我去追求的东西。

最后的两样，追求和家。

此时的我已经万般无奈，人啊，面临丧失，多么软弱苦楚，即使只是一种模拟，已使人肝肠寸断。

追求和家，它们在纸上誓不两立地注视着我，陷我于深重的两难。

家永远是温暖的、幸福的，能在你悲伤的时候安慰你，在你失落的时候鼓励你，增强信心奋然前行。家永远是你避风的港湾，想要把它留下。那要是离开家，又会怎么样呢？我不禁问自己：在家待着，有什么意义？

自问至此，我的最后一样，水落石出。

留下追求。人如果没有了追求，就好像没有了光明，没有了前进的方向。于是，将我那温暖的家舍弃，离开家，去追求。追求，是对生命最好的赞歌。

游戏完毕。

老师的这个游戏，同样来自于毕淑敏的《我的五样》，认真地读着作者记录自己选择的过程，我感同身受，仿佛再一次回顾了自己选择的过程。

感谢毕淑敏通过文字介绍的这个游戏，让我懂得了我内心深处的渴求，我愿通过人生道路上一次又一次的选择来追求并实现自己的目标。无论在现在的学习中还是在以后的工作中，都要为自己的追求而努力。这才体现出生命的价值。

真诚地把这本书推荐给大家，读书，体味生活，体味自己的人生。

（指导教师：杨楠竹）

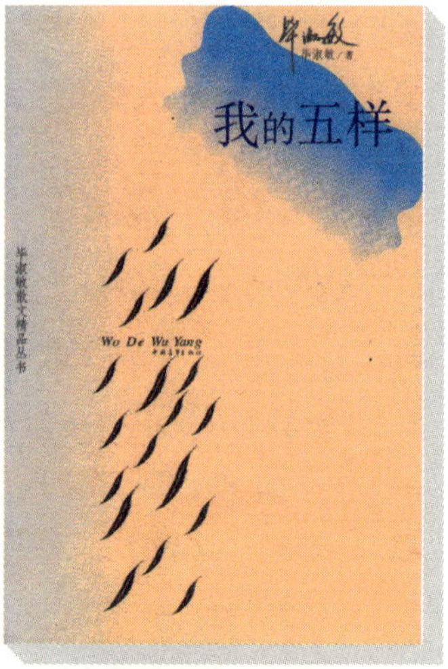

中国青年出版社

上海译文出版社

生命的力量

天津市九十六中学　刘皓

余秋雨教授曾经说过："我们人类有很多行为方式是不可思议的，有时偶然想起，总会暗暗吃惊。"现在想想，的确这样。我们有时并不懂得用正确的态度看待人生，即使人人都会发出"人生啊！"这样的慨叹，但真正谈及自己人生时，却无法作出一个让人满意的诠释。

当然，我曾经也这样过，扬起生命的风帆，又慨叹人生的无奈。但当我读完《相约星期二》这本书以后，才懂得该怎样走完自己的人生。

这本书的作者是美国当今作家、记者米奇·阿尔博姆。他去看望年事已高、身患绝症、即将离世的老师——莫里·施瓦茨教授，而莫里教授却宣布要给这位学生上最后一门课，时间是每星期二。于是这位学生每个周二便坐飞机飞行七百英里，赶到病床前去听课。课堂上不需要书本，但讨论的题目很多，涉及爱情、工作、社会、年龄、原谅以及死亡。这门课讲授了十四个星期，最后一堂课则是葬礼。老师谢世后，这位学生将听课笔记整理出版，书名就叫《相约星期二》。

书中的老人莫里教授在七十多岁时被告知患了绝症。此后，他不得不面对身体功能一点点丧失的痛苦。但他没有被噩耗打倒，反而更加释然地去迎接以后生活的每一天。

他很幽默：上课前，学生需要和理疗师重重地拍打教授的背部，目的是拍打出肺部的毒物，以免肺部因毒物而硬化，不能呼吸。这是令人悲痛揪心的，没想到老师喘着气说："我……早就知道……你想……打我……！"

学生接过老师的幽默，说："谁叫你在大学二年级给了我一个B！再来一下重的！"

在精力最旺盛时，人们讳言死亡，似乎那与自己遥不可及。但也许就在顷刻间,死亡将降临到自己身上,而可怕的是我们不肯去承认它。对于死亡,老人并不回避,而是积极地去面对。

"死亡是一种自然,人平常总觉得自己高于自然,其实只是自然的一部分罢了。那么,就在自然的怀抱里讲和吧。讲和不是向平庸倒退,而是一种至高的境界。"这就是莫里的境界。

在他的课程中, 他一再重申:"人生最重要的是如何施爱于人, 并去接受爱,这更是唯一的理性行为。相爱,或者死亡,没有了爱我们便成了折断翅膀的小鸟。"而他也是这么做的,把自己的爱奉献给他人,即使他将不久于人世,即使只是微薄的一点心意。

人生总有很多困惑、疑难需要求得解答,需要人指点和引导。真希望我也是他的学生,像作者那样在星期二与他坐在树荫下互相交流,听他讲解人生哲理,引导我以正确的心态去面临以后的种种问题。对我来说,那将是一场灵魂的洗礼。

莫里整天坐在轮椅上,他的两腿坏死了,再也无法行走,手也不听使唤,嚼咽食物都成了一件困难的事。当然,他不是神仙,他也有脆弱的时候。当他每天醒来发现自己身体更加糟糕时, 当他试图摇响身边的摇铃叫佣人拿东西但却发现无法摇响时,他也会像小孩子一样无助地哭泣。但那不会持续很久,很快他又回到积极的状态去面对来访者。相反的,虽然他丧失了行为能力,但他的思维比以前更加活跃。他只言片语地写下自己对生活、对未来的思考:"接受你所能接受和你所不能接受的现实;承认过去,不要否认它或抛弃它。"他就是这样激励自己、激励他人的。

令我感到吃惊的是,失去自我料理能力的时候,他感觉到了依赖别人的乐趣,甚至把它当作是一种享受。一切都那么习以为常,他把这比喻成婴儿期,对他而言,这只是在重新回忆起儿时的那份乐趣罢了。我想,我们在痛苦的时候也许真的应该坦然地依赖别人, 这种坦然的心态足以化解一切悲剧——那些在痛苦中苦苦挣扎的悲剧。

《相约星期二》这本书让我看到了生命的本质意义,它是健康的心态、博大的胸怀。更主要的,是它醍醐灌顶般的教诲,给我们打开了一扇天窗,我们将在困难中找到勇气,在黑暗里看到光明,我们理解人生、对待生活的思维将得到全新的改变。我们在书中获得新知,在新知中学会成长,在成长中懂得生活,那么,让我们一起"相约星期二"吧。

(指导教师:任少华)

平坦的力量

天津市耀华中学　王潇

最近我刚刚读过一本书《世界是平的》，作者是曾经出版过多部经济类著作，并三次获得普利策奖的美国《纽约时报》资深记者托马斯·弗里德曼。书中，作者以一个记者而非专业经济理论研究者的视角，用生活化、实践化的写作风格取代传统经济学著作中晦涩的理论架构和大量的专业名词，通过平易的语言和我们身边的实例描述了经济全球化之下世界的存在状态，从宏观到微观系统地阐释了我们所处的经济全球化进程，引导我们通过观察身边正在发生或将要发生的种种现象，更加深切地感受到经济全球化对我们每个人的影响。我个人认为这是一本非常值得一读的好书。

将“世界是平的”这样生动的一句话作为题目，很传神地揭示出经济全球化之中的世界——随着技术的发展，各国交往的密切，起先孤立的国家间的“无形的墙”开始并加速瓦解，全球进入了一个分工明确的“大地球”时代。

托马斯·弗里德曼从四个方面向我们阐释了经济全球化的基本轮廓：世界是怎么变得平坦的——即全球化的成因及推动力；美国与平坦的世界——即以美国为例推及发达国家面对全球化的对策；发展中国家与平坦的世界——即第三世界新兴经济体面对全球化的对策；地缘政治与平坦的世界——即全球化对政治和文化的影响。

作为一名学生读者，或者说初次接触经济学的普通高中生来说，这本书给我留下深刻印象的是它的第一部分——世界是怎么变得平坦的。它对于开阔我的眼界及深化我的思想起到了明显的引导作用，为我开启了认识经济全球化的窗口。作者从“创新时代的来临”和“互联时代的到来”、“工作流软件”、“上传”、“外包”、“离岸经营”、“供应链”、“内包”、“google、雅虎、MSN搜索服务”、“网络服务”这十个推动因素分析了经济全球化的推动力，并以“三重汇合”的概念将这些因素结合，进而推出“变平的平台”、“变平的思想”、“变平的竞争空间”这三个由全球化带来的最直观变化。全书结构清晰，内容生动，使印象中晦涩的经济学变得立体而直观。

这本书虽然是一个美国人以成年人的眼光描写一个经济全球化当中的世界，但作为中国学生的我，却同样从中感受到身边的全球化：虽然我还没有在学习过程中使用“工作流软件”，但我深刻体会到互联网世界的力量和魅力；虽然我没有参与“外包”“内包”，但我在经常使用google、MSN；虽然我还没有加入世界的生产过程，但随着视界的开阔和中国的日渐开放，我已经能够感受到参与未来全球竞争的气息……这些使我深深地意识到，经济全球化带来的种种改变已经真实的存在于我们每个人的身边。

在提供了这样一个了解经济全球化平台的同时，书中一些观点的主观性也给身为学生的我们提供了思考的空间。例如，作者仅从班加罗尔、北京、大连这些新科技核心地的迅猛发展就推及印度和中国发展趋势乐观，这在我们这些亲历者来看是有些天真的，因为中印两国的国内发展并不均衡，还有相当多的经济、社会问题亟待解决，整体的发展也并不那么轻松。诸如此类的观点可以让我们感受到西方人对发展中国家的了解并不全面，所以对于外来的观点，应当有一个甄别的过程。

平坦，将会成为世界的主流；平坦，将会深入我们的观念；平坦，更会是一种力量，将世界、将人们的思想推向下一个高峰。我，作为一个今天的学生——未来平坦世界的创造者和见证者，应当去阅读这样一本书，感知在我们“两耳不闻窗外事”时，世界正在悄然发生着的巨大变革。只有从现在开始，树立时代的意识、感知时代的脉搏，才能保证自己与世界、与未来的发展保持同步。

湖南科学技术出版社

（指导教师：王立华）

世界知识出版社

通往成功的羊皮卷

天津大港油田实验中学　付蔷

扉页上印着，谨以此书献给所有寻找人生价值的人们。

不禁想起自己，“人生价值”这四个字，仿佛是一个很陌生模糊的词，在生活之舟泛游时，只看到远处金光闪闪的终点，却从不去在意掠过舟边的美景。

翻开书，它包括三个部分：羊皮卷的故事，羊皮卷的实践，羊皮卷的启示。据说成千上万的来自生活中各行各业的人们，都盛赞奥格·曼狄诺改变了他们的生活，从他的书中得到了神奇的力量。于是好奇引着我走向这个羊皮卷的故事。

多年前的沙漠，一个看管骆驼的男孩，给他的老板——大名鼎鼎的批货商人柏萨罗当童仆。他急切地希望改变自己的生活，因为他的目标是做一个最有钱的富翁，和家人好好享受并周济穷人，还有，为了他爱上的那个美丽的姑娘。得到了老板的支持后，老板要他去伯利恒——一个极穷的小镇，有一千多户人家的地方卖袍子。在出发前老板告诉男孩：只要决心成功，失败永远不会把你击垮。然而没有一户人家愿意买他的袍子。夕阳西下，孤独寂寞向他袭来。在一个山洞里，他看到了一个新出生的婴儿，瑟瑟发抖的母亲和可怜的孩子激起了他的怜悯，转身把那袍子披在了母子身上。向耶路撒冷的归途中，他看到了头顶正上方的夜空高挂着一颗最明亮的星星。柏萨罗将这种现象解释为上帝的启示，于是他临终前给了男孩十卷《羊皮卷》，那里有男孩实现抱负所必需的智慧。男孩一直铭记柏萨罗告诫他的那句话，顺着十卷《羊皮卷》的指引，执著创业，最终建造起了一座浩大的商业王国，成为一名伟大的推销员，也娶到了他心爱的姑娘。

读到此处我领悟到，是“善良”使男孩的命运有了转机，是善良的本性让他把袍子披在了孩子身上。这善良如一股清泉，撒向干涸的土地；如一缕阳光，照向阴霾的天空；是一丝希望，弥漫在那个小镇上。是对他来说意义重大的袍子，把他送上了成功之路。的确，任何人在追求成功的路上，必须要播撒普世之爱，让善良之花开满路途，让纯真劈开一路荆棘，让诚实溶解一切创伤与痛苦，这才是通往成功道路的主旋律。

唯有爱才是一切幸福的根源，一切幸运的化身，一切美好的代名词。我看到了除了成功之外的美好，那是充乎天地间，最容易被我们忽略的一种美好：爱和善良，可以带给你无法用金钱和成就衡量的惊喜。它以一种看不到的尺度告诉人们，播撒的爱将感动天地。我还想说，生意经诚然是可以传授、可以学习的，而善良的本性，才是一切成功之本。

因为爱，我读懂了这本书，读懂了作者的用心；也因为爱，我要自信地去读人生之书，坚定地去实践我的梦想。我要像那个男孩一样，不忘播撒普世之爱。在这本充满爱、智慧、灵感的书中，我看到了希望之花。它象征新生的春天，在我脚下朵朵绽放。

《羊皮卷》的实践引起我共鸣的，是第十九章。“新年伊始，你定的计划有几样完成了？你说你要……结果呢？”“你知道你的习惯，拖拉、放纵、懒惰、邋遢、缺乏毅力……”在实践一章中，它为读者提供了一个计划，用潜移默化的影响改变读者。

回首望去，来时的路已被岁月的尘土覆盖；展望前方，云雾绕山，看不到一点亮光；脚下的路，又有谁知道它的天经地纬！读罢此书，我终于明白，缺少的，是对成功的追求，是对所处境地的不满与奋起，是一种对自由的渴望，是对自信人生的向往，是对世界更深的思考与探索。人生的价值也在于此吧。

我从这本书上得到的还远不止这些。我真诚地向我的同伴们推荐这本书。

（指导教师：石学敏）

穿梭于城市中的书

北京师范大学天津附属中学　陈爽

世界上独一无二的水上名城，斜而不倒的古塔建筑，世界最大的露天博物馆，提及这一切，你一定想到一个国家吧。没错，就是意大利！如此古老的建筑作为永恒的经典在人们的心中驻留。

也许你会好奇，忍不住问我是否去过那里，其实没有。可是出于对于建筑及其所代表的文化的热爱，所以我对于介绍建筑文化的图书自然就有所涉猎。而《世界文化与自然遗产》更是陪伴我度过闲暇时光的最好的“伙伴”。

这是一套神奇的书籍，在这里既有雄奇的自然景观，又有古老的文明遗址，以及神秘的宗教建筑。由于岁月侵蚀等自然因素以及战争等人为因素的影响，许多自然景观与古迹正面临着毁坏与消失的危险，为了使这些古老的文明奇迹不再遭受毁灭的命运，自1972年迄今的三十余年来，联合国教科文组织指定了788处具有杰出保存价值的世界遗产。而这套丛书又从《世界文化与遗产名录》中精选了全球156处为人们所熟悉的文化与自然遗产。其中包括澳大利亚的大堡礁、雅典巴特农神庙、墨西哥的萨卡特卡斯历史中心、日本的法隆寺、比利时的布鲁塞尔大广场等著名的自然与文化景观，而像丽江古城、苏州园林、泰山等27处中国文明古迹也被列入此书。

人会变，时代会变，唯有那些古老的建筑不会变，它是历史的见证者，文化的传承者。也许这才是我爱这些建筑，爱这些书的更为重要的缘故吧！它引人深思，让人们时刻将过去的种种铭记于心，它让人们看到历史联想未来。而这套丛书能引领我们穿梭于各个城市之间。

在书中，我看到了许多历史的遗迹，譬如伏尔加格勒。我看到了战争给这座城市，给这里的人们，给这个国家所带来的一切。当人们再看到那些战后被保存下来的建筑时，那种战火硝烟的场景，是否会历历在目呢？如今，当你再走到那里时，又怎能忘记那段历史，那曾经的所有的人或事！或许我们无法真正的体会那种历史的沉重，可是我们却透过了书这样一种介质了解了、明白了许多。

在书中，我不仅能体会到建筑的美感，历史的沧桑感，还体会到那个地方所蕴藏的独特而又深厚的文化。看着这些，联想到了未来，或许有一天，我们所生活的地方也会被世人所熟知。每每翻开书的刹那，一种视觉的美感就充盈着我的心灵。隽永的文字，会让我有一种想要亲历那一切的冲动。或是悲惨的过去抑或是美丽的今天，这套丛书总会在某个地点，找到过去，看到未来，让人们在充满浓郁文化气息的城市中成长，读懂它所蕴涵的一切。

现在想来，这本书给我带来的或许是一种态度、一种精神力量，甚至是一种人生吧。它让我热爱生活，热爱每个人，热爱一切美好的事物；也让我拥有一份责任感，一份使命感，去体会、传承、发扬伟大的民族精神与民族文化；还让我明白，过去虽有见证，但我们不要忘记要用前进的步伐，迈向更远的地方，去完成实现自我价值的旅途。也许有一天，我会用我拥有的力量，背上行囊，去完成我的梦想，去探求这个绚丽而又神秘的世界，去探寻去实现自我。

当再次捧起这本书时，我看到的不再只是图片和文字，而是透过文字，看到它所饱含的一切深刻含义。这也让我对于艺术的欣赏，成熟了许多，深刻了许多。

喜欢书的味道，喜欢书的质感，喜欢书的样子，喜欢书的内容。闲暇之时，飘着咖啡的浓香，嗅着文化的气息，跟着这套丛书的脚步，一起去远征，去感知文字和文化的力量吧！

（指导教师：闫颖）

蓝天出版社

北京出版社

办人文奥运，做文明使者

南开大学附属中学　刘若虹

离2008年北京奥运会越来越近，那一个个奥运火炬，聚集了我们无数中国人的热情。在生活中，我们提倡“迎奥运，讲文明，树新风”，让点燃圣火的火炬在心灵中传递。中国是礼仪之邦，北京是中国的首都。讲求礼仪是中国几千年来的传流美德。礼仪要以尊重、和谐为主旨，不可轻视，也不要教条，不忽视细节，又不吹毛求疵。要审时度势，把握好分寸。讲求礼仪、懂得文明不是高科技，需要大家从我做起，从现在做起，而作者李兴国就从我做起，积极宣传“人文奥运”，希望人人参加到其中，做文明使者。

其实，文明离我们很近很近，近得触手可及。遵时守约是一种文明。尊重礼让是一种文明，团结合作是一种文明。在我的生活中，我按时上课，乘电梯礼让老人小孩，与同学共同学习，互帮互助等等，这都是一个又一个文明的体现。

文明很小很小，但是只要每一个人都做一件文明的好事，就能使社会迈出一大步，在社会上迈出的每一小步也许微不足道，但是用处却很大很大。每个人都节省一颗粮食，就会哺育更多的人，每个人都少用一张纸，就会多出一片森林，每个人都多一分宽容，社会就会更加和谐。每一份文明就是一份力量，无数文明在一起就会产生一种无与伦比的力量，这种力量如破土的小苗，在每一个人的心里萌发。

一分文明好像一滴水，许多文明就是一片海。

一分文明好像一盏灯，照亮一个热情。

一分文明好像星星之火,许多文明可成燎原之势。

文明就是一种关爱,一种体谅,一种温暖。扶起跌倒的小孩是一种关爱,包容理解他人是一种体谅,给予孤寡老人心灵的安慰是一种温暖。我就用这无形的语言来感化着周围。我们会在生活中不经意的流露着,做一点小事,社会的风气就会变得更加美好。文明就是一种力量,就好像奥运火炬传递一样,在每个人手中,在每个城市中传递。让我们更多的来发现,来释放自己文明的热情,使这个国家更加文明。

文明必须先从自身做起,从身边做起。所以鲁迅先生说:“中国欲存争于天下,其首在立人,人立而后凡事举。”“立人”的意思便是要完善人的思想和文明修养。人的文明修养并不是与生俱来的,而是靠后天不断完善的。要完善个人修养,首先要致力于读书求学,完善自身的认知水平;认知到达一定水平,就有了明辨是非的能力;有了分辨是非善恶的能力,就要端正自身的心态,不违背自己的良知,努力使自己的一言一行都符合道德的标准,自己的修养便得到完善。这就是古人所说的:格物、致知、诚意、正心、修身。

大学者王守仁说:“知是行的主意,行是知的功夫;知是行之始,行是知之成;知和行是一个本体、一个功夫。知而不行,只是未知。”我们接受文明礼仪的教育,自己却吝于履行,甚至反其道而行之,这跟从来没有接受社会教育有什么区别!所以我们要实践社会文明,就要在这“知行合一”上下功夫,从自己的坐言起行上下功夫,就要告别不文明的行为。

用文明之歌声替代污浊的词藻,那么文明之歌就会唱响在社会之中,拨动人们的心弦。

唤文明之风卷走社会上空悬浮的尘雾,那么文明的空气就会充满整个社会,沁人心脾。

降文明之雨带走世间的饥渴与枯燥,那么文明就会涌入心底,滋养人们内心文明的种子。

同学们,让我们翻开文明宝典,打开我们心灵之窗,让文明之花开满校园,让奥林匹克精神永世不朽!

(指导教师:陈文娣)

中华民族的文化瑰宝

天津市静文高中　史佳鑫

《唐诗三百首》共选入唐代诗人77位，计310首诗，其中五言诗33首，乐府46首，七言古诗28首，七言律诗50首，五言绝句29首，七言绝句51首，诸诗配有注释和评点，其编者是清代孙洙，徐兰英夫妇。

唐朝是中国诗歌的巅峰，诗歌是当时文学的最高代表，成为中国传统文学坚实的重要组成部分，也是中华文明一道靓丽的风景线。历朝历代的文人都视唐诗为圭臬，奉唐人为典范。《唐诗三百首》是唐代社会的百科全书，对我们了解中国历史和中国文化有重要的参考价值。自其成书之日起，风行海内外，成为迄今最好的普及性唐诗选本。《唐诗三百首》对提高自身修养，陶冶艺术情操，了解中国文学，乃至传播中国文化都有着不可估量的作用。

《唐诗三百首》是历史的缩影，是诗化了的中国。从中我们不仅可以欣赏到华美的文字使灵魂得到净化和提升，更能感受到那绵延千年的唐文化。其内容包罗万象：天文、地理、军事、政治、生活、民俗、艺术等各个方面，呈现在读者眼前的是一个光怪陆离的唐代社会面貌。诗人们从不同的视角描绘着这个繁盛并洋溢着浓重文化气息的朝代。其中的山水田园诗使我们看到了唐代那秀美的自然风光，犹如置身于“两个黄鹂鸣翠柳，一行白鹭上青天”美好意境之中；饯别诗使我们了解到了唐人感情丰富的内心世界，仿佛看到了那“无为在歧路，儿女共沾巾”的感人画面；边塞诗使我们感受到了晚唐那纷乱的战争，好像眼前浮现出“轮台九月风夜吼，一川碎石大如斗”的壮观场面；咏史诗使我们体会到了诗人那错综复杂的情感，好似感觉到诗人“画图省识春风面，环珮空归夜月魂”的内心写照……从中我们品味出了中华文化的深厚底蕴。

每当我合上那厚厚的《唐诗三百首》，心总是不能平静。青灯下，左手执黄卷，右手持清茶，突然感觉时空是可以跨越的。在书中可以和李白一起攀登天姥山，采摘白云红霞；可以与王维一同感受到空山新雨后的秋山暮色；可以同张九龄共赏那茫茫大海之上的明月……

当你真正体会了诗的内涵后，你就会为李白那生花妙笔、杜甫那真情切意、白居易那斐然文采所深深折服。唐诗引领我们在泛舟诗海中诵大家之作，获取知识，提升心灵，思索生命，感悟人生。遥望明月，你也许会“低头思故乡”，也许会发出“共看明月应垂泪，一夜乡心五处同”的感慨；仰望星空，你也许会在“卧看牵牛织女星”的同时，体会到“北斗七星高，哥舒夜带刀”的气势。但时光总是稍纵即逝，这便引发了人们对时间的思索，于是有了“韶华易逝”的感叹，有了“劝君须惜少年时”的劝慰，有了“人生得意须尽欢”的喟叹，可我却想说“空令岁月易蹉跎”。穿梭于那些美妙绝伦的诗句中，文化的底蕴呼之欲出，生活的哲理不禁使人拍案叫绝，此时，你会在心里情不自禁道：“读诗的感觉，真好！”这使我想起了培根的至理名言：“读史使人明智，读诗使人灵秀。”生活在茫茫的都市中，内心偶尔也会涌出几许迷惘，但这都是暂时的，因为诗能带给我们安宁与和谐，置身于这种和谐中，我们那颗被禁锢的心会融化。在“细雨鱼儿出，微风燕子斜”的美好意境中感知世界，认识美好。读《唐诗三百首》使我们领略了中华文化的风采，它使我们既积极进取，又淡泊明志，既追求理想，又宁静致远，以刚柔兼济、坚韧结合的姿态抵挡着异族文化的侵袭。

在新世纪里我们不仅要进一步完善中华文化，还要创造世界的新文化。中华文化的声音是需要用心来聆听的，而《唐诗三百首》就是中国文化的缩影，就是诗化了的中国，是永存于人们口中的壮丽山河，这便是中华民族文化的瑰宝。

（指导教师：乔桂英）

安徽人民出版社

浮光掠影

天津市第二南开中学　毛利新

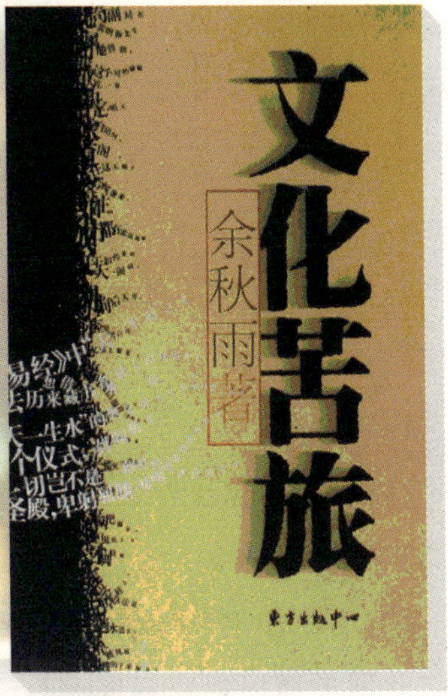

东方出版中心

我们都不曾放下过前行的脚步，而旅行只是这过程中的一部分，也可以将它理解为，我们到达一些地点，身临其境，然后侧耳倾听它们的娓娓道来，于是，那些直达我们内心的部分，也就成为不可磨灭的记忆，余秋雨先生的《文化苦旅》便是如此。

《文化苦旅》的语言平易近人却内涵丰富，它是一本由每一篇相对独立的散文构成的游记，但这些篇目绝不只是简单的罗列，它们以及那些余秋雨先生尚未提及的地方无比致密地共同编织成了我们辽旷的中华大地。

在《文化苦旅》里，每读一篇文章都不难感受到的不仅有生动的画面感，还有隐约的亲切感。就好像每一个从小习识汉字、阅读诗词歌赋、浏览水墨画、感叹历史悠悠的中国人，都仿佛在梦中到达过这些地方，这或许就是中华文化的力量吧。想必作者也是深深地眷恋着这些地方的。

“茫茫沙漠，滔滔流水，于世无奇。唯有大漠中如此一湾，风沙中如此一静，荒凉中如此一景，高坡后如此一跌，才得到天地之韵律，造化之机巧，让人神醉情驰。”(《文化苦旅·沙原隐泉》)这不失为一种好像绝处逢生的感动。

“诚恳坦然地承认奋斗后的失败，成功后的失落，我们只会更沉着。中国人若要变得大气，不能再把所有的废墟驱除。”(《文化苦旅·废墟》)只有正视历史交予我们的责任，才能使文化生生不息。

“就这样，江南小镇款款地接待着一个个早年离它远去的游子，安慰他们,劝他们好生休息,又尽力鼓励他们把休息地搞好。这几乎已成为一种人生范式,在无形之中悄悄控制着遍及九州的志士仁人,使他们常常登高回眸、月夜苦思、梦中轻笑。江南小镇的美色远不仅仅在于它们自身,而更在于无数旅行者心中的毕生描绘。”(《文化苦旅·江南小镇》)这些绝美的景象与我们是相知有素的。中华文化的容纳百川是难以想象的。不仅有《阳关雪》的漠野荒荒,也有《白发苏州》的落寞凄凄,还有《藏书忧》的沉静幽幽……不胜枚举。《文化苦旅》引领我们感受这些耐人寻味的片断,它们中的某些虽有相似之处但并不雷同,就好像彼此之间心领神会,天南地北却富有默契。仿佛《江南小镇》中周庄的舒缓缠绵,正是《寂寞天柱山》中沧桑挺拔的天柱山的温柔之处。

《文化苦旅》还承载了许多人的梦想。当那些我们暂时还没有机会到达的领域被淋漓尽致地展现在面前时,不由得唤起了我们内心真挚的向往。不仅仅是好奇,更多的还是好像站在山脚望向浮云缭绕的山顶的崇尚,对这些地方的崇尚,以及对博大精深的中华文化的崇尚。宏大却也细小入微,从视野直达耳界,卷着微小沙砾的风拂干额头的汗,从眼眶里滴落而下和潺潺泉水一样的液体,摄像镜头保留不到的景象,空气里充斥着尘封已久的书卷味道,是我们每一个中国人心的故乡。

文化是一种积淀,无法名状,但可以竭力去感受。“在我留居的大城市里有很多储存古籍的图书馆,讲授古文化的大学,而中国文化的真实步履却落在这山重水复、莽莽苍苍的大地上。”

(指导教师:蔡培浩)

心灵的震撼 情感的交融

天津市第二十中学　师文

只要你业务勤奋，你就会变得博爱；
只要你勤俭节约，你就会富裕；
只要你清心寡欲，你就会健康；
只要你积德行善，你就会心情畅快。
你做到这些，至少取得了成功的机会。

——富兰克林

人类之所以与其他生物不同，最主要的是他们可以感动和思考。感动并不是惊天地、泣鬼神的专有名词，只要你与作者的情感交融，用心感受作者的感情，就算再渺小的事物也会引起我们心灵的震撼与思考。

读《心灵鸡汤》丛书的最大感受就是进入了作者的情感世界，身临其境般地与每个故事的作者神游在故事之中。《心灵鸡汤》丛书由6本书组成:《73个开启心智的成功故事》,《94个感动心灵的生命故事》,《70个激动心志的成长故事》,《82个动人心弦的亲情故事》,《75个叩人心扉的情感故事》,《65个滋养心灵的友情故事》。

《心灵鸡汤》从6个不同的方面向我们展示了人世上最美好、最高尚、最惊天动地、最奋发图强的美丽画面。每个故事虽然短小，但以小见大，其间蕴涵着深刻的人生哲理和催人向上的动人情感。每读完一个故事我都有如沐春风般的清爽，宛如慢慢饮下了一碗鸡汤，其韵味荡漾心间，口齿留香，回味无穷。同时，每个故事都会引发我深刻地思考，或效仿，或立志，或学习。《心灵鸡汤》果真是慰藉我们心灵世界的精神食粮。

通过阅读《心灵鸡汤》，我受益匪浅，可以说，这部书是照亮我人生道路的指示灯：在黑暗中给予我光明，在困难中给予我希望，在彷徨中给予我力量，在茫然中给予我智慧……

如果说人生是一坛酒，成功的人不仅品出了酒的味道，而且用心品出了酒的色泽芳香，更重要的是，他用心品出了酒的质地，体会到了酒的韵味。成功的人往往不懈地挖掘自己的钻石宝藏——不懈地运用自己的潜能——做好自己想要做的一切。他们成为自己生活的主宰，他们使梦想变成了现实，他们走的是光荣的荆棘路。成功是从最苦的花萼里取出的蜜，虽然名声在讴歌里飞扬，但成功却在无声无息中取得。这就是我从《心灵鸡汤》中受到的关于成功的启迪。

我们的生命来自自然的恩赐，倘若一个人能把坚定的信仰与生命的哲理、美妙与公正联系在一起，为社会奉献着自己的力量，他的人生就是有意义的；倘若一个人利欲熏心，见利忘义，活着如同行尸走肉一般，他的灵魂是卑微的，他的人生是渺小的。我们不仅要让短暂的生命过得丰盈饱满，还要让自己活得意义非凡。这样意蕴隽永的人生感悟也是《心灵鸡汤》给我的启发。

亲情、爱情、友情是我们最常接触的情感，其纯洁与高贵是我们世代歌咏的主题。勃朗宁说过："情侣会反目成仇，夫妻会喜新厌旧，唯父母的慈爱之心永世长留。"的确，父母总是呵护我们，宽容我们，欣赏我们，在他们眼中，我们是他们一生的骄傲。

爱情令人献出一切却依然富有，《诗经》中形象地写道"邂逅相遇，与子偕臧"，然后"死生契阔，与子成说，执手之手，与子偕老"，这些永恒的字眼令我们动容。

人生最珍贵的典藏就是情谊，朋友的友谊是最美的，即使岁月不停的流逝，友情的背景却永远是春天，始终温暖着我们的心。

这就是《心灵鸡汤》引发我对亲情、爱情、友情的思考。

《心灵鸡汤》带给我太多的感动，引起我太多的思考，使我真正体会到心灵的震撼和情感的交融。（指导教师：王娟）

远方出版社

中国戏剧出版社

有一种情叫心痛

天津市钢管公司中学　杨柳

世界上有万般情，亲情是其中最温馨的一朵小花。亲情是人类得以繁衍和进步的原动力，是人世间最割舍不断的感情。正因如此，古往今来，无数的骚人墨客倾其力、尽其情书写出数不尽的歌颂亲情的华章。在《有一种情叫心痛》中，编者就精选了近100个感人至深的亲情故事，为此它被读者称为“震撼亿万心灵的情感圣经”。这本书以不同的叙述角度阐述相同的主题，那就是亲情！细品每篇文章，我们从中能深深地体会到亲情的温度和力量。

《爱的另一种方式》从儿子上幼儿园一直写到考取名牌大学，前三段写了三次家长会，每次家长会儿子都会受到老师的批评，不是好动就是智商有问题。但这位懂得爱的母亲每次都会鼓励儿子，从而使儿子获得自信心，儿子的成绩是用母亲的爱换来的。我们感谢这位母亲，她告诉了我们一个道理：对孩子，应该多给他们一点理解、尊重、关怀和鼓励。

一个心脏被水果刀刺穿的人，只能活很短很短的时间，可是带着这种致命伤口的父亲居然活了三天，而且不被女儿察觉！为何会有这样的奇迹？是父爱的力量！他知道如果自己死了，6岁的女儿孤零零地留在海船上，会受到更大的刺激，会承受更多的痛苦，甚至会遇到灾难！所以他以超常的毅力坚持着，他要好好地将女儿送上岸，安安全全地交到妻子手里，这是何等伟大的父爱，何等伟大的力量！

16岁生日时，他妈妈高兴地不由自主地喊了声“淼儿”，车站送别时妈妈激动地又不由自主地喊了一声“淼儿”，这声“淼儿”包含了母亲多少爱，多少安慰，多少希望，怎不令人战栗呢!谁没有个小名?谁没有经历过在大庭广众之下被喊小名的尴尬场面?可我们中的谁能仔细去解开平日现象的内涵呢?

一个让人流泪的手机号码,寄托着小妞妞对父爱的期待。母亲不敢把父亲去世的消息告诉身患骨癌的小妞妞,每天的化疗,时时的疼痛,已经把妞妞折腾得够可怜的了。她不忍心再让妞妞承受失去父亲的痛苦,于是就随便编了个电话号码;这个电话号码不仅给王先生带来了不必要的麻烦,而且带来了一个女儿对父亲的挂念。最后,小妞妞在王先生"电话之吻"中含笑而去……

亲情包括父母之爱、兄弟姐妹之爱等,但在孩子心中,亲情就是母爱与父爱。是母爱的博大与父爱的深厚为每个孩子构筑起了温馨的海湾,为每个孩子铺就了通往未来的康庄大道。父母就是孩子坚实的大山;你也许从未见过他们藏起泪水和内心的疼痛与恐惧,相反的,他们的双肩任你靠着哭喊,并给你更多的耐心与爱意。任何人都可能否定你,但唯有他们给予你希望的曙光!不管你是怎样的卑微与落魄,他们永远是你可以停泊栖息的港湾,他们的关爱和呵护一样会把你渡上一条风雨无阻的人生之船。

亲情是一滴甘露,亲吻干涸的泥土,它用细雨的温情,用钻石的毅力,期待着泥土的肥沃。细品其书,你会发现这是一顿丰盛的情感大餐,故事总是人写出来的,但是故事终归来自于生活。有的时候,别人的故事又何尝不是自己的故事呢?我相信透过这些别人的故事,我们同样也能看到身在其中的自己。真心希望这本书能唤起每一个人的爱心,好好去爱自己的亲人。毕竟,有些东西一旦失去,将永远无法挽回。人生如白驹过隙,忽然而已。人生有限,人生之路不容我们后悔,请用所有的力量去珍惜这份厚重而又真实的情感,让短暂变为永恒。

当脑海中的思绪不断涌来时,我被一个熟悉的声音拉回了现实:"柳儿,别太晚了,睡觉吧!"

(指导教师:赵亚莉)

山东画报出版社

与爱同行

天津市第四中学　陈金婧

是啊，一切都会消逝，但爱会留下来。

——德兰修女

当我读完这本书时，我的双眼盈满了泪水……

她是1979年诺贝尔和平奖的获得者，她创建的仁爱传教修女会有4亿多美金的资产，世界上最有钱的公司都愿意无偿捐钱给她。然而，当她去世时，她的全部财产，却只有一张耶稣受难像，一双凉鞋和三件旧纱丽。

她就是德兰修女，一位在印度加尔各答为孤苦的人奔波服务一生的伟大女性。这本由华姿写的名为《在爱中行走》的书以其丰富而细腻的文笔，为我们讲述了德兰修女传奇而伟大的一生。

德兰修女出生在印度一个比较富有的家庭，可是她放弃了安定的生活，只身来到印度加尔各答，致力于帮助那些生活在死亡边缘的人们。她拥抱麻风病人，亲自为艾滋病人喂药，和得疟疾的儿童共处一室，丝毫没有嫌弃他们。德兰修女并没有戴妃的绝代风华，她的个子瘦小，其貌不扬；她有的，是一颗美丽的心。戴妃在安全设备十足的医院里跟艾滋病人握手，会有人拍下照片登在报上，让人歌颂她的爱心；可是德兰修女却不知多少回在肮脏污秽的街道上拥抱那些患有皮肤病，甚至满身脓疮的人，把他们带回自己的住处，照顾他们，安葬他们。

我喜欢这本书，因为每次读它的时候，我的内心都会被很深很深的感动。我为她的勇敢，她的执著，以及她的爱心所感动。她勇敢地走到已经死亡多天的穷人旁边，为的是掩埋穷人的遗体，给死者以最大的尊重；她执著地与一位议员理论，为的是改善临终关怀处的条件；而她的爱心，就更是体现在她所做的点点滴滴中。如果没有这份爱心，德兰修女也不会放弃家里优越的经济条件来帮助这些贫穷的人们；如果没有这份爱心，德兰修女也不会拥抱那些身患传染病的人们；如果没有这份爱心，德兰修女就更不会竭力给予每一个生活在社会最底层的人所应有的尊重。我特别喜欢德兰修女说过的一段话：“即使你是友善的，人们可能还是会说你自私和动机不良，不管怎样，你还是要友善。即使你是诚实的和率直的，人们可能还是会欺骗你，不管怎样，你还是要诚实和率直。人们确实需要帮助，然而如果你帮助他们，却可能遭到攻击，不管怎样，总是要去帮助；你今天做的善事，人们往往明天就会忘记，不管怎样，你还是要去做善事。即使把最好的东西给了这个世界，也许这些东西永远都不够，不管怎样，还是请你把最好的东西给这个世界。”一个拥有什么样心灵的人才会说出这样的一番话？当我们同情和怜悯时实际上内心拥有的是一份优越感，是一种优势的施舍。而爱和同感是建立在平等基础上的，因此才能产生内心的感动，才能让受助者感到尊严。因为，真正的帮助，不是施舍，而是有尊严的关照。

也许有人会说：气质由金钱衬托，美丽由外表决定。可是我认为，人性的光辉是仁爱的气质，天使的光环才是永恒的美丽。德兰修女，倾尽她自己的一生，阐述了这句话的含义。

她不曾搞过惊天动地的革命，她也不是个翻天覆地的伟人。她所做的，是每一个有手有脚的人都有能力做到的事：照顾垂死的人，为他们洗脚，抹身，当他们被世上其他人践踏如地底泥的时候，还给他们一个人的尊严，如此而已。

这些，我们做不到，不是因为没有能力，而是因为不肯，因为不愿。当我走过地下隧道，看到一个人躺在隧道里，他的裤腿空荡荡的，两只手上满是黑泥，穿着一件像是几年不曾换洗的脏衣服。我曾经驻足，曾经难过，曾经心中充满怜悯。可是我不曾伸出手来碰一碰他，不曾跟他说过一句话，不曾告诉他，他是一个与我们平等的人。

我敬仰每一个有爱心的人，因为爱不分国界，不分宗教。大爱无疆，爱，是我们每个人心里最真的那个声音；爱，是我们共同的语言。愿有生的每一个日子里，我都能用心倾听……请让我们，在爱中行走。

（指导教师：谈景生）

生命的价值

天津市南仓中学　闫妍

陕西人民出版社

书籍是人类知识的宝库，可供你任意索取，满足你对知识的渴求，开阔你的眼界，拓宽你的思路。

我天生对未知世界充满好奇，是书籍满足了我，如同甘泉滋养着我。有些书籍也许会随着时间而褪色，但在我的小小书柜里，有一套永远的珍藏，那是爸爸送我的礼物，一套名为《知道点——世界》的丛书。这套书由北京大学历史系、中文系的一批青年学者编著，余秋雨作序，共五册，分别为《世界文学》、《世界名人》、《世界历史》、《世界文化》、《世界哲学》。蒙娜丽莎的微笑背后暗含着怎样的神奇？神秘的玛雅文化是谁创造的？古埃及金字塔里隐藏着什么秘密？潘多拉的魔盒到底有什么东西？从我们所熟知的到世界未解的，书中都有所涉猎几乎探索了各大领域。

其中最让我珍视的是《知道点世界哲学》这一本。虽然凭借我的知识和阅历，并不能完全读懂像“人不能两次踏入同一条河流”这样高深的哲学命题，也不能充分领会柏拉图、苏格拉底等大师们的绝妙思想，但书中那些富有哲理的小故事却深深地埋入我的心中，久久闪耀着光辉，如黑暗中的灯塔照亮着我的前方。

书中有这样一个小故事让我铭记一生——一个生长在孤儿院的小男孩，

常悲观地问院长:“像我这样没人要的孩子,活着究竟有什么意义?”院长没有直接回答小男孩的问题,而是让他拿着一块极普通的石头依次去市场、黄金市场、宝石市场上去卖,但无论别人出多高的价钱都不能真卖。小男孩遵照院长的指示去做了,奇迹出现了,石头的价钱一路飙升,堪比宝石。小男孩疑惑地将这一情况禀报给了院长,院长徐徐说道:“生命的价值就像这块石头一样,在不同的环境下就会有不同的意义。一块不起眼的石头,由于你的珍惜、惜售而提升了它的价值,被说成‘稀世珍宝’,你不就像这块石头一样吗?只要自己看重自己,自我珍惜,生命就有价值,有意义。”

小男孩的困惑其实也存在于我的生活中,我有时会像小男孩那样悲伤、叹息,为了一次不如意的考试成绩,就全盘否定自己;为了别人一个不屑的眼神,就觉得世界暗淡无光;看到有作为的同伴,便抱怨上天的不公平,为什么同样的付出得不到相同的回报。于是陷入了一个自怨自艾的窘地,无法自拔,找不到一个称得出自己价值的天平。而院长的话如警世鸣钟,敲醒了我混沌的心。

是啊,生命的价值不就是在于自我珍惜和创造吗?只有自珍、自信才能获得生命真正的意义,才能去创造自己的生活,进而在生活中创造世界,才能如那块石头一样绽放金子般的光泽。俄罗斯作家屠格涅夫年轻时,因为生活的不如意,也曾有过轻生的念头,但一声婴儿的啼哭震撼了他,那是生命朝气蓬勃的力量,挽留住了一位若干年后影响世界的文学巨匠。伟大的音乐家贝多芬一生不幸,但他并没有自暴自弃,而是把全部的生命融入了他珍爱的音乐世界。他的一句“我要扼住命运的喉咙,它决不能使我屈服”的名言向我们展示了生命的价值。世界让他痛苦,他却用音乐创造出了快乐还给世界。这样的例子太多太多,他们无疑向我们阐述着同一个道理——生命的价值在于珍惜和创造。

每当夜晚来临,把书放在枕下,枕着那些散发着大智慧的小故事入睡,让我感受到了前所未有的力量,这是书籍所折射出的智慧。梦中仿佛院长微笑着对我说:“做一个善良、勇敢、真诚、博爱、自信而快乐的普通人吧,拼搏过了,即使不成功,你都是自己舞台上唯一的主角。做不了参天大树,小草一样活得精彩,一样点缀着春天。”

(指导教师:李娜)

光辉人格 永恒丰碑

天津市静海县第一中学 张镝

敬爱的周恩来总理“为中华崛起而读书”的名言成为激励几代青年人学习的动力。周恩来作为共和国第一任总理，在国内外享有崇高的威望，深受亿万人民由衷的敬仰、热爱和拥戴。毛泽东主席曾称赞他道：“还是我们的总理啊，上至国家大事，下到服务员的工作都关心了。”前美国总统尼克松也曾说过：“周恩来真是个了不起的人物，本世纪罕见的伟人！”中西方两位伟人对周恩来的评价让我对伟大的周总理更是崇敬有加，也让我再次读起了《周恩来，超群智慧》一书。

这是一本好书，它全面地反映了周恩来独有的、并能引领他走向成功的超群才智和谋略，讲述了他许多鲜为人知的故事。手捧此书，爱不释手。领导一个贫穷的大国进行社会主义建设，需要有超世的才能和绝伦的韬略，而这种才能和韬略，只有“全天候”的总理，日理万机的总管家，世界罕见的伟人周恩来才具备。周恩来总理为中国的解放和建设真正做到了“鞠躬尽瘁，死而后已”，读了《周恩来，超群智慧》感受更为深刻。周恩来总理从小就有远大的抱负，十几岁的在课堂上回答老师提问“读书为了什么”时，“为中华之崛起”，一语惊四座。这铿锵有力的宏伟志向，成为他一生奋斗的目标。一个人的事业成功与否，与他在少年时代的志向有着直接关系。周恩来能够成就伟大的事业，其动力基础就建立在少年时代的远大志向上。周恩来总理具有坚强的党性，他是一位纯粹的革命者。阅读这本书，使我更加了解了周恩来总理的伟大。他救国救民，追求真理，东渡求学，投身革命，领导起义，参加长征，斡旋谈判，转战陕北，参与决战，筹建新政，内政外交这一段段精彩的乐章谱就了他波澜壮阔的人生诗篇。与此同时，周恩来总理还具有高尚的人格，高尚的人格源于他对人民的伟

当代中国出版社

大而深沉的爱。周总理是一个富有人情味的共产主义者，他浩气凛然、大公无私、勤政为民、廉洁自律，具有很强的人格魅力。他把人民的利益看得高于一切，表现在他与战友亲如手足的情谊，表现在他与党外人士肝胆相照的真诚，表现在他与知识分子心心相印的坦荡，表现在他事事以国家与民族大义为重的宽广胸怀。读完这部书，一个朴实而厚重的伟人形象耸立在眼前，时时激励着我勇往直前。

“哲人日益远，典型在夙夕”，岁月的流逝抹不去我们对周总理的思念。当我拿起这本书，重温那段历史，深深为伟人周恩来的崇高精神所打动、所感染。他虽然已经离开我们32年了，但是他的精神永恒不朽。周总理一生中最闪光的部分在和平时代。正如英国作家杰克·威尔逊所说的：“周恩来就是个耐心的水手长，他保证轮船正常运转，水手们各司其位，船上的饮食不断得到补充，周恩来就是这样一个‘全天候的总理’。”新中国成立后，周恩来任总理长达26年，他既是国家建设总体蓝图的设计者，又是将它付诸实施的卓越组织者。《周恩来，超群智慧》一书分九个不同的章节，展现了周总理为新中国的经济、外交、国防、统战、科技、文化、教育、新闻、卫生、体育等各行各业的发展和建设所做出的贡献，让人感受到老一辈无产阶级革命家的高尚情操和鞠躬尽瘁的奉献精神。

我之所以推荐这本书，是因为我们许多中学生和我一样对新中国的历史了解太少，对老一辈无产阶级革命家的精神也无切身的感受，很有必要补上这一课。我真心希望年轻人一起行动起来，学习老一辈无产阶级革命家的崇高品格和优良作风，沿着他们指引的方向，为中华崛起而阔步前行！

（指导教师：王英）

我的朝圣路

天津市第九十五中学　刘晓彤

北岳文艺出版社

早在读周国平老师的书之前，就对他以及他的哲学理念有所耳闻。听正在读大学的姐姐说大学里流传着这样一句话：男生不可不读王小波，女生不可不读周国平。直到一个偶然的机会，让我与《周国平散文集——各自的朝圣路》结下了不解之缘。

周国平老师是一位著名哲学家。1945年生于上海，1967年毕业于北京大学哲学系，1981年毕业于中国社会科学院研究生院哲学系，现为中国社会科学院哲学研究所研究员。著有学术专著《尼采：在世纪的转折点》、《尼采与形而上学》，散文集《守望的距离》、《各自的朝圣路》，纪实作品《妞妞：一个父亲的札记》等。《各自的朝圣路》讲述的是周老师对人生、对社会的价值观。这本哲理散文作品集对我来说有着不寻常的意义。一方面这是我的老师赠予的，它寄托了老师对我的鼓励与期盼，另一方面它对我的人生观、价值观产生了巨大的影响。

在书中，周国平老师以丰富的哲学观阐述了精神生活的价值。让我感触最深的就是他所强调的灵魂的高贵。灵魂的高贵，就是要求我们正确对待苦难，正确对待诱惑，正确对待生活中的一切幸福与不幸，始终保持高贵纯洁的心。周国平老师认为“人的高贵在于他有灵魂生活……由于内心世界的巨大差异，人才分出了高贵和平庸，乃至高贵和卑鄙”。他说：“世界上再也没有比灵魂更宝贵的东西，任何东西都不能跟它相比。”

高中的生活很忙碌，竞争很激烈，学习压力比较大，有时也难免彷徨。很多同学都问过我同样的问题：我们追求的到底是什么？面对激烈的竞争和残酷的淘汰，我曾经不知道自己毕生追求的是什么。很多次，我因为没有坚守自己的理想而与成功失之交臂。我怕,我怕在未来的人生中,会因脆弱的灵魂而误入歧途。

读了《各自的朝圣路》后我不再彷徨,不再害怕。我懂得了我要做的是追求灵魂的高贵!周老师强调:理智上求真,意志上向善,情感上爱美,是属于一颗高贵心灵的追求。是的,这是个永远流行的主题。我想,无论环境怎样变化,我都要关注自己的内心世界,保持灵魂的高贵。我要以积极的态度面对磨难;要用一颗感恩的心回报爱我、关心我的人;我会以一颗平常心看待物质利益的诱惑。因为没有什么比保持一颗纯洁的心灵更可贵的了。

如何才能正确地追求灵魂高贵呢?这是我们面临的问题。

首先要学会"静"。周老师说:"人生最好的境界是丰富的安静。安静,是因为摆脱了外界虚名浮利的诱惑。丰富,是因为拥有了内在精神世界的宝藏。"清心寡欲,淡泊名利,这是古人特别推崇的,现在看来仍然充满哲理。只有做到内心的宁静才能冷静地面对人生的风雨和诱惑,才能理智地思考自己的追求,才能理解何谓高尚。我们正处在人生的花季,沿途也许有许多诱人的风景,惟独永远保持一颗平静的心才能"出淤泥而不染"。

其次要学会"自嘲"。何谓自嘲?正如周老师所说:"自嘲就是居高临下地看待自己的弱点。自嘲混合了优越感和无奈感,自嘲使自嘲者居于自己之上。"我想,如果回到革命时期,这大概就叫做开展自我批评吧。自嘲就好比在前进的途中,不时地停下脚步,回头望望来时的路,检查自己有没有丢掉什么。我们可以总结一个阶段的学习,可以反思对某一件事的处理,在"自嘲"中发现、更正、升华,在"自嘲"中充实自己的学习与生活。

一如周老师所说:"世上有多少个朝圣者就有多少条朝圣路。每一条朝圣的路都是每一个朝圣者自己走出来的。"我们在黑暗里并肩而行,走在各自的朝圣路上,无法知道是否在走向同一个圣地,因为我们无法向别人甚至向自己说清心中的圣地究竟是怎样的。然而,同样的朝圣热情使我们相信,也许存在着同一个圣地。至少我的朝圣路是要呼唤内心深处高贵的灵魂,要追求内心深处高贵的灵魂!

感谢《各自的朝圣路》,它让我成了一个靠自己的追求加入人类的精神传统的朝圣者。

(指导教师:陈国良)

引领人生 洗涤心灵 品味智慧 折射阳光

天津市宝坻区第四中学　王珊

《智慧背囊》是专为青少年成长的背囊装满智慧，装满精神营养的丛书。主编王玉强。全套丛书共15辑，每辑10编，每编20个左右的小故事。一个个内容丰富的小故事蕴含着一个个深刻的大哲理，每一个小细节都展示一个大境界。以小见大，擦亮智慧的火花；以事明理，引爆头脑风暴；以趣显意，启迪人性觉醒。每一篇小文章后面都有编者透悟人生的点悟——“轻轻地告诉你”，以尊重读者的语调告诉人们蕴含的美丽智慧、动人情感，以及令人震撼的生命本性的跃动。

初中时老师为了提高我们的阅读与写作能力，要求我们有一本课外读物，我就买了一本《智慧背囊》。刚一阅读时我就爱不释手，闲暇时，临睡前，我都不忘读上一、二篇，这成了我的习惯。接着我又买了第二本、第三本…… 随着书中那一篇篇短小、真切、灵动、睿智、感人的小故事，使我心灵受到了启迪，情感得到了净化，知识得到了升华。

在亲情篇中，有篇题目为《母爱是一根穿针线》给我印象深刻，至今难忘。整日忙碌的儿子一天突然发现一个月前还穿针引线的母亲，此时明明看见针孔在那却怎么也穿不进去，她把线头润湿，再次用左手的食指和拇指把它捻得又细又尖，再次让眼睛与针的距离最近，再试一次，还是失败。刹那间他怔住了，原来自己就像那根缝衣针，虽然与母亲朝夕相处，但母亲的丝线在他这里却找不到孔，我们整日忙忙碌碌，而却忘记了身边日渐苍老的亲人，他们总是默默地无怨无悔地奉献着自己。读到这里，我心感愧疚，感觉自己像文章中的儿子一样，一味地享受母亲所给予的一切，却从未关心过她的衣食起居，顾及过她的内心感受，此时，我要对母亲说：“妈妈，我要用我的实际行动来回报您！”

每读一个小故事，就增加一个小智慧。《走出枯井》这则小故事讲到一头很老的驴子不小心掉进了一口枯井，正当它哀哀地叫着期待人们救它出来的时候，无能为力的人们却认为它老了，要把它和枯井一块掩埋，就在人们一铲一铲往井里填土的时候，驴子出乎意料地安静了，人们惊讶地发现驴子抖掉了每铲落在它身上的土，随着井土的增高，潇洒地从枯井中走了出来。

这则故事告诉我们：在绝境面前如何战胜自我。人生的道路很漫长，虽然我们生活在新时代，衣食无忧，但人生路上不会总是一帆风顺，总会有坎坷，总会遇到枯井和各种各样的泥沙。我们要选择坚强，勇敢地、积极地、乐观地去面对，那么困难与挫折带给我们的就会变成财富，它使我们睿智、坚强。

读了这本书，我受益匪浅。它让我懂得了怎样对待自己，怎样对待他人，怎样做事，怎样做人，怎样思考。它像我的老师，像我的父母，更像我形影不离的好朋友，伴我健康成长。

一粒沙子就是一个世界，一滴露珠能反映出太阳的光辉。《智慧背囊》为你开启智慧的天窗，让你感受心灵的阳光，引你步入生活的殿堂。一滴水，可以折射太阳的光辉；一本书，可以滋养无数的心灵。一书在手，尽览人生哲理；触类旁通，领悟成功真谛。一个个哲理故事能成为点亮你人生的灯，在它的照耀下，我们可以把不快乐的忧伤变为沉醉的美酒，把午夜的黑暗化为黎明的曙光，使原本没有意义的人生之旅变得格外轻松、欢快、达观。

请阅读《智慧背囊》吧，它不占你太多的时间，它满足你“快餐式”的心理需求；一篇篇独立的小故事，定会令你回味无穷。它真实性高，启发性强！贴近生活，反映生活！一定会令你受益匪浅！请阅读《智慧背囊》吧！

（指导教师：于向光）

哈尔滨出版社

给你我最美丽的人生！

天津市第九十五中学　邓娅

中国对外翻译出版公司

天空仍然很蓝，大地依然广阔，阳光傲然普照，而我仍旧徘徊在人生的十字路口上。但，自从我遇见了它——《最美丽的英文》，我开始对人生有了另一种看法，不再徘徊，昂首前进。

《最美丽的英文》忠诚地告诉了我如何正确的前进。

不怕挑战，抓住机遇。成功者路上有荆棘是正常的，就好比大海里有暗礁一样。没有荆棘，成功不会显得可贵，没有暗礁，又怎能激起美丽的浪花？

从零开始，勇往直前。忘记曾经受过的伤、经历过的挫折，把它们都化做动力辅助你前进，一定要勇敢地走自己的路，梦想就在不远方。

把握分秒，马上行动。人生只有一次，不要悔恨过去，也不要仅仅憧憬未来，一定要把握住现在。锁定好目标，不要迟疑，马上行动。

培养自信，善于思考。只有自信的人才敢于前进，才会对生活持有希望，最终征服人生；只有专注的思考，才有利于我们清晰地勾勒出自己头脑中最终目标的画面。

持之以恒,善始善终。梦想是属于自己的,只要不放弃,任何困难都会为你绽放魅力的花朵,切勿因疲于奔命而放弃梦想。

《最美丽的英文》骄傲地告诉了我,如何为人处世。

不骄不馁,平常心。俗话说得好,“胜不骄、败不馁”。保持一颗平常心去对待世间的一切,你会发现世界更美。

宽以待人,真性情。孔子曾经说过,“己所不欲,勿施于人”。宽容的去对待每一个人,真诚去对待每一个人,你会发现人都是热情的。

学会谅解,不做作。只有懂得谅解彼此,才能使亲情、友情、爱情长久。只有不虚伪、不做作,才能更率真轻松地生活。

适度放弃,不放纵。只有时时刻刻都懂得满足,人生才不会太辛苦。适度的放弃会让我们笑得更甜,但放纵会让人萎靡沉沦。

事物双面,辩证看。任何事情都有因果,你只有从正反两方面去剖析它,才能真正认清事实。哲学曾告诉我们,“透过现象看本质”。

《最美丽的英文》构思巧妙、中英结合,总共分了四章,每一章都是一种人生哲理。以80个小故事构成全文脉络,条理清晰。《最美丽的英文》是由刘佩吉编译的,他把每个有哲理的美文以英汉两种形式呈现给我们。刘佩吉说:“学习英文,享受英文阅读的最大乐趣,从选择自己喜欢的美丽英文开始。只有英文生动有趣、睿智经典,才能激发我们学习英文的热情。”书中每篇故事看似分散,却又紧密联系在一起,用最朴实感人的故事,最富于内涵的人生哲理,最优美直白的文字,敲击每一位读者的心灵。《最美丽的英文》警示我,路要怎么走,事要怎么看,人要怎么做。

以前的我不喜欢读课外书,更不喜欢带有英文的课外书,但是《最美丽的英文》却激起了我的兴趣,它们让我深深地沉浸在其中。是《最美丽的英文》提升了我的思想,让我从幻想中看到了现实的人生;是《最美丽的英文》提升了我的素养,让我从肤浅中看到了深度的人生;是《最美丽的英文》提升了我的精神,让我从普通中看到了高尚的人生。

《最美丽的英文》的魅力在于它会不知不觉套住你,在潜移默化中教会你,在长久的生活中改变你。说草儿是最坚强的,因为它无论在什么恶劣的环境下,都会傲然钻出土壤,笑对太阳,绽放最美丽的身姿。说太阳是最温暖的,因为它无论在怎样狂放的天气中，无论乌云如何的遮挡它，都会挣扎射出阳光，笑看大地，释放最贴心的光芒。说大地是最广阔的，因为它以最宽大的胸怀包容每一个人，给他们最温暖的家。因此，说《最美丽的英文》是草儿、太阳、大地一点也不为过。因为它给失意的人最坚强的臂弯，给痛苦的人最温暖的港湾，给梦想的人最宽阔的天地！所以，我现在真诚地把《最美丽的英文》推荐给你，希望你也能在其中找到属于你的东西。《最美丽的英文》给你最美丽的人生！

（指导教师：田建俊）

跟我一起来读这本书吧

天津市宁河县芦台第一中学　张洪达

《中华上下五千年》是一本向青少年介绍中国历史的读物。它取材于流逝的时光，真实地为我们再现了从盘古开天辟地的传说到1840年之前的那个外强中干、日薄西山的晚清政府期间的一幕幕场景。编者不拘权威正史，收录了一些稗官野史中的名人轶事，并以时间为线索，把那些如明珠般璀璨的历史故事串在了一起。全书分为若干小节，每一小节都以故事名为题，以最通俗的语言呈现给读者。

中国人说，“以史为鉴可以知兴替”。

外国人说，“读史可以使人明智”。

在物质文明高度发展的当今社会，每个人都在为自己忙碌着。看繁华大街上那川流不息的人群中，有多少人还记得中国的历史，有多少人能说出中国的朝代更替，有多少人能分清大泽乡起义、红巾起义这些古代农民的骇世创举；有多少人知道徐光启、张仲景、黄道婆是何许人也；欤，这是一种怎样的悲哀呢？忘记过去就等于背叛，历史为我们提供了前事之师，我们却一意孤行地把它扔到海里，悄无声息地忘记。作为中国人我们不应该这样，所以我推荐这本书——《中华上下五千年》。

我很喜欢读这本书，觉得它很适合我们这些中学生阅读，更愿意跟大家一起分享。

在茫茫的古典书籍海洋中，这本书可谓是“短小精悍”的了，它可不像《资治通鉴》、《二十四史》那样厚实，以至于给人以沉重的感觉；它厚度适中，拿在手里就像把中华五千年历史的精髓握在手中，有一种温馨满足的感觉。

我还特别欣赏本书选材的典型性。其内容极具代表性，几乎一个或者几个故事就能反映出当时的社会环境、人们的生活及其思想风貌。读过“刘禹锡游玄都观”这一则故事，我便意识到当时政局结党营私的黑暗，感受到人们传唱诗歌的思想情趣。

吸引我的还有这通俗易懂的语言，生动有趣的故事，能让我沉醉其中。不但如此，这本书还能使人受益匪浅，每次读到它我的感受都不尽相同，每一次都有新的收获，时而为之拍案，时而黯然感伤。

读到像屈原、文天祥那些忠贞不屈的英雄事迹时，我总是热血沸腾，“富贵不能淫，贫贱不能移，威武不能屈”这才是中华民族的脊梁；读到欧阳修幼年丧亲却越发用功发奋，最终成为一代文学大师，一种敬佩之情就会油然而生，我更加坚信“宝剑锋从磨砺出”；当读到伯牙子期、管鲍之交时，我不由得心生羡慕，期盼也能遇到断弦知音。当读到那些鱼肉百姓的官宦，遗臭万年的奸臣贪官，我不禁怒发冲冠，心中荡起激浊扬清的大志。

翻开这一页一页的精致纸张，即使我再浮躁、再悲伤都会平静下来。心灵就会化为蝴蝶，在亘古中纷飞。看秦王扫六合，履至尊而鞭笞天下；观五代十国旌旗万里，战火连绵；听波浪滔天的大江边，志士祖逖中流击楫的豪言壮语；听风波亭中英雄岳飞为自己的赤胆忠心更为天下百姓饱含冤屈的呐喊；看卧龙用计；品右军挥毫；赏迁客骚人寄情山水的精美诗词歌赋……

亲爱的朋友，跟我一起来读这本书吧！让深厚浓郁的中华传统文化熏染你的心灵，陶冶你的情操。捧读《中华上下五千年》，你会觉得自己远离了愚昧与麻木，就和我一起站在大江边，看大江东去，浪淘尽千古风流人物。

（指导教师：李颖）

中央民族大学出版社

成功路上的智慧与力量

天津市西青区付村中学　牛欢

“书籍是人生的脉搏，它直接触及人们的心灵。”

——题记

最近我读了一本书，书名是《最伟大的励志书》。这本书是由张慧娴和闻尔编著的，书里包含了14位大师们的呕心之作，也就是说读这本书就等于汲取了14本书的精华。这确实是一本蕴涵着无穷的智慧和力量的书。

《最伟大的励志书》中包括《人性的弱点》、《人性的优点》、《一生的资本》、《思考致富》、《唤醒内心的巨人》、《世界上最伟大的推销员》、《羊皮卷》、《穷爸爸、富爸爸》、《一分钟经理人》、《谁动了我的奶酪》、《高效能人士的七个习惯》、《细节决定成败》、《致加西亚的信》、《邮差弗雷德》14篇励志类的文章。

细节决定成败。把每一件简单的事做好就是不简单；把每一件平凡的事做好就是不平凡。芸芸众生中，能做大事的人实在太少，多数人在多数情况下只能做一些琐碎的事、单调的事。也许这过于平淡，但这就是生活，却也是成就大事不可缺少的基础。《细节决定成败》一文中，讲述了这样一个故事：英国国王查理三世和公爵亨利交战，英勇善战的查理三世却失败了。原因是什么？其实很简单——忽略了细节。查理三世的马夫不注重细节，催促铁匠钉马掌，结果铁匠没来得及钉好马的第四个马掌，马夫就让战马驮着主帅上战场了。在主帅召集士兵掉头的关键时刻，战马的第四个马掌掉了，马失前蹄，英勇的主帅被摔倒在地。士兵一片混乱，四处奔逃。这正是“少了一只马掌，丢了一匹战马；丢了一匹战马，败了一场战役；败了一场战役，失了一个国家。”由此可见，细节决定成败。不重视细节，浮躁粗心，贪大求全，不屑于做具体的事情，则将一事无成，只能以失败而告终。

细节是认真、敬业、忠诚、踏实、可信赖等等的代名词。注重细节，从小事做起，精益求精，把每一件简单的事情做好，就可以取得成功，创立辉煌。

诚信，人类成功的基础。常言道，做事先做人。而做人之要莫过于一诺千金，也就是要讲诚信。一个人拥有了诚信，就会赢得更多的朋友和更多施展自己才华的机会。香港著名影星成龙就是一个很讲诚信的人。那年，成龙刚刚出道，独自一人在香港打拼。在接拍一部戏的同时，又有人重金邀请他拍戏。面对金钱的诱惑，成龙信守合约，毅然回绝。他说：“失去金钱，以后还有机会挣到；失去信誉，恐怕以后就没有机会了。”成龙信守承诺，不为金钱所惑，很快就在演艺圈传开了。后来，成龙的演艺事业不断发展，成为蜚声海内外的著名影星。他在接受中央电视台采访时说：“如果当时我离开了剧组，我的人生可能就要改写。”可见，诚实守信，才能得到众人的信任，它将引导你迈向成功之路。我们每一个人都应该把“诚信”二字铭记在心。

坚持不懈，方能成功。有人曾经说过：“生命的奖赏远在旅途终点，而非起点附近。我不知道要走多少步才能达到目标。踏上第1000步的时候，仍然可能遭到失败，但成功就藏在拐角后面。”要想找到成功之源，除了肯花力气，还要目标专一，持之以恒。浅尝辄止者是不会成功的。《世界上最伟大的推销员》一文中有一幅意蕴深刻的漫画，一个年轻人正在挖井找水。他的面前已经挖了四五口深浅不一的井，他深信这里没有水，决定再换个地方挖。他哪里知道，每个坑下面都有水，只要他坚持，就能发现水源。可悲的是，他没有坚持下来。

坚持不懈，是人生难得的高贵品质，是人生取得成功的重要因素。对于意志坚强的人来说，知难而进，可以闯过险阻，化难为易，摘取荣誉的桂冠。当困难绊住你成功的脚步时，当失败挫伤你进取雄心时，当负担压得你喘不过气时，不要退缩，不要放弃，一定要坚持下去，因为只有坚持不懈才能通向成功。

《最伟大的励志书》让我对自己、对生活、对人生有了崭新的认识。让我变得更坚强、更智慧、更豁达了。它引导我怎样生活，怎样做人，让我明白人生的财富，金钱并非最重要，还有更重要的细节、诚信、毅力等精神财富！

《最伟大的励志书》对中学生的成长有很大帮助。我想，它应该成为我们大家的良师益友！

（指导教师：郭玉红）

北京出版社

见证成功，成就自我

天津市西青区张家窝中学　马浮童

中国纺织出版社

名人是我们学习的典范，从他们的成长历程中汲取有益的经验和精神，对我们的成长有着非常重要的意义。一个偶然的机会，我读到了《中学生要知道的80位世界名人》，一本启迪智慧的读物。很长的一段时间里，我在书里游弋，知道了很多名人故事，使我的人生之路更加开阔。

《中学生要知道的80位世界名人》就是我的一个益友。它是一部经典的文明史读物，会聚了古今中外80位世界名人，从他们的经历到对世界的贡献，都给人以深刻的启示。

我第一次粗略地阅读它时，一幅幅精美的图片首先映入我的眼帘。名人头像及其相关成就的图片让我不必在想象中摸索，而是给了我最直接的感受，我仿佛在与一个个名人对话。当我再细细品读它时，一个个名人的经历又活灵活现地浮现在了我的脑海里，让我回味无穷！书中每谈到一位名人，都插有名人档案、历史评价、影响指数、传世佳言和相关链接，这更让我对名人有了更进一步的了解，我感谢作者的精心编排。

读完这本书，我脑海里出现了这样一个问题：为什么这些名人是按出生年月排列的，而不是按功绩进行排序呢？关于这个问题，编者在引言中是这样回答的："因为我们都无权去给伟人分三六九等，他们都是如此重要。在源远流长的人类历史长河中，他们影响着我们，影响着整个世界。"因为每一位名人都是如此重要，所以，每一位名人的成功经验都能充实我们各自的人生。

一个又一个名人的经历在我脑海里闪过后，不知不觉中明白了一个道理：这80位名人为什么能成为名人，而我不能？那是因为在名人成功的背后凝聚着无数汗水——是努力,是坚强,是智慧。每一位名人都是那样伟大,当站在他们的角度再来看自己时,才发现自己是那么的渺小,那么的微不足道!

《中学生要知道的80位世界名人》对我的帮助很大,从社会、生活、学习等诸多方面教育了我。通过阅读,我认识了中国的孔子、孟子,外国的瓦特、华盛顿,我知道了哥白尼的成就,了解了莫扎特的音乐历程;我还透过名人所生活的时代了解了历史。这些使我的智慧背袋又多了许多前所未有的知识。在名人人格光辉的感召下,我变得更加理智和成熟。我在以后的生活道路中无疑会面对许多坎坷、挫折,但是,我会在智慧的背袋中掏出名人成功的经验来陪我走过漫漫征途,跨过困难,超越自我,获取成功!

朋友们,如果你也想拥有更多的成长智慧,如果你也想成功,如果你也想把自己变得更加成熟完美,那就不妨从《中学生要知道的80位世界名人》中汲取丰富的精神营养吧!

(指导教师:马福凯)

为我所"鉴"

天津市宁河县任凤高中　薄克平

《资治通鉴》作为我国历史上第一本编年体通史，历来为学者们所推崇。清代学者王鸣成说："此天地间必不可无之书，亦学者必不可读之书。"毛泽东晚年曾对人讲，他将《资治通鉴》这部300多万字的史书读过17遍！《资治通鉴》已和《史记》一样，被人们称为史学瑰宝。

《资治通鉴》这部巨著的著述意义已远远超出了司马光"鉴于往事，有资于治道"的著史治国的本意。这位敢于直谏，不阿谀奉承的主编大人，以挺直的笔杆、敏锐深刻的观察力和匠心独具的艺术手法，不仅形象生动地展现了波澜壮阔的社会生活画面，而且成功地塑造了大量栩栩如生的历史人物形象。本书记事简明扼要，文笔生动流畅、质朴精练，不仅可以作为史学著作阅读，亦可以作为文学作品来欣赏。

然而这些都不是我想要说的，这本让我慢慢读进去，又留下深深印象，受到深深触动的书，告诉我的是……

做人要勇于创新。

赵武灵王能够抛开"我们尊贵的身躯不能效仿夷人"的陈腐传统的思想，在全国提倡穿胡服，学射箭的大胆做法，着实让我惊讶。与那些循规蹈矩、墨守成规、不求有功、但求无过的保守派帝王相比，赵武灵王的大胆创新是可贵的；与那些漠视忠臣的冒死直谏，甚至斩杀革新派大臣，抱定"祖宗之法不可变"的顽固派帝王相比，赵武灵王的勇于创新是让人佩服的。而创新举措的实施，确实让赵国的战斗力有了明显提高，让处于水深火热之中的边疆百姓过上了安定的生活。

对于我们而言，打破思维定式，对自己的现状敢于质疑，又能够脚踏实地而不是哗众取宠地去创新，实在是有难度的事。我们应该清楚，创新不光是时代的要求，更是生存的需要。要跟上时代的发展，适应时代的潮流，我们要大胆创新；要提高生活质量，追求生活品质，我们要勇敢创新。

做人要坚持本心。

他喊着“仰天大笑出门去，我辈岂是蓬蒿人”，就这样意气风发地从蜀道走出来，他一心以为可以为国家一展才华，然而却免不了陷入御用诗人的境遇。尽管有力士脱靴，贵妃研墨，但不羁的心性让他在官场难以适然。“安能摧眉折腰事权贵，使我不得开心颜”。在浪漫不羁与荣华富贵之间，他选择心的归属，选择离开长安。

诗仙李白在千年前就为处于繁华现世的我们做了回答——如何让自己在纷繁的世界里不迷惘——让心做主，展现真我。简单的，真实的，也是最美的。

做人应该热爱祖国。

挥一挥羊鞭，锦帽貂裘，他将自己抛在了白云深处。执一支汉杖，耿耿丹心，镌刻出他对大汉的深切眷顾。朔风凛冽，他与羊群为伍，遥望天涯衰草，他将生是大汉人死是大汉臣的高贵铭记心头；大漠飞雪，他与孤月为伴，怅望无边暗夜，他将拥兵万骑，千金封侯的虚荣抛在脑后。朔北的无边碧草，让他那腔鲜红的血愈发沸腾；大漠的冰天雪地，让他那颗滚烫的心愈发炙热。

大汉臣子苏武，历时十九年，牧羊北海，他以自己的行动诠释了什么叫赤胆忠心。他将永远定格于我们的心中……

前些年，《孙子兵法》被外国人译成商业宝典后，人们才意识到《孙子兵法》的博大精深。其实，五千年的中国所孕育的厚重文化，需要我们历代中华儿女去不断挖掘和品味，她依然会历久弥新，她依然会散发时代的馨香，她依然会给我们心灵的慰藉。

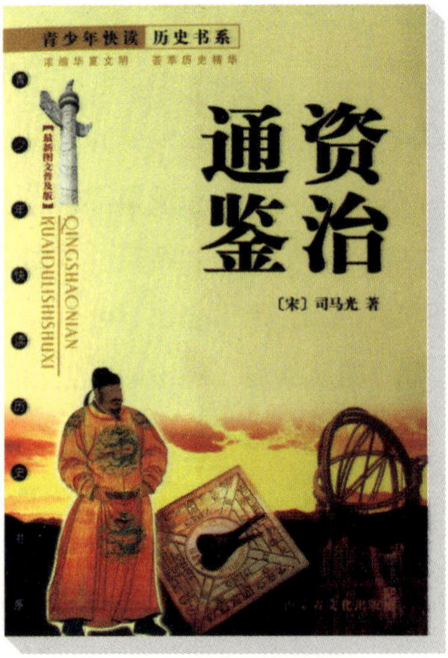

内蒙古文化出版社

掩卷之余，历史的气息渐渐消散，心灵的触动却挥之不去……

朋友，读读书吧！

朋友，读读《资治通鉴》吧！

（指导教师：马若环）